Hermann Plasa

Microsoft PowerPoint 2013
Einfach besser präsentieren

Der Ratgeber für Gestaltung und Technik

Hermann Plasa

Microsoft PowerPoint 2013
Einfach besser präsentieren

Der Ratgeber für Gestaltung und Technik

Hermann Plasa: Microsoft PowerPoint 2013 – Einfach besser präsentieren
Microsoft Press Deutschland, Konrad-Zuse-Str. 1, 85716 Unterschleißheim
Copyright © 2013 Microsoft Press Deutschland

Das in diesem Buch enthaltene Programmmaterial ist mit keiner Verpflichtung oder Garantie irgendeiner Art verbunden. Autor, Übersetzer und der Verlag übernehmen folglich keine Verantwortung und werden keine daraus folgende oder sonstige Haftung übernehmen, die auf irgendeine Art aus der Benutzung dieses Programmmaterials oder Teilen davon entsteht. Die in diesem Buch erwähnten Software- und Hardwarebezeichnungen sind in den meisten Fällen auch eingetragene Marken und unterliegen als solche den gesetzlichen Bestimmungen. Der Verlag richtet sich im Wesentlichen nach den Schreibweisen der Hersteller.

Das Werk einschließlich aller Teile ist urheberrechtlich geschützt. Jede Verwertung außerhalb der engen Grenzen des Urheberrechtsgesetzes ist ohne Zustimmung des Verlags unzulässig und strafbar. Das gilt insbesondere für Vervielfältigungen, Übersetzungen, Mikroverfilmungen und die Einspeicherung und Verarbeitung in elektronischen Systemen.

Die in den Beispielen verwendeten Namen von Firmen, Organisationen, Produkten, Domänen, Personen, Orten, Ereignissen sowie E-Mail-Adressen und Logos sind frei erfunden, soweit nichts anderes angegeben ist. Jede Ähnlichkeit mit tatsächlichen Firmen, Organisationen, Produkten, Domänen, Personen, Orten, Ereignissen, E-Mail-Adressen und Logos ist rein zufällig.

Kommentare und Fragen können Sie gerne an uns richten:
Microsoft Press Deutschland
Konrad-Zuse-Straße 1
85716 Unterschleißheim
E-Mail: *mspressde@oreilly.de*

15 14 13 12 11 10 9 8 7 6 5 4 3 2 1
15 14 13

Druck-ISBN   978-3-86645-837-6
PDF-ISBN   978-3-8483-3069-0
EPUB-ISBN   978-3-8483-0228-4
MOBI-ISBN   978-3-8483-1205-4

© 2013 O'Reilly Verlag GmbH & Co. KG
Balthasarstr. 81, 50670 Köln
Alle Rechte vorbehalten

Fachlektorat: Thomas Irlbeck, München
Korrektorat: Karin Baeyens, Siegen
Layout und Satz: Gerhard Alfes, mediaService, Siegen (www.mediaservice.tv)
Umschlaggestaltung: Hommer Design GmbH, Haar (www.hommerdesign.com)
Coverfotos: ©istockphoto.com/Neustockimages, ©fotolia.com/Grasko
Druck: Media-Print Informationstechnologie GmbH, Paderborn

Inhaltsverzeichnis

Vorwort **11**

Einleitung **15**

Teil A   Die gelungene PC-Präsentation 19

Kapitel 1   Die zehn Todsünden der PC-Präsentation und was Sie dagegen tun können 21

Sünde 1: Überflüssige Folien 22
Sünde 2: Zu viel Information im Ganzen 24
Sünde 3: Zuviel Information pro Folie 25
Sünde 4: Zu viel Information als Text 27
Sünde 5: Unlesbare Information 28
Sünde 6: Illustration statt Visualisierung 29
Sünde 7: Beschreibende statt sprechende Folientitel 29
Sünde 8: Animation als Spielerei 30
Sünde 9: Mangelnde Führung 31
Sünde 10: Folien als Handout verwenden 32
Das Elfte Gebot 32

Kapitel 2   Strukturierte Vorbereitung als Schlüssel zum Erfolg 33

Das Ziel: Wohin soll die Reise gehen? 35
    Informieren oder Überzeugen ist zu wenig. Handeln ist gefragt! 35
    Ziel(e) formulieren: Was soll der Zuhörer tun? 36
    Die Zielgruppe – Präsentieren ist Kommunizieren 38
Nutzen motiviert zum Handeln 40
Ihr Drehbuch zum Erfolg – Der Nutzenkatalog 44
Inhalte auswählen und verdichten 47
Drehen Sie den Spieß um: Erst das Handout, dann die Folien 48
Sprechernotizen und Regieanweisungen 50
Trockenübung, Bühnenprobe und Requisiten 51
Zusammenfassung 52

Kapitel 3 Visualisieren von Informationen 55

Heimkino 56
Die 30-Sekunden-Methode 57
Schokolade statt Spinat – Gekonnt visualisieren 62
    Visualisieren der Agenda... 65
    Visualisieren von Listen 67
    Visualisieren von Prozessen 69
    Visualisieren von Zyklen 71
    Visualisieren von Hierarchien 72
    Tabellen zu Schaubildern umfunktionieren 73
Trennfolien, Tracker, Fortschrittsbalken 74

Kapitel 4 Das kleine Einmaleins der Diagramme 77

Zahlen und ihre Botschaft 78
    Der Zahlenvergleich.. 80
Das passende Diagramm 80
    Kreisdiagramm 81
    Balkendiagramm 83
    Säulendiagramm 84
    Liniendiagramm 85
    Verteilungsdiagramm 87
    Korrelation – Das Punktdiagramm 88
Zusammenfassung 90

Kapitel 5 Goldene Regeln der Vortragstechnik 91

Regel 1: Glaubwürdig sein 92
Regel 2: Anschaulich erzählen 92
Regel 3: Sendepause nach Folienwechsel 93
Regel 4: Didaktischem Dreisatz folgen 93
Regel 5: Lucy-Strategie beherzigen 96
Regel 6: Zusatzhinweise geben 99
Regel 7: Verständlich sprechen 99

Kapitel 6 Showtime 103

Der Kontakt zum Publikum 104
Gute und schlechte Animationen 105
    Didaktischer Einsatz von Animationen 106
    Aufdecken (Einblenden).. 106
    Hervorheben 107
    Analoge Zeigehilfe 108
    Digitale Zeigehilfe – Die »Spot-Technik« 109
Die Referentenansicht 111
Bildschirmpräsentation mit der Tastatur steuern 114
Notebook und Beamer... 115
    Monitor/Beamer unter Windows 8 anschließen 115
    Keine Energie sparen 117
    Mute/Black/Schwarz 118
    Freeze-Funktion 118
    Zoom und Fokus 118

Bildjustierung	118
Keystone-Korrektur	119
Projektionsarten	119
Bildformat	119
Hauptnetzschalter: Power-On/Off	120
Nachkühlzeit beachten	120
Erneute Zündung der Lampen	120
Lautsprecher	121
Fernbedienung	121
Notfallstrategien	121
Vorbeugen	122
Checkliste »Beamerprobleme«	122

Kapitel 7   Organisatorische Rahmenbedingungen 123

Sitzordnung	124
Akustik	125
Belüftung	125
Licht/Verdunkelung	125
Garderobe, Toiletten, Rauchen	126
Strom	126
Material	126

Teil B   Effizient mit PowerPoint arbeiten 129

Kapitel 8   Tipps und Tricks 131

Allgemeine Tipps	132
Folienformat 16:9 oder 4:3?	133
Rückgängig zu machende Aktionen von 20 auf 150 erhöhen	134
Sieben auf einen Streich	135
Tipps zum Markieren	135
Flexible und unflexible Textfelder	136
Objektmodus: Formatieren ohne Markieren	138
Mehrere Formen hintereinander zeichnen	138
Eine Form in eine andere Form umwandeln	139
Textumbruch in Formen	139
Die Form an den Inhalt anpassen	140
Exaktes Positionieren mit der Tastatur	141
Exaktes Positionieren mit der Maus	142
Formen proportional vergrößern und verkleinern	143
Kreis, Quadrat und gerade Linie zeichnen	143
Vordergrund und Hintergrund: Objekte stapeln	144
Objekte mit der Maus exakt vertikal oder horizontal verschieben	145
Objekte mit der Maus kopieren	145
Objekte duplizieren	145
Objekte gruppieren und trennen	146
Objekte automatisch ausrichten	147
Objekte automatisch verteilen	148
Schrift in Präsentation einbetten	149

Unerwünschte Schriftarten ersetzen	150
Mit Verbindungslinien arbeiten	150
Unsichtbare und verdeckte Objekte aufspüren	153
Graustufendruck: Was tun, wenn Weiß zu Schwarz wird?	153
Folien aus anderen Präsentationen einfügen	154
Formkontur anpassen	155
Objekte drehen oder kippen	156
Eine Form millimetergenau skalieren	158
Objekte ausblenden	158
Folien nach Word exportieren	159
Führungslinien: Positionierungs- und Orientierungshilfe	161
Abkürzungen und Tastenkombinationen im Überblick	161
Die richtige Strategie	**162**
In Rechtecken denken	163
Gruppieren als Wundermittel	164
Vom Vordergrund zum Hintergrund	165
Das Rad nicht neu erfinden – Musterfolien sammeln	167
Mehr Übersicht durch Abschnitte	168
Bilder und Grafiken	**170**
Onlinegrafiken einfügen	170
Bilder von Datenträgern einfügen	172
Bilder aus dem Internet einfügen	173
Ein Bild als Folienhintergrund verwenden	174
Formen mit einem Bild füllen	175
Die Bildform ändern	176
Ein Fotoalbum erstellen	177
Ein Fotoalbum nachträglich ändern	178
Bilder komprimieren	179
Ein Objekt als Grafikdatei speichern	180
Eine Folie als Grafikdatei speichern	181
SmartArt-Grafiken erstellen	182
Werkzeuge zur Bildbearbeitung (Überblick)	184
Bildformatvorlagen und Bildeffekte	185
Ein Bild zuschneiden	186
Ein Bild skalieren	186
Den Bullaugeneffekt verwenden	187
Farben mischen mit der Pipette	190
Tabellen	**190**
Zellinhalte horizontal und vertikal ausrichten	191
Tabellenformatvorlagen einsetzen	191
Zeilen und Spalten zentimetergenau skalieren	192
Eine Tabelle zentimetergenau skalieren	192
Einzelne Zeilen und Spalten einfügen und löschen	193
Tabellenoptionen	193
Füllfarben und Rahmenlinien	194

Kapitel 9   Diagramme, Animationen und Hyperlinks 195

Mit Diagrammen arbeiten	196
Ein Diagramm erstellen	196
Datenquelle öffnen und bearbeiten	198
Den Diagrammtyp ändern...	198
Diagrammformatvorlagen	199
Diagrammelemente bearbeiten	199
Diagrammelemente hinzufügen/entfernen	199
Diagrammelemente anpassen	201
Datenpunkt oder Datenreihe anpassen?..	201
Achsen: Maximalwert und Hauptintervall anpassen.................................	203
Zahlenformat für Achsen anpassen	204
Verbindungslinien einblenden..	204
Sich überlappende Säulen verwenden	205
Kategorien in umgekehrter Reihenfolge anordnen...................................	206
Animationen erstellen und bearbeiten..	208
Folienübergänge..	208
Animationseffekte...	210
Animationseffekt zuweisen	210
Spezialfall »Animationspfad«	211
Effekte kombinieren..	212
Der Animationsbereich...	213
Eine SmartArt-Grafik animieren..	213
Diagramm animieren	214
Animationsvorschau und Präsentationsmodus..	215
Effekte automatisch auslösen	216
Trigger als Auslöser für Effekte verwenden	217
Die Geschwindigkeit von Effekten anpassen..	218
Effektoptionen...	219
Die Animationsreihenfolge ändern	219
Animationseffekte löschen oder ändern	220
Animationseffekt kopieren	221
Animationseffekte vorübergehend abschalten	221
Eine Präsentation automatisch ablaufen lassen.......................................	222
Eine Präsentation als Endlosschleife ablaufen lassen	223
Der Kioskmodus als Navigationshilfe..	224
Mit Hyperlinks interaktiv präsentieren...	225
Beispiel 1: Hyperlinks ins Internet	225
Benutzerdefinierte QuickInfo...	226
Beispiel 2: Hyperlinks zu Excel	227
Beispiel 3: Hyperlinks in andere Präsentationen	228
Beispiel 4: Symbole zum Blättern – Interaktive Schaltflächen................	230
Beispiel 5: Interaktives Inhaltsverzeichnis	231
»All in One«: Die »Benutzerdefinierte Präsentation«	232
Benutzerdefinierte Präsentation per Hyperlink starten..........................	233
Hyperlinks – Risiken und Nebenwirkungen im Überblick......................	235
Stolpersteine bei Hyperlinks auf andere Präsentationen	235
Stolpersteine bei Hyperlinks zu anderen Dateien....................................	236
Stolpersteine bei Hyperlinks ins Internet	236

Kapitel 10   Multimedia 237

Audio 238
    Audiodatei von Datenträger einfügen 238
    Audiodatei als Verknüpfung einfügen 240
    Audiodatei zum Teil der Klickreihenfolge machen 240
    Audiodatei per Triggerobjekt abspielen 241
    Audiodatei ab bestimmtem Zeitpunkt abspielen 241
    Audiodatei über mehrere Folien hinweg abspielen 242
    Audiodatei ein- und ausblenden 242
    Audiodatei kürzen (beschneiden) 242
    Audiosymbol während der Präsentation ausblenden 243
    Bild statt Audiosymbol 243
Video 244
    Videodatei von Datenträger einfügen 244
    Video als Verknüpfung einfügen 245
    Video im Vollbildmodus abspielen 245
    Video zum Teil der Klickreihenfolge machen 246
    Video per Trigger abspielen 246
    Video nur im Präsentationsmodus anzeigen 247
    Video kürzen 247
    Sprungmarken hinzufügen 248
    Video formatieren 249
    Onlinevideo einfügen 249

Kapitel 11   Das Wichtigste zum Masterkonzept 251

Der Folienmaster 252
    Hierarchischer Aufbau: Ober sticht Unter 253
    Formate anpassen 253
    Objekte einfügen 255
    Standards für Formen, Textfelder und Linien ändern 255
    Fußzeile 257
    Unterschiedliche Fußzeilen festlegen 258
    Benutzerdefinierte Folienlayouts erstellen 259
    Mehrere Folienmaster in einer Präsentation? 261
    Reparatur »zerschossener« Folien 264
Goldene Regeln für das Erstellen neuer Folien 266
    Regel 1: Platzhalter nutzen 266
    Regel 2: Platzhalter nicht verschieben 266
    Regel 3: Direkte Formate zum Schluss 266

Anhang 267

Begleitdateien zum Buch 268
E-Learning »PowerPoint 2013 – Die besten Tipps & Tricks« 269

Stichwortverzeichnis 271

Vorwort

Vorwort

Kurt Tucholsky hat im Jahre 1930 seine Ratschläge für einen schlechten Redner verfasst. Sie haben nichts an Aktualität eingebüßt:

»Fang nie mit dem Anfang an, sondern immer drei Meilen vor dem Anfang! Etwa so: ‚Meine Damen und Herren! Bevor ich zum Thema des heutigen Abends komme, lassen Sie mich Ihnen kurz…' Hier hast Du schon so ziemlich alles, was einen schönen Anfang ausmacht: eine steife Anrede; der Anfang vor dem Anfang: Die Ankündigung, daß und was Du zu sprechen beabsichtigst, und das Wörtchen kurz. So gewinnst Du im Nu die Herzen und die Ohren der Zuhörer.

Denn das hat der Zuhörer gern: daß er Deine Rede wie ein schweres Schulpensum aufbekommt; daß Du mit dem drohst, was Du sagen wirst, sagst und schon gesagt hast. Immer schön umständlich. Sprich nicht frei – das macht einen so unruhigen Eindruck. Am besten ist es: Du liest Deine Rede ab. Das ist sicher, zuverlässig, auch freut es jedermann, wenn der lesende Redner nach jedem viertel Satz hochblickt, ob auch noch alle da sind.

Wenn Du gar nicht hören kannst, was man Dir so freundlich rät, und Du willst durchaus und durchum frei sprechen … Du Laie! Du lächerlicher Cicero! Nimm Dir doch ein Beispiel an unsern professionellen Rednern, an den Reichstagsabgeordneten – hast Du die schon mal frei sprechen hören? Die schreiben sich sicherlich zu Hause auf, wann sie ‚Hört! hört!' rufen … ja, also wenn Du denn frei sprechen mußt: Sprich, wie Du schreibst. Und ich weiß, wie Du schreibst.

Sprich mit langen, langen Sätzen – solchen, bei denen Du, der Du Dich zu Hause, wo Du ja die Ruhe, deren Du so sehr benötigst, Deiner Kinder ungeachtet, hast, vorbereitest, genau weißt, wie das Ende ist, die Nebensätze schön ineinander Geschachtelt, so daß der Hörer, ungeduldig auf seinem Sitz hin und her träumend, sich in einem Kolleg wähnend, in dem er früher so gern Geschlummert hat, auf das Ende solcher Periode wartet … nun, ich habe Dir eben ein Beispiel gegeben. So mußt Du sprechen.

Fang immer bei den alten Römern an und gib stets, wovon Du auch sprichst, die Geschichtlichen Hintergründe der Sache. Das ist nicht nur deutsch – das tun alle Brillenmenschen. Ich habe einmal in der Sorbonne einen chinesischen Studenten sprechen hören, der sprach glatt und gut französisch, aber er begann zu allgemeiner Freude so: ‚Lassen Sie mich Ihnen in aller Kürze die Entwicklungsgeschichte meiner chinesischen Heimat seit dem Jahre 2000 vor Christi Geburt …' Er blickte ganz erstaunt auf, weil die Leute so lachten. So mußt Du das auch machen. Du hast ganz recht: man versteht es ja sonst nicht, wer kann denn das alles verstehen, ohne die Geschichtlichen Hintergründe … sehr richtig! Die Leute sind doch nicht in Deinen Vortrag gekommen, um lebendiges Leben zu hören, sondern das, was sie auch in den Büchern nachschlagen können … sehr richtig! Immer gib ihm Historie, immer gib ihm.

Kümmere Dich nicht darum, ob die Wellen, die von Dir ins Publikum laufen, auch zurückkommen – das sind Kinkerlitzchen. Sprich unbekümmert um die Wirkung, um die Leute, um die Luft im Saale; immer sprich, mein Guter. Gott wird es Dir lohnen.

Vorwort

Du mußt alles in die Nebensätze legen. Sag nie: ‚Die Steuern sind zu hoch.' Das ist zu einfach. Sag: ‚Ich möchte zu dem, was ich soeben gesagt habe, noch kurz bemerken, daß mir die Steuern bei weitem ...' So heißt das!

Trink den Leuten ab und zu ein Glas Wasser vor – man sieht das gern. Wenn Du einen Witz machst, lach vorher, damit man weiß, wo die Pointe ist. Eine Rede ist, wie könnte es anders sein, ein Monolog. Weil doch nur einer spricht. Du brauchst auch nach vierzehn Tagen öffentlicher Rednerei noch nicht zu wissen, daß eine Rede nicht nur ein Dialog, sondern ein Orchesterstück ist: eine stumme Masse spricht nämlich ununterbrochen mit. Und das mußt Du hören. Nein, das brauchst Du nicht zu hören. Sprich nur, lies nur, donnere nur, Geschichtele nur.

Zu dem, was ich soeben über die Technik der Rede gesagt habe, möchte ich noch kurz bemerken, daß viel Statistik eine Rede immer sehr hebt. Das beruhigt ungemein, und da jeder imstande ist, zehn verschiedene Zahlen mühelos zu behalten, so macht das viel Spaß.

Kündige den Schluß Deiner Rede lange vorher an, damit die Hörer vor Freude nicht einen Schlaganfall bekommen. (Paul Lindau hat einmal einen dieser gefürchteten Hochzeitstoaste so angefangen: ‚Ich komme zum Schluß.') Kündige den Schluß an, und dann beginne Deine Rede von vorne und rede noch eine halbe Stunde. Dies kann man mehrere Male wiederholen.

Du mußt Dir nicht nur eine Disposition machen, Du mußt sie den Leuten auch vortragen, das würzt die Rede. Sprich nie unter anderthalb Stunden, sonst lohnt es gar nicht erst anzufangen. Wenn einer spricht, müssen die andern zuhören – das ist Deine Gelegenheit. Mißbrauche sie.«[1]

---

1 Tucholsky, Kurt, Gesammelte Werke, Bd. VIII, Hamburg 1985, S.290–292.

Einleitung

Einleitung

Liebe Leserin, lieber Leser

Sie haben mit dem Kauf dieses Buchs eine gute Entscheidung getroffen und etwas »Hochprozentiges« erworben. Das Buch enthält das Konzentrat aus über 20 Jahren Praxiserfahrung als Trainer, Coach und Vortragender. Seit Anfang der 90er Jahre halte ich PowerPoint- und Präsentationstrainings. Hauptzielgruppen sind angehende und erfahrene Präsentierende sowie die ständig wachsende Gruppe jener, die Folien im Auftrag für den Chef erstellen. Für diese Zielgruppen – Präsentierende und Folienproduzenten – ist dieses Buch maßgeschneidert.

Was Sie hier in Händen halten, ist keine Enzyklopädie, sondern ein kompakter Praxisleitfaden, der Sie je wahlweise systematisch und ohne Umwege vom Start zum Ziel führt oder aber hier einen hilfreichen Tipp liefert, dort ein akutes Problem löst oder Sie dazu einlädt, etwas Neues auszuprobieren. Das Besondere an diesem Buch ist die Verzahnung von Technik und Präsentieren: Software und Softskills. Sie lernen, wie Sie mit möglichst wenig Aufwand eine inhaltlich strukturierte, optisch ansprechende und didaktisch durchdachte PC-Präsentation erstellen und diese überzeugend, verständlich und unterhaltsam vortragen.

Auch wenn ich vom Präsentierenden spreche, meine ich trotz grammatikalischer Männerlastigkeit immer Mann und Frau! Wortgebilde wie »die/der Präsentierende/r« oder »die(der) Präsentierende(r)« möchte ich Ihnen und mir ersparen.

Die **Begleitdateien** stehen auf den Seiten *www.microsoft-press.de/support/9783866458376* oder *msp.oreilly.de/support/2406/799* als Download zur Verfügung. Die besten Tipps und Tricks zu PowerPoint 2013 stehen Ihnen auch als Lernvideos zur Verfügung. Im Anhang des Buchs finden Sie eine Übersicht über die im Buch genannten Begleitdateien sowie weitere Hinweise zu den Lernvideos.

Das Buch ist in zwei Teile und elf Kapitel eingeteilt:

Teil A – Die gelungene PC-Präsentation

1. **Sünden und Grundregeln der PC-Präsentation**   Das erste Kapitel steckt den Rahmen des gesamten Buchs ab. Es deckt typische Fehler und Schwachstellen von PC-Präsentationen auf und liefert in der Vorausschau bereits die Lösungen in Form von Grundregeln. Sie werden überrascht sein: Kaum wechseln Sie die Perspektive und sehen mit den Augen Ihres Publikums, schon wissen Sie, warum Viel nicht viel hilft und weniger mehr ist.

2. **Strukturierte Vorbereitung als Schlüssel zum Erfolg**   Wohin soll die Reise gehen? Wer nicht weiß, wohin er will, darf sich nicht wundern, wenn er irgendwo ankommt. Die meisten Sünden werden begangen, bevor der Präsentierende sein Publikum begrüßt. Mit ein wenig Hintergrundwissen und der richtigen Strategie geht die Vorbereitung schnell von der Hand und Sie sind sicher auf dem richtigen Kurs.

3. **Visualisieren von Informationen**   Text ist der natürliche Feind des Publikums. Das dritte Kapitel widmet sich deshalb ausführlich dem Veranschaulichen von Informationen.

4. **Das kleine Einmaleins der Diagramme** Im vierten Kapitel lernen Sie, wie Sie stumme Zahlen mit der richtigen Botschaft und dem passenden Diagrammtyp zum Sprechen bringen.

5. **Goldene Regeln der Vortragstechnik** Kapitel Nummer Fünf zeigt Ihnen, wie Sie Ihren Vortrag glaubwürdig, lebendig, anschaulich und unterhaltsam gestalten. Der Nutzen ist doppelt: nicht nur Ihr Publikum, auch Sie selbst werden die Show genießen.

6. **Showtime** In diesem Kapitel erfahren Sie, wie Sie unter Zuhilfenahme der Technik den Kontakt zu Ihrem Publikum herstellen und aufrechterhalten und wie Sie Animationen sinnvoll und dosiert einsetzen. Außerdem lernen Sie mit der Referentenansicht den in PowerPoint eingebauten Souffleur kennen. Als Nachtisch gibt's noch eine Portion Hintergrundwissen zu den wichtigsten technischen Aspekten von Notebook und Beamer.

7. **Organisatorische Rahmenbedingungen** Das letzte Kapitel aus Teil A kümmert sich um all die kleinen, aber wichtigen organisatorischen Dinge vor und während der Präsentation: Welche Bestuhlung eignet sich für welchen Zweck, welche Rolle spielt die Akustik, worauf ist im Hinblick auf die Belüftung des Vortragsraums zu achten, was sollte alles im »Erste Hilfe-Koffer« des PC-Präsentierenden sein?

Teil B – Effizient mit Microsoft PowerPoint arbeiten

8. **Tipps und Tricks** In diesem Kapitel lernen Sie die besten Tipps und Tricks zu PowerPoint 2013 kennen, mit deren Hilfe Sie in Zukunft den Turbo einschalten werden.

9. **Diagramme, Animationen und Hyperlinks** In diesem Kapitel erfahren Sie, wie Sie aus Rohdaten anschauliche Diagramme erstellen, welche Animationseffekte PowerPoint zur Verfügung stellt und wie Sie mithilfe von Hyperlinks Ihre Präsentation flexibel halten können.

10. **Multimedia** Dieses Kapitel erklärt Ihnen, wie Sie mit Audio- und Video-Dateien Ihre Präsentation in Bewegung bringen, geht dabei auf mögliche Fallstricke ein und zeigt, wie Sie am besten damit umgehen.

11. **Das Wichtigste zum Masterkonzept** Zum Abschluss erhalten Sie noch einen Überblick über die Arbeit mit dem Folienmaster.

So – und damit ist das Vorwort auch schon wieder zu Ende. Ich wünsche Ihnen ein informations- und erkenntnisreiches Lesevergnügen samt vielen neuen Ideen für Ihre nächsten Präsentationen.

Ihr

Hermann Plasa

hermann.plasa@so-gehts.eu

Über den Autor

Hermann Plasa (Dipl.-Päd.) ist seit Mitte der 90er Jahre als IT- und Präsentationstrainer, Führungskräfte-Coach, Redner sowie Fach- und Reisebuchautor tätig. Zu seinen Spezialgebieten zählen Führungskräfte-Coaching, die PC-Präsentation, Train-The-Trainer-Seminare und Konfliktmanagement. Darüber hinaus entwickelt er für die SoGeht´s GmbH E-Learning-Lösungen zu Microsoft Office-Anwendungen. Seit 2008 ist er geschäftsführender Gesellschafter der SoGeht´s GmbH. Im Nebenberuf unternimmt der passionierte Langstreckenradler monatelange Radreisen fernab von Deutschland.

Qualifikationen

Diplom-Pädagoge (Univ.) mit Schwerpunkt „Erwachsenenbildung"; Fortbildung und Supervision in den Bereichen Transaktionsanalyse, Kommunikation, Konfliktmanagement; Fortbildung zum Mediendesigner/-analytiker (CDI); Zertifizierung zum Microsoft Certified Trainer (MCT); Fortbildung zum Werbetexter; Coaching-Ausbildung bei Dr. Gunther Schmidt am Milton-Erickson-Institut in Heidelberg (Systemische und hypnotherapeutische Konzepte für Organisationsberatung, Coaching und Persönlichkeitsentwicklung).

Teil A

Die gelungene PC-Präsentation

Die zehn Todsünden der PC-Präsentation und was Sie dagegen tun können

Sünde 1: Überflüssige Folien	22
Sünde 2: Zu viel Information im Ganzen	24
Sünde 3: Zuviel Information pro Folie	25
Sünde 4: Zu viel Information als Text	27
Sünde 5: Unlesbare Information	28
Sünde 6: Illustration statt Visualisierung	29
Sünde 7: Beschreibende statt sprechende Folientitel	29
Sünde 8: Animation als Spielerei	30
Sünde 9: Mangelnde Führung	31
Sünde 10: Folien als Handout verwenden	32
Das Elfte Gebot	32

Sünde 1: Überflüssige Folien

Wir leben in einer Zeit, in der Besprechungen – die zwar Meetings heißen, nach wie vor aber Besprechungen sind - abgesagt werden, weil der Beamer nicht funktioniert! Descartes würde heute wohl sagen: »Ich projiziere, also präsentiere ich!«. Viele Referenten projizieren exakt das an die Leinwand, was Sie anschließend ihrem Publikum vorlesen. Doppelt genäht hält besser, oder? Man mag es manchmal kaum noch für möglich halten, aber es gab tatsächlich eine Zeit *vor* Plasma-Bildschirmen, Beamern und Projektoren. In dieser Zeit gab es auch Vorträge und verrückterweise kam es immer wieder vor, dass das Publikum nach Vortragende wußte, wovon der Redner gesprochen hatte. Und das, obwohl nicht eine einzige Folie projiziert wurde.

Wann ist eine Folie nötig oder hilfreich? Wenn sie einen Mehrwert zu dem liefert, was der Präsentierende erzählt: Ein Schaubild zum Beispiel, das den komplexen Zusammenhang in einem IT-Netzwerk veranschaulicht, ein Liniendiagramm, das die Entwicklung des Aktienkurses zeigt, ein Projektplan, der einen Überblick über die verschiedenen Phasen und Meilensteine eines komplexen Projekts vermittelt.

Wann ist eine Folie überflüssig? Wenn sie dasselbe wie der Präsentierende sagt und der Vortragende nur nachplappern kann, was die Folie vorsagt. Doppelt genäht hält nicht besser! Im Gegenteil. Unser Wahrnehmungsapparat empfängt und verarbeitet pausenlos *alle* Reize, die auf ihn einströmen. Die Aufmerksamkeit des Publikums kann sich bei Doppelversorgung nicht auf *eine* Informationsquelle konzentrieren, sondern springt ständig zwischen Präsentierendem und Folie hin und her. Das streut die Aufmerksamkeit, anstatt sie zu bündeln.

> **WICHTIG** Bündeln von Aufmerksamkeit ist zieldienlich, Streuen ist schädlich.

Stellen Sie sich vor, Sie säßen gerade in einer angenehmen und ruhigen Bar. Sie unterhalten sich mit Ihrem Gegenüber und nippen gelegentlich am Kaltgetränk Ihres Vertrauens. Dann schaltet irgendwer den obligatorischen Fernsehapparat über dem Tresen ein, der nun mitten in Ihr Wahrnehmungsfeld hinein flimmert. Weil der fürsorgliche Barkeeper seinen Gästen ordentliche Unterhaltung zur Unterhaltung bieten will, gönnt er Ihnen nicht »Die schönsten Bahnstrecken Deutschlands« sondern einen jener Sender, den nur ausgebildete Kampfpiloten ohne bleibende Schäden überstehen können. Bündelt oder streut die Flimmerkiste Ihre Aufmerksamkeit? Ruht Ihr Blick weiter auf Ihrem Gesprächspartner oder wird er vom Geflimmere immer wieder magisch angezogen? Was hören Sie von den Worten Ihres Gegenübers, wenn Sie auf den Bildschirm sehen? Was sehen und hören Sie von der Sendung, solange Sie Ihrem Gesprächspartner konzentriert zuhören? Was müssen Sie tun, um sich auf *eine* der beiden Informationsquellen voll zu konzentrieren?

Doppelversorgung vermeiden

Ich habe das Phänomen der Doppelversorgung in vielen Präsentationstrainings getestet. Zuerst darf der Präsentierende ein paar Folien nachbeten und gleichzeitig projizieren. Dann dasselbe nochmal, nur diesmal ohne Projektion. (Fast) immer kam die gleiche Rückmeldung aus dem Publikum: »*Die zweite Variante war angenehmer und klarer, weil ich mich jetzt auf den Präsentierenden konzentrieren konnte. Im ersten Durchgang habe ich immer versucht, gleichzeitig den Referenten anzusehen, ihm zuzuhören und die Folie zu lesen*«.

Neun von zehn Textfolien sind überflüssig. Vorsicht! Ich will damit nicht sagen, die Information sei nicht wichtig. Für die Ohren ist Text sehr wohl wichtig, aber die Augen haben nichts davon! Vielleicht denken Sie jetzt: »*Aber für mich als Präsentierenden ist es wichtig, damit ich mich am Text entlang hangeln kann!*«. Ein Präsentierender, der PowerPoint als Teleprompter einsetzt, ist wie ein Schauspieler, der seinen Text vom Blatt abliest. Was wünschen Sie sich im Theater: einen Ableser oder einen Schauspieler, der seinen Text beherrscht und frei vorträgt? Dasselbe erwartet Ihr Publikum von Ihnen.

Nehmen wir an, es gäbe gute Gründe, warum der Schauspieler seinen Text nicht beherrscht: Er musste für einen erkrankten Kollegen einspringen oder der Spielplan hat sich kurzfristig geändert. Dann hätten Sie vielleicht Verständnis für ihn. Was aber würden Sie von ihm denken, wenn er dem Publikum den Text, den er nicht beherrscht, zum gemeinsamen Mitlesen auch noch an die Wand projiziert? Wenn Sie also aus zwingenden Gründen Ihren Vortrag nicht vortragen, sondern vorlesen, dann ersparen Sie Ihrem Publikum wenigstens das Mitlesen. Schalten Sie den Beamer während des Vorlesens auf »Schwarz[1]« und erst dann wieder ein, wenn eine sehenswerte Folie kommt. So ist jeder halbwegs zufrieden: Sie haben Ihren Souffleur und Ihr Publikum kann Ihnen konzentriert zuhören.

Ein weiterer beliebter Einwand lautet: »*Aber es heißt doch immer, man soll mehrere Kanäle beim Zuhörer ansprechen*«. Um mit der Stimme von »Radio Eriwan« zu antworten: Das ist im Prinzip richtig, aber entscheidend ist die *Choreographie*, also das Zusammenspiel von Lesen, Hören und Sehen. Wenn unterschiedliche Reize zu einer harmonischen Einheit für Auge und Ohr verschmelzen, dann verstärkt das die Wirkung. Wenn nicht, dann erlebt unser Wahrnehmungsapparat den Vortrag wie einen Film, bei dem die Tonspur immer ein paar Sekunden hinter dem Bild herhinkt. Während der Bösewicht schon auf den Pianisten geschossen hat, hören Sie diesen noch flüstern: »*Ob mich der Bösewicht wohl finden wird?*« und kurz darauf ruft der bereits Totgeschossene: »*Wagen Sie es nicht, auf mich zu schießen!*«.

> **Regel 1:**
> Weniger ist mehr! Projizieren Sie eine Folie nur, wenn sie einen Mehrwert zu Ihren Worten liefert.

---

1 Fast jeder Beamer hat diese Funktion und fast jede Fernbedienung eine entsprechende Taste.

Sünde 2: Zu viel Information im Ganzen

»*Das Geheimnis der Langeweile ist, alles sagen zu wollen.*«

(Voltaire)

»*Der Schlüssel zu einer guten Rede lautet: Man braucht einen genialen Anfang, einen genialen Schluß und möglichst wenig dazwischen.*«

(Sir Peter Ustinov)

Viel hilft viel! Eine einfache Regel, an die sich viele Vortragende halten, und dabei gehörig an den Wünschen des Publikums vorbeizielen. Das Wort »kurz« steht ganz oben auf dem Wunschzettel der meisten Präsentations-Besucher. Wenn Sie diesem Wunsch folgen, erhöht das die Wahrscheinlichkeit, dass Ihnen Ihr Publikum wohlgesonnen bleibt. Und das ist zieldienlich. Außerdem können Sie darauf vertrauen, dass Interesse und Konzentration nicht so schnell erlahmen. Auch das ist zieldienlich.

Wie viel ist *zu viel*? Für die Antwort auf diese Frage wechseln wir die Szenerie. Stellen Sie sich einen Gastgeber vor, der Freunde und Bekannte zum Essen eingeladen hat. Hungrig und voller Erwartung sitzen die Gäste am gedeckten Tisch. Weil der Gastgeber ein sehr guter Gastgeber ist, werden nur erlesene Speisen und Getränke gereicht. Die Reise ins Schlaraffenland beginnt um 09^{00} Uhr morgens mit einem 5-Sterne-Frühstück, an das sich nahtlos ein Brunch der Extraklasse anschließt, gefolgt von einem 4-gängigen Mittagsmenü, das mindestens einen Michelin-Stern verdient hätte. Während der Nachtisch noch abgeräumt wird, deckt man im Nebenraum bereits die Tafel für Kaffee und Kuchen. Auch die Zubereitung des Abendbrots ist schon in vollem Gange.

Viel hilft nicht viel!

Der Gastgeber macht alles richtig, oder? Er kredenzt schließlich Unmengen an erstklassigen Speisen und Getränken! Ich übertreibe natürlich mit diesem Beispiel, das deutlich machen soll, dass auch das Beste schnell zu viel des Guten werden kann. Was würde geschehen, wenn der Gastgeber seine Gäste *zwingt*, weiter zu essen, obwohl sie längst satt sind? Einmal abgesehen davon, dass das ein seltsamer Gastgeber wäre, der seine Gäste derart quält, würde den so Gemästeten ziemlich übel werden und nicht wenige müssten sich übergeben. Michelin-Stern hin oder her: Viel hilft nicht viel!

Wenn es um das Wohlbefinden oder gar das Überleben geht, greift unser Körper zu radikalen Mitteln. Wie der Magen wehrt sich auch der Kopf gegen zu viel Input, nur eben mit subtileren Mitteln; womit ich wieder zum Wahrnehmungsapparat komme. Wenn es ihm zu viel wird, schaltet er auf Durchzug, fährt Konzentration und Interesse auf ein Minimum herunter, entdeckt ein höchst interessantes Objekt an der Wand, sucht auf dem Parkplatz vor dem Vortragsraum nach lila

Autos oder lässt uns alle drei Sekunden einen zunehmend ungeduldigeren Blick auf die Uhr werfen. Wie wichtig die Informationen auch sein mögen, die Sie gerade servieren – es ist nicht zieldienlich, wenn Ihr Publikum einen Informationshappen nach dem anderen hinunterwürgen muss, obwohl es längst satt ist.

Dauer des Vortrags

Wie lange darf nun ein Vortrag dauern? Natürlich hängt das auch von den Umständen ab. Wenn der Betriebsrat eines bedrohten Unternehmens eine Mitarbeiterversammlung einberuft, bei der es um den Erhalt der Arbeitsplätze geht, hören die Leute auch einen Tag lang voll konzentriert zu. Wenn Sie also bei Ihrem Publikum mit einem derartigen Interesse rechnen dürfen, müssen Sie sich um die Zeit keine Gedanken machen. Ansonsten gilt die Faustregel: 20 Minuten sind ideal, 40 Minuten zumutbar. Solange reicht ein durchschnittlicher Konzentrations- und Interessenstank. Dann schaltet der Wahrnehmungsapparat auf Reserve um und hat für weitere zehn bis fünfzehn Minuten Sprit. Dann ist der Tank leer.

Diese magische Grenze von 40 Minuten gilt für den klassischen Monolog. Also für Vorträge, bei denen Ihr Publikum völlig passiv ist und dem Vortragenden still und bewegungslos zuhört bzw. zusieht. Sobald Sie Ihr Publikum jedoch aktivieren, z.B. Fragen an das Publikum richten, Rückmeldungen einholen oder um ein Handzeichen bitten, gewinnen Sie ein wenig Zeit. Aber spätestens nach 60 Minuten sollte Ihr Vortrag zu Ende sein. Dauert er länger, bauen Sie besser eine Halbzeitpause von 10 Minuten ein.[2] Niemand wird Ihnen böse sein, wenn er früher als erwartet den Raum verlassen darf. Aber keiner freut sich, wenn er nachsitzen muss, weil *Sie* überziehen.

Regel 2:
Weniger ist mehr! Sie dürfen über alles sprechen, nur nicht länger als 60 Minuten.

Sünde 3: Zuviel Information pro Folie

Für viele Präsentierende ist eine Folie erst dann »gut«, wenn sie voll ist. Leere Flächen sind Platzverschwendung. Wozu hat man schließlich eine schöne, große Folie? Wer kauft sich einen Ferrari und fährt dann nur im Garten damit herum?

---

[2] Eine Bemerkung zu den beliebten Tagungs-Marathons, die viele Unternehmen regelmäßig veranstalten. Von 08.30 Uhr morgens bis 18.00 Uhr abends folgt eine Präsentation auf die andere. Zwischen den Vorträgen plant man nur fünf Minuten Pause ein. Natürlich überzieht dann schon der erste Referent um sechs Minuten. Die folgenden Sprecher bauen diesen Vorsprung konsequent aus. Mit 30 Minuten Verspätung stürmt die Meute schließlich das Mittagsbuffet, um weitere 30 Minuten später dem bedauernswerten Vortragenden im Schnitzelkoma etwas vorzuschlafen. Die sich hartnäckig haltende Bereitschaft vieler Unternehmen, Zeit und Geld in den Versuch zu stecken, Zeit und Geld zu sparen, ist beeindruckend.

Drehen Sie auch hier den Spieß um. Fragen Sie nie: »*Was könnte ich noch auf der Folie unterbringen?*«. Fragen Sie lieber: »*Was könnte ich streichen oder kürzen?*«.

Nur Kerninformationen auf die Folie

Es gibt zwei Kategorien von Informationen: *Kern*informationen und *Zusatz*informationen. Kerninformationen sind das Destillat, das Hochprozentige, das Wesentliche. Sie gehören auf Folie und Leinwand, Zusatzinformationen dagegen in den Vortrag und das Handout.

Nicht nur die Gesamtmenge (Sünde Nr. 2), sondern auch die Größe der einzelnen Informationshappen wirkt sich auf den Appetit aus. Der Zuhörer sollte jede neue Folie in zwei bis fünf Sekunden »scannen« können. Einmal kurz überfliegen – fertig ist der erste Eindruck. Denn genau darum geht es, um diesen *ersten Eindruck*, eine erste Antwort auf die unausgesprochene Frage unseres Wahrnehmungsapparats »*Was ist das?*«.

Enthält die Folie zu viele Informationen, wird Scannen zu Lesen oder gar Dechiffrieren. Das ist doppelt schädlich, weil unser Wahrnehmungsapparat gleichermaßen ungeduldig wie neugierig ist. Wenn aus den erhofften fünf Sekunden auf einmal 20, 30 oder 50 Sekunden werden, strapaziert das die Geduld des Wahrnehmungsapparats. Weil der Wahrnehmungsapparat aber auch sehr neugierig ist und sich mit dem, was es zu sehen gibt, auch beschäftigen will, werden die Zuhörer das Kleingedruckte mit halbem Auge entziffern, während Sie Ihnen mit halbem Ohr zuhören. Beides ist nicht zieldienlich.

Zwei bis fünf Sekunden

Warum zwei bis fünf Sekunden? Konrad Lorenz spricht vom *Hang zur schnellen Entscheidung* und erklärt das mit der Entwicklungsgeschichte des Menschen. Es war für das Weiterbestehen einer Gattung notwendig, dass unsere Vorfahren in zwei bis fünf Sekunden die richtige Entscheidung trafen: Freund oder Feind, Angriff oder Flucht. Die Situation erst einmal zu analysieren und von allen Seiten zu beleuchten, um schließlich zu einer fundierten und vom Team mitgetragenen Entscheidung zu gelangen, wäre vor allem im Interesse des Säbelzahntigers gewesen.

Der Homo Sapiens mag seit ca. 120.000 Jahren Geschichte sein, aber die Hard- und Software des heutigen Menschen unterscheidet sich nur unwesentlich von der unserer Vorfahren. Was sich bewährt hat, gibt die Evolution nur ungern wieder auf. Viele uralte Impulse sind deshalb noch immer tief in uns verankert. Einer davon ist der *Hang zur schnellen Entscheidung,* der Impuls, neue und unbekannte Situationen augenblicklich einzuordnen, sofort einen ersten Eindruck zu bekommen. Das gilt für alles Neue, dem wir begegnen: Menschen, Situationen, Folien. Wann immer Sie diesen Wunsch nach einem schnellen ersten Eindruck durch bekömmliche Informationshappen erfüllen, ist das zieldienlich.

Für Folien, die sich nicht in das »zwei-bis-fünf-Sekunden-Korsett« zwängen lassen, gibt es einen Plan B: Aufteilen des Folieninhalts in kleine Informationshäppchen, für die dann wiederum die zwei-bis-fünf-Sekunden-Regel gilt. Zum Beispiel ein komplexer Projektplan, bei dem die Projektphasen nicht gleichzeitig, sondern nacheinander eingeblendet werden.

»*Mein Chef besteht aber darauf, dass ich alles auf die Folie packe!*«. Sachzwänge gehören zum Alltag und der bekannteste unter ihnen heißt »Chef«. Wenn er von Ihnen verlangt, dass Sie den Gästen viel zu große Portionen servieren, dann mästen Sie eben das Publikum. Sie vermeiden Ärger, der Chef ist glücklich und das Publikum unglücklich. Ein Tag wie jeder andere.

Regel 3:
Weniger ist mehr! Kerninformationen auf die Folie, Zusatzinformationen in den Vortrag und das Handout.

Sünde 4: Zu viel Information als Text

Warum gehen Sie ins Kino? Um einen Film anzusehen oder jemandem zuzuhören, der das Drehbuch vorliest? Text ist der natürliche Feind des Wahrnehmungsapparats und deshalb der Todfeind des Präsentierenden. Textfolien sind ein Dilemma: was auch immer Sie damit tun, es ist das Falsche. Wäre das anders, würde man in Kinos Drehbücher statt Filme vorführen.

Vorlesen ist die beliebteste Unart. Jeder im Publikum, der lesen kann, wird sich fragen: »*Warum liest er uns vor, was wir dort vorne sehen? Denkt er, wir können nicht lesen oder beherrscht er nur seinen Text nicht?*«. Erschwerend zu diesem psychologischen Faktor kommt hinzu, dass die Mitlesegeschwindigkeit der Zuhörer und die Vorlesegeschwindigkeit des Präsentierenden niemals identisch sein werden. Der Wahrnehmungsapparat der Zuhörer muss das Gelesene ständig mit dem Gehörten synchronisieren, damit es zu einer Einheit verschmilzt. Vorlesen zieht die innere Handbremse um einen weiteren Zahn an.

»*Gut*«, sagen Sie im Lichte dieser Erkenntnis, »*dann lese ich den Text eben nicht vor, sondern umschreibe ihn mit anderen Worten.*«. Jetzt werden sich Ihre Zuhörer fragen: »*Warum sagt er nicht das, was auf der Folie steht? Und wie bitte soll das Gehörte mit dem zusammenpassen, was ich da lese?*«. Der Synchronisationsaufwand nimmt zu statt ab. Die Lösung verschlimmert das Problem.

Was bleibt, ist Schweigen: »*Warum sagt er nichts?*«, würden sich Ihre Zuhörer in diesem Fall zurecht fragen. Die Präsentation sähe dann so aus: Textfolie einblenden, 30 Sekunden warten, zum Publikum sagen: »*Haben Sie Fragen?*« und zur nächsten Textfolie klicken, wenn niemand etwas wissen will.

Vorlesen, Umschreiben oder Schweigen. Wie Sie es auch machen, es ist falsch. Die Aufmerksamkeit des Publikums wechselt ständig zwischen Ihnen und der Leinwand hin und her und wird nirgendwo sesshaft. Der Fokus verschwimmt. Das Publikum ist mit Synchronisieren von Gehörtem und Gelesenem beschäftigt und hört nur mit halbem Ohr zu. Die Konzentration sinkt rapide. Dann kommt Unmut auf, gefolgt von nervösen Blicken auf teure Armbanduhren. Und Sie spüren, dass es nicht nach Plan läuft.

Textfolien sind für *alle* Beteiligten so hilfreich wie Gewichte für den Schwimmenden. Die Bleiwüste wird für Sie zur Bleiweste. Ihre Rede ist nicht frei sondern angekettet an Buchstaben, Worte oder Sätze. Je mehr Text, desto schlimmer wird das Problem. Was auch immer Sie versuchen – Blei können Sie nicht in Gold verwandeln. Mithilfe der folgenden Faustregeln werden Textfolien zumindest erträglicher: *Telegrammstil statt ganzer Sätze, maximal sieben Zeilen pro Folie, maximal sieben Worte pro Satz.*

Regel 4:
Visualisieren Sie die Information, die Sie projizieren. Wenn Sie Text vorlesen müssen oder möchten, dann ersparen Sie Ihrem Publikum zumindest das Mitlesen und schalten Sie den Projektor für die Dauer des Vorlesens auf »Schwarz«.

Sünde 5: Unlesbare Information

»*Ich weiß, dass Sie das nicht lesen können.*«. Jedes Mal, wenn ich diese Worte aus dem Mund eines Vortragenden höre, frage ich mich: »*Warum zeigt er mir dann diese Folie?*«. Ein Referent, der so handelt, ruft seinem Publikum hämisch zu: »*Ich sehe was, das Du nicht siehst!*«. Und dafür will er Anerkennung?

Stellen Sie sich vor, jemand würde Ihnen einen Zettel mit den Lottozahlen der kommenden Ziehung vor die Nase halten. Leider sind die Ziffern viel zu klein, unleserlich oder in chinesischen Schriftzeichen. Da gehen sie dahin, die Millionen. Unlesbare Informationen sind wertlos und verärgern denjenigen, der sie lesen will, aber nicht kann. Auch in der letzten Reihe muss jeder Zuschauer jede Information auf jeder Folie ohne Schwierigkeiten[3] lesen/erkennen können.

Regel 5:
Jede Information muss für jeden im Publikum lesbar bzw. erkennbar sein.

---

3 Als Faustregel gilt: Schriftgröße nicht kleiner als 18pt. Aber ein kurzer Test im Vortragsraum sorgt für Klarheit. Wenn Sie aus der letzten Reihe die kleinste Schrift gut lesen können, sind Sie im grünen Bereich.

Sünde 6: Illustration statt Visualisierung

Zunächst ein paar Worte zum Visualisieren, dem Gegengift zur Textfolie. Visualisieren bedeutet Veranschaulichen von *Informationen*. Unser Wahrnehmungsapparat kann anschauliche Informationen besser aufnehmen, länger speichern und schneller abrufen. Visualisieren ist die zentrale Kompetenz jedes Präsentierenden und der Schlüssel zu einer zielgruppenorientierten Präsentation.

Visualisierung vs. Illustration

Was unterscheidet nun die Illustration von der Visualisierung und was ist das sündige an ihr? Visualisierungen veranschaulichen (unanschauliche) *Informationen*. Illustrationen sind schmückendes Beiwerk, Lametta ohne Informationsgehalt.

Bilder ziehen den Blick magnetisch an. Sie sind für den Wahrnehmungsapparat Schokolade, Text dagegen Spinat. Für den Prozess der Informationsvermittlung ist es zieldienlich, wenn das Bild gleichzeitig Informationsträger ist. Sobald die Bilder jedoch ohne inhaltlichen Bezug zum Vortrag sind, werden sie zum Problem. Das Publikum wird alleingelassen. Die unausgesprochene Frage des Wahrnehmungsapparats: »*Was ist das und wie hängt es mit dem zusammen, was der Vortragende gerade erzählt?*«, bleibt bei Illustrationen unbeantwortet. Wer erklärt schon Lametta. Nach ein paar Sekunden ergebnisloser Kontemplation schaltet sich das Bewusstsein ein und herrscht den Wahrnehmungsapparat an: »*Vergiss das Bild und hör dem Redner zu!*«. Bis zu diesem Zeitpunkt sind aber schon wertvolle Sekunden verstrichen, in denen der Vortragende vorgetragen hat, während der Wahrnehmungsapparat der Zuhörer mit dem Bild beschäftigt war. Der Redner hat geredet, aber was hat er gesagt? Am Ende einer mit Illustrationen garnierten Präsentation hat das Publikum viele unwichtige Bilder ohne Aussage gesehen und viele wichtige Aussagen überhört.

> **Regel 6:**
> Seien Sie verschwenderisch bei Visualisierungen, aber geizig bei Illustrationen.

Sünde 7: Beschreibende statt sprechende Folientitel

Sprechende Folientitel verkünden in wenigen Worten eine klare Botschaft und sind damit wie aufrichtige Politiker: ersehnt, aber selten. In Zeitungs- und Zeitschriftenredaktionen sowie in der Werbebranche spielen die Überschriften (neudeutsch: Headlines) die Hauptrolle. Sie sollen den Leser neugierig machen und liefern bereits eine Zusammenfassung des folgenden Textes.

Nehmen wir an, Sie interessierten sich für Sport, sagen wir für die Fußball-Bundesliga. Es ist Montag und Sie schlagen den Sportteil Ihrer Tageszeitung auf, um sich über den vergangenen Spieltag zu informieren. Ganz besonders interessiert Sie natürlich das Abschneiden Ihres Lieblingsvereins, wie die Tabelle jetzt aussieht und wer die Torschützenliste anführt. Sie überfliegen die Überschriften zu den einzelnen Artikeln und stoßen auf Dinge wie: »*Fußball*«, »*Spiel Eins*« oder »*Mannschaft Fünf gewinnt gegen Mannschaft Sieben*«.

Neugierig machen

Diese Überschriften verraten absolut nichts vom Inhalt. Ihr Informationsgehalt ist so erkenntniserweiternd wie der Hinweis, dass gegen Abend mit zunehmender Dunkelheit zu rechnen ist. Natürlich wünschen Sie sich Überschriften wie: »*VFB dreht verloren geglaubte Partie*«, »*Hamburg gewinnt 4:3*«, »*Köln auf Abstiegsplatz*« oder »*Nürnberg überragend*«. Wenige Worte können viel sagen. Formulieren Sie möglichst sprechende statt beschreibende Titel.

Beschreibender Titel (Falsch)	Sprechender Titel (Richtig)
Umsätze laufendes Jahr	Umsatz-Ziel um 15% übertroffen
Gewinnentwicklung	Gewinn auf 3,5 Mio. € geschrumpft
Vergleich A und B	A hat B erstmals überholt
Projektstatus	Projekt XY seit dem 15.12. in Phase 4
Lösungsvorschläge	Einfach, günstig, stabil: Lösung A

Tabelle 1.1 Sprechende Titel enthalten die Kernbotschaft und/oder liefern wichtige Hinweise auf den Inhalt. Damit weiß das Publikum sofort, worum es auf dieser Folie geht bzw. was deren Kernaussage ist.

Es gilt die alte philosophische Grundregel: »*Dem Wissen folgen die Worte*«. Erst wenn *Sie* wissen, was Sie mit einer Folie sagen wollen, können Sie einen sprechenden Folientitel in den Platzhalter tippen.

> **Regel 7:**
> Sorgen Sie mit sprechenden Folientiteln für klare Botschaften.

Sünde 8: Animation als Spielerei

Nicht nur Bilder, auch Bewegungen faszinieren unseren Wahrnehmungsapparat. Sinnfreie Animationen, aus purer Lust an der Spielerei in die Präsentation eingebaut, bewirken dasselbe wie Illustrationen: Sie lenken vom Wesentlichen ab. Anfang der 90er Jahre mag das anders gewesen sein, aber damals war Animation in der Präsentationswelt das, was ein Farbfernsehgerät Anfang der 70er Jahre für das staunende Volk war: eine Revolution. In den Präsentationen der 90er Jahre hat sich das Publikum immer wieder über die lustigen Strichmännchen gefreut, die als moderne Rumpelstilzchen über die Folien tanzten. Die Flammen der Revolution sind erloschen und wildes Gezappel auf Folien begeistert heute nur noch die Vortragenden.

Auch Animationen sollen Informationen veranschaulichen. Solange sie das tun, sind sie zieldienlich. Sonst nicht. Ein weiteres und didaktisch sinnvolles Einsatzgebiet von Animationen ist die Zeigehilfe, bei der Sie die Augen Ihres Publikums an die Hand nehmen und zum gewünschten Zeitpunkt exakt an die Stellen der Folien führen, auf die das Publikum jetzt gerade blicken soll.

Regel 8:
Keine Spielereien! Setzen Sie Animationen dosiert und didaktisch sinnvoll ein.

Sünde 9: Mangelnde Führung

Stellen Sie sich vor, Sie nehmen im Rahmen einer Kunstausstellung an der Führung »*Die Pioniere der französischen Moderne*« teil. Der mit der Führung beauftragte Kunstsachverständige begrüßt die versammelte Gruppe mit den Worten »*Na, dann mal los!*« und marschiert forschen Schrittes in den angrenzenden Raum, in dem viele Bilder an hohen Wänden hängen. Dort zieht er einen Zettel aus der Tasche und beginnt abzulesen, während die Hälfte des Publikums noch im anderen Raum ist: »*Die vier unterschiedlichen Schaffensphasen sind auf den ersten Blick zu erkennen: Aufbruch, Beruhigung, Trauer und Neuschöpfung. Besonders hervorzuheben ist…*«. Irgendwann hat der Führer alles abgelesen, was es zu den vier Phasen zu sagen gibt. Dann steckt er den Zettel in die Tasche, ruft »*Nächster Raum!*« – und weg ist er. Während Sie noch überlegen, wie das jetzt mit den vier Phasen genau war, was auf den Bildern überhaupt zu sehen ist und woran man diese Phasen denn nun im Detail erkennen soll, hören Sie von nebenan schon wieder die Stimme des Experten: »*Hier sehen Sie…*«. Sie reißen sich los und eilen der Meute hinterher.

Übernehmen Sie die Führung

Jede Präsentation ist eine Führung durch eine Informationsausstellung. Sie sind der Experte, der seinem Publikum die Exponate an den Wänden – die Folien – erläutert. Vier Techniken helfen Ihnen dabei: der *didaktische Dreisatz*, *Produktinformationen*, die *Lucy-Strategie* und *Zeigehilfen*. Dieses Quartett sorgt dafür, dass Ihr Publikum nie die Orientierung verliert, immer am Ball bleibt und zum richtigen Zeitpunkt an die richtige Stelle blickt. Details dazu erfahren Sie in den Kapiteln 5 und 7.

> **Regel 9:**
> Führen Sie Ihr Publikum: mit Zeigehilfen, Produktinformationen, dem didaktischen Dreisatz und der Lucy-Strategie.

Sünde 10: Folien als Handout verwenden

Folien sind zum Ansehen, Handouts zum Lesen. Wie im Zusammenhang mit Sünde Nr. 3 geschildert, gilt für Folien das Motto: »*So wenig wie möglich, und das Wenige bitteschön visualisiert*«. Beim Handout ist es umgekehrt. Hier ist Prosa statt Visualisierung gefragt, weil das Handout ja *ohne* Ihre Rede die Folien erklären soll.

Ein Problem bahnt sich an: Visualisierte Kerninformationen machen Folien zu *guten* Folien, aber zu einem schlechten Handout. Wenn Sie ein Buch lesen möchten, ist der Klappentext zu wenig.

Nutzen Sie die Notizansicht

Folien *oder* Handout? Verwandeln Sie das Entweder-Oder in ein Sowohl-als-Auch und das scheinbare Dilemma löst sich auf. Das Zauberwort heißt *Notizansicht*. Erstellen Sie sowohl visualisierte Folien als auch ein textorientiertes Handout in *einer* Präsentation.

> **Regel 10:**
> Nimm Zwei! Erstellen Sie mit wenig Aufwand zwei Varianten einer einzigen Präsentation: eine für die Projektion und eine für den Druck.

Das Elfte Gebot

> **WICHTIG** Der Präsentierende ist Mittelpunkt, die Technik Mittel. Punkt.

2

Strukturierte Vorbereitung als Schlüssel zum Erfolg

Das Ziel: Wohin soll die Reise gehen?	35
Nutzen motiviert zum Handeln	40
Ihr Drehbuch zum Erfolg – Der Nutzenkatalog	44
Inhalte auswählen und verdichten	47
Drehen Sie den Spieß um: Erst das Handout, dann die Folien	48
Sprechernotizen und Regieanweisungen	50
Trockenübung, Bühnenprobe und Requisiten	51
Zusammenfassung	52

Mit Ausnahme von Sünde Nr. 9 (Mangelnde Führung) fallen alle in Kapitel 1 genannten Sünden in die verschiedenen Phasen der *Vorbereitung* einer Präsentation. Auch wenn es abgedroschen klingt, aber der Erfolg Ihrer Präsentation steht und fällt mit der Vorbereitung.

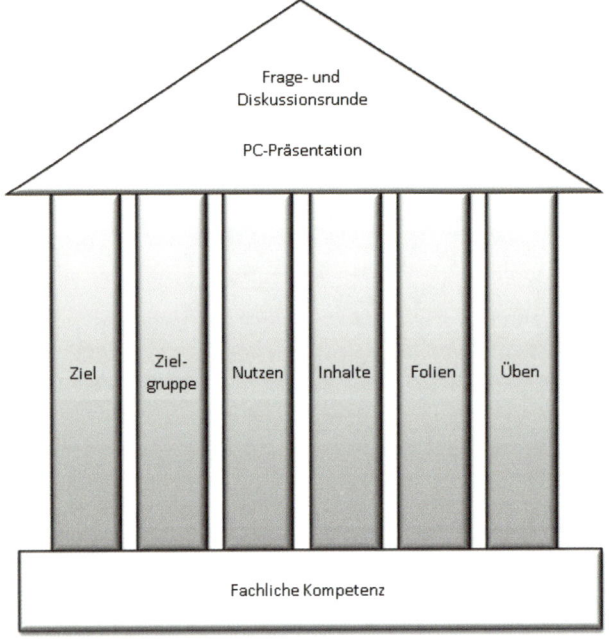

Abbildung 2.1 Wenn Sie während der Vorbereitung die Weichen richtig stellen, werden Sie während der Präsentation nicht entgleisen

Ihre fachliche Kompetenz ist das Fundament. Darauf ruhen die sechs Säulen der Vorbereitung. Je tragfähiger sie sind, desto besser stützen sie Ihre Präsentation ab:

1. **Ziel** Es bestimmt Inhalt, Richtung und Methodik Ihrer Präsentation. Eine präzise Zielformulierung sorgt für Klarheit.

2. **Zielgruppe** Präsentieren ist Kommunizieren. Kommunikationsprozesse haben Risiken und Nebenwirkungen. Minimieren Sie die Risikofaktoren und stimmen Sie Ihre Präsentation auf das jeweilige Publikum ab.

3. **Nutzen** Hier beantworten Sie in vorauseilendem Gehorsam die Frage, was Ihr Publikum davon hat, Ihnen zuzuhören, Ihre Meinung zu teilen, Ihre Empfehlung umzusetzen, Ihr Projekt zu unterstützen oder Ihr Produkt zu kaufen.

4. **Inhalte** Sie wählen, gewichten und verdichten die Inhalte.

5. **Folien** Erstellen Sie Handout und Folien, in dieser Reihenfolge.

6. **Üben** Zum Abschluss üben Sie die Präsentation möglichst unter Originalbedingungen.

Das Ziel: Wohin soll die Reise gehen?

Den Anfang der Vorbereitung macht das Ziel. Wer einfach losmarschiert, darf sich nicht wundern, wenn er irgendwo ankommt. Oder wie Alt-Bundeskanzler Helmut Kohl so wunderbar formulierte: »*Wichtig ist, was hinten rauskommt.*«

Ausnahmen bestätigen die Regel. Zum Beispiel der unentbehrliche Manager, der gehetzt ins Taxi springt. Als ihn der Fahrer fragt: »*Wohin möchten Sie?*«, antwortet der Manager: »*Bringen Sie mich irgendwo hin, ich werde überall gebraucht!*«. Manager mögen die Ausnahme von der Regel sein, die meisten Menschen brauchen ein Ziel.

Ziele formulieren

In meinen Präsentationstrainings bitte ich die Teilnehmer zu Beginn, alle Präsentationsziele zu notieren, die Ihnen spontan einfallen. Die folgenden Ziele werden meistens notiert: Die Kollegen *informieren*, die Geschäftsleitung oder den Kunden *überzeugen*, dem Chef einen *Überblick* über den aktuellen Projektstatus geben, den potenziellen Käufer über die Vorteile des Produkts *aufklären*, Einsparmöglichkeiten *deutlich machen*.

Klingt alles einleuchtend, oder? Auf den zweiten Blick erweisen sich aber viele dieser Ziele nur als Teilziele auf dem Weg zum eigentlichen Ziel. Sind Sie mit dem Erreichen des Basislagers zufrieden oder wollen Sie auf den Gipfel? Wenn Sie auf den Gipfel wollen, jedoch nur Ausrüstung und Kondition für die Strecke bis zum Basislager mitbringen, werden Sie auch nur das Basislager erreichen. Überlegen Sie sich also genau, wohin die Reise gehen soll, *bevor* Sie einsteigen und losfahren.

Informieren oder Überzeugen ist zu wenig. Handeln ist gefragt!

Dass eine Präsentation informieren soll, versteht sich von selbst. Ich vermute aber, dass Sie nur in den seltensten Fällen damit zufrieden sind, wenn der Kunde nach dem Ende Ihrer Präsentation zu Ihnen sagt:

> »*Vielen Dank für die Information, Herr Chleblepstophan.*«

Ausnahmen mögen auch hier die Regel bestätigen. Zum Beispiel die Expertenrunde im Team, bei der Sie Ihre Kollegen über den aktuellen Stand des Projekts informieren. Aber im Normalfall ist der Aufwand einer Folienschlacht zum Zwecke der Informationsvermittlung eindeutig zu hoch. Wer informieren will, der möge reden oder schreiben. Folien sind dazu nicht nötig. Welchen Mehrwert liefern Sie denn zu dem, was der Vortragende erzählt bzw. im Handout nachzulesen ist?

Die nächste Stufe nach *Informieren* ist *Überzeugen*. Das ist zwar ein weiterer Schritt in die gewünschte Richtung, aber nur selten der Gipfelsturm:

»*Schön, Herr Chleblepstophan, wir sind jetzt bestens informiert und von den Vorzügen Ihres Produkts überzeugt. Aber...*«

Sie haben die Geschäftsleitung oder den Kunden überzeugt, *aber* Ihr eigentliches Ziel dennoch nicht erreicht. Der Kunde soll *kaufen*, die Geschäftsleitung soll das Projekt *bewilligen*, *Mittel freigeben* etc. In der Präsentation haben Sie Informationen gesät. Die Saat ist aufgegangen, weil Sie Ihr Publikum überzeugt haben. Aber jetzt möchten Sie ernten, und zwar *Verhalten*. Die Geschäftsleitung oder der Kunde soll *handeln*.

Abbildung 2.2 Informieren und Überzeugen ist oft zu wenig! Erst wenn der Zuhörer handelt, haben Sie Ihr Präsentationsziel erreicht.

Ziel(e) formulieren: Was soll der Zuhörer tun?

Das Hauptziel einer Präsentation ist (fast) immer ein bestimmtes Verhalten, das einzelne Personen (Entscheidungsträger) oder alle Zuhörer an den Tag legen sollen. Verhalten ist konkret und beobachtbar. Beobachtbar bedeutet überprüfbar. Wenn Ihr Publikum so handelt, wie Sie das wollen, haben Sie Ihr Ziel erreicht. Sonst nicht. Die Geschäftsleitung bewilligt das beantragte Budget – oder nicht. Der Kunde unterschreibt den Kaufvertrag – oder nicht. Je präziser Sie Ihr Ziel formulieren, desto genauer können Sie überprüfen, ob Sie es erreicht haben – oder nicht. Formulieren Sie das Hauptziel immer schriftlich, als beobachtbares Verhalten und in einem Satz, zum Beispiel: »*Die Geschäftsleitung beauftragt 10 Trainingstage*«.

Haupt- und Teilziele

Das Hauptziel setzt sich oft aus einzelnen Teilzielen zusammen. So werden Sie vielleicht auf den ersten Folien über allgemeine Zusammenhänge *informieren* und ihr Publikum *sensibilisieren oder aufrütteln*. Im nächsten Schritt wollen Sie Ihre Zuhörer von den Vorzügen Ihres Produkts, Ihrer Dienstleistung, Ihres Projekts *überzeugen*. Letztendlich aber wollen Sie, dass das Publikum bzw. der Entscheidungsträger *handelt*.

Hauptziel   Geschäftsleitung beauftragt 10 Trainingstage

Teilziel 1   Zuhörer *kennen* die Sünden und Grundregeln der PC-Präsentation

Teilziel 2   Zuhörer *erkennen* die Bedeutung zielgruppenorientierter Folien

Teilziel 3   Zuhörer *stimmen der Feststellung zu*, dass sich die Fortbildungskosten schnell amortisieren werden

Das Hauptziel sollten Sie *immer als beobachtbares Verhalten* formulieren, damit es überprüfbar ist. Bei Teilzielen ist die Formulierung als beobachtbares Verhalten zwar auch erstrebenswert, jedoch nicht immer möglich. Ziele wie »kennen lernen«, »erkennen«, »verstehen« oder »analysieren« lassen sich leider häufig nicht direkt beobachten. Aber entsprechende Fragen seitens der Teilnehmer, Diskussionsbeiträge oder ein bestimmtes Verhalten wie Nicken oder Kopfschütteln sind wiederum konkrete Hinweise (Indikatoren) für das Erreichen oder Nichterreichen der Ziele. Kurz: Je konkreter Sie Ihre Ziele formulieren, desto besser können Sie überprüfen, was Sie erreicht haben.

Exakte Ziele schaffen Klarheit, für Sie und Ihr Publikum. Sammeln Sie am besten ab sofort alle Präsentationsziele, die Ihnen über den Weg laufen: Ihre eigenen und alle, die Sie bei anderen Präsentierenden hören. Wer gerne mit Papier arbeitet, dem rate ich zu Karteikarten. Wer lieber elektronische Medien verwendet, findet in jedem Programm entsprechende Verwaltungsmöglichkeiten für eine »Zielformulierungs-Datenbank«. Sie werden staunen, wie schnell Sie wissen, was Sie wollen und wie Sie Präsentationsziele im Handumdrehen formulieren, wenn Sie dabei auf eine umfangreiche Sammlung zurückgreifen können. Hier sehen Sie einige Schlüsselbegriffe für Zielformulierungen:

Information (Verstand/Kognitiv)

- Kennen
- Erkennen, verstehen
- Beschreiben, benennen
- Differenzieren, analysieren
- Folgern, schließen

Überzeugung (Gefühle/Affektiv)

- Entscheiden
- Bewilligen, zustimmen, ablehnen
- Einführen, abschaffen
- Kaufen, verkaufen
- Budget erhöhen auf Betrag xy

Die Zielgruppe – Präsentieren ist Kommunizieren

Präsentieren ist ein Kommunikationsprozess. Sie senden Informationen, das Publikum empfängt…tja, und genau hier wird es interessant. Was geht eigentlich in den Köpfen Ihrer Zuhörer vor, während Sie sprechen?

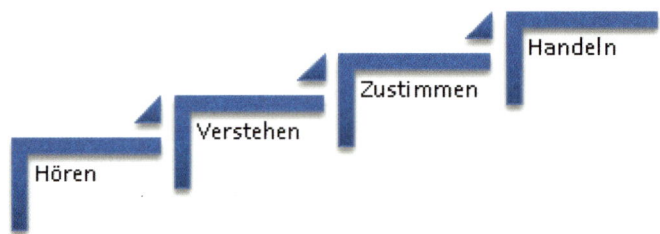

Abbildung 2.3 Zwischen Hören und Handeln gilt es mehrere Stufen zu erklimmen

Hören ist noch nicht Verstehen

Führen Sie bei passender Gelegenheit einmal das folgende Experiment durch. Es sollten wenigstens fünf und höchstens zehn Personen mitmachen. Jeder bekommt Stift und Zettel. Sie erklären den Teilnehmern, dass Sie nun drei Fragen stellen werden und jeder möge bitte spontan die erste Zahl aufschreiben, die ihm als Antwort einfällt. Dann fragen Sie in die Runde:

- Wie lange dauert ein »langer Urlaub«?
- Wie groß ist eine »große Wohnung«?
- Wie viel ist »viel Geld verdienen«? (brutto, pro Monat, in Euro)

Fragen Sie nun reihum die Zahlen ab und tragen Sie sie in die folgende Liste ein:

	Langer Urlaub	Große Wohnung	Viel Geld verdienen
Person 1			
Person 2			
Person 3			
Person 4			
Person 5			

Bei mehr als fünf Personen wird vermutlich sofort eine Diskussion darüber ausbrechen, ob es wohl einigen in der Runde zu gut gehe, dass manche offenbar in Schlössern wohnen möchten und heutzutage niemand mehr arbeiten will.

Jeder hat dieselben Worte *gehört*, aber Unterschiedliches *herausgehört* bzw. *hineininterpretiert*. (Nicht-)Verstehen beginnt beim Empfang der gesendeten Information. Wahr ist, was wir *hören*! Die wirkliche Wirklichkeit gibt es nicht. Auch wenn es viele behaupten: Niemand weiß, was *wirklich* wirklich und *echt* echt ist[1].

Wie kurz sind *kurze* Lieferfristen? Wie kulant ist *sehr* kulant? Was genau bedeutet *freundlicher* Service? Wie lange dauert *umgehend*, *sofort*, *unverzüglich*? Wie viele Tage sind *wenige* Tage? Wann ist in *allernächster* Zeit? Wie groß sind *kleine* Änderungen? Wie lange dauert eine *minimale* Verzögerung?

> **WICHTIG** Der Empfänger bestimmt den Inhalt der Botschaft.

Sie begeben sich in eine trügerische Sicherheit, wenn Sie sich darauf verlassen, dass Ihre Zuhörer alle dasselbe aus Ihren Worten heraushören. Im schlimmsten Fall versteht jeder etwas anderes und niemand das, was Sie gemeint haben. Was tun?

Die Lösung heißt *Präzision*. Je klarer Sie formulieren, desto höher ist die Wahrscheinlichkeit, dass Ihr Publikum das hört, was Sie sagen. Beantworten Sie die ungestellten Fragen Ihrer Zuhörer, bevor sie zu Missverständnissen heranwachsen:

- »*Unter kurzen Lieferfristen verstehen wir X bis Y Stunden/Tage/Wochen/Monate.*«
- »*Sehr kulant bedeutet, dass…*«
- »*Unser freundlicher Service zeichnet sich dadurch aus, dass…*«

Verstehen hat noch eine weitere Facette: *Begreifen*. Wenn ich mich an meinen Mathematikunterricht erinnere, wird mir immer wieder schmerzlich bewusst, wie weit Hören und Begreifen auseinanderliegen können. Sobald Ihr Publikum etwas begreifen, also *lernen* soll, müssen Sie *lehren*. Und das ist mehr als Informationsvermittlung. Wäre Lernen lediglich das Schließen von Informationslücken, müssten wir den Kindern nur das Lesen beibringen und könnten sie dann getrost in die Bibliotheken schicken und die Schulen abreißen.

Fachwissen ist eine notwendige, aber keine hinreichende Voraussetzung für die erfolgreiche Weitergabe dieses Fachwissens. Über Wissen verfügen und dieses Wissen weitergeben sind zwei Paar Schuhe. Wie bereitet man die Inhalte zielgruppengerecht auf und wie gestaltet und präsentiert man den Stoff interessant und ansprechend? Sobald es um das Lernen geht, gesellen sich zur Informationsvermittlung noch Methodik und Didaktik dazu. Nicht selten aber steht sich Wissen selbst im Weg und die besten Fachleute werden am Rednerpult zu traurigen Gestalten. Wer die Sprache seines Publikums nicht spricht, redet an den Leuten vorbei.

Verstehen ist noch nicht Zustimmen

Nehmen wir an, Ihr Publikum hat in jeder Hinsicht verstanden. Die nächste Stufe ist Zustimmung. Wenn Sie ausbleibt, werden Sie Ihr Ziel nicht erreichen:

---

[1] Wer anderer Meinung ist, dem empfehle ich als Gegenmittel das Buch *Wie wirklich ist die Wirklichkeit – Wahn, Täuschung, Verstehen* von Paul Watzlawick.

*»Herr Chleblepstophan, ich verstehe jetzt zwar, warum **Sie** der Meinung sind, dass wir das Projekt um einen Monat verlängern sollten. Aber **ich** sehe das anders…«*

Bei der Zustimmung gesellt sich zum *»Ja, ich habe verstanden«* noch ein *»Ja, ich sehe das auch so«*.

Zustimmen ist noch nicht Handeln

Spinat ist gesund, Spinnen sind ungefährlich und Zähne putzen ist wichtig. Diese Liste an gleichermaßen zutreffenden wie ohnmächtig vorgetragenen Wahrheiten ließe sich unendlich erweitern. Erliegen Sie nicht dem Irrglauben, es sei nur Kindern vorbehalten, solche Weisheiten zu ignorieren, während sich Erwachsene von der Macht des guten Arguments gerne überzeugen lassen: Rauchen schadet der Gesundheit, Alkohol beeinträchtigt das Fahrverhalten und wer rastet, der rostet. Gene Zelazny bringt den Unterschied zwischen Zustimmen und Handeln selbstironisch auf den Punkt: *»Gegen den Wandel an sich habe ich nichts; ich hasse nur den Prozess der Veränderung.«*[2]

Nutzen motiviert zum Handeln

Die Macht des guten Arguments ist sehr begrenzt. Nicht nur bei Spinat, Spinnen und Zigaretten. Auch in Präsentationen können gute Argumente die Kluft zwischen Zustimmen und Handeln oft nicht überbrücken. Das »missing link« ist der nicht erkennbare Nutzen für den Zuhörer. Warum sollte jemand sein Verhalten ändern und plötzlich Geld für ein Produkt, eine Dienstleistung oder ein Projekt ausgeben? Niemand kauft ein Produkt, nur weil es *toll* ist. Niemand gibt Geld für eine erstklassige Dienstleistung aus, nur weil sie *erstklassig* ist. Kein Chef bewilligt ein geniales Projekt, nur weil es *genial* ist. Wer keinen Nutzen für sich selbst sieht, wird nicht handeln.

Es gibt diesen schönen Spruch: *»Den Anderen dort abholen, wo er steht«*. Das klingt auf eine schlichte Art erhaben und hat dieses gewisse pädagogische Etwas. Aber in der Praxis wird's knifflig. Wissen Sie denn, wo all die anderen gerade stehen? Stehen sie alle an derselben Stelle? Wenn ja, stehen sie sich dann nicht gegenseitig auf den Füßen? Wenn nein, brauchen Sie dann ein Sammeltaxi und viel Zeit, um jeden dort abzuholen, wo er gerade steht? Wie sieht die Denk- und Gefühlswelt Ihres Publikums aus? Was ist den Leuten wichtig, was nicht? Ist allen dasselbe wichtig? Wer ist auf welchem Ohr taub und wer will überhaupt nichts hören, haben oder wissen von dem, was Sie da vorne gerade erzählen? Selbst *wenn* Sie die Antworten auf all diese Fragen hätten und damit wüssten, was Sie wissen müssen, um den anderen dort abzuholen, wo er steht: Was heute gilt, kann schon morgen ganz anders sein.

---

2 Gene Zelazny, Das Präsentationsbuch, S. 31

Solange das Unternehmen schwarze Zahlen schreibt, steht die Geschäftsleitung einer Budgetbewilligung vermutlich offener gegenüber als bei negativer Bilanz. Sieht der Chef kompetente Mitarbeiter als Bereicherung und Unterstützung, wird er Ihre Forderung nach erweiterten Kompetenzen begrüßen. Empfindet er sie hingegen als Bedrohung und unliebsame Konkurrenz, sieht die Sache anders aus. Und dann gibt es da noch die Tagesform des Chefs, Kunden oder Entscheiders. Ein kleiner Streit am heimischen Frühstückstisch, und die Karten sind neu gemischt.

Nehmen Sie sich in Acht vor einem besonders heimtückischen Fehler und schließen Sie niemals von sich auf Ihr Publikum. Was für *Sie* einen Nutzen darstellt, muss für die Zuhörer noch lange nicht erstrebenswert sein. *Ihre* Provision als Vertriebsmitarbeiter ist für den Kunden kein Anreiz, um Geld auszugeben. *Ihre* erstrebte Position als Projektleiter bedeutet Ihrem Chef womöglich gar nichts. *Ihre* Begeisterung über technische Raffinessen eines Geräts beeindruckt den potenziellen Käufer und Laien vielleicht nicht im selben Maß wie Sie.

> **WICHTIG**   Der Kunde will nicht wissen, was das Produkt kann. Er will hören, *was er davon hat*.

Ob Sie es wollen oder nicht, als Präsentierender sind Sie Verkäufer. Auch dann, wenn es sich nicht um eine klassische Verkaufspräsentation handelt! Präsentierende verkaufen Ihrem Publikum Einschätzungen, Empfehlungen, Bewertungen, Prognosen, Projekte, Sicherheit, Gesundheit, Gewinnaussichten, Einfluss, Anerkennung, Informationsvorsprung, Wünsche, Vertrauen oder Träume. Die Zuhörer kaufen, wenn sie nach der Präsentation das tun, was Sie als Präsentationsziel (Leitziel) formuliert haben, z.B. den Vertrag unterschreiben oder das geforderte Budget bewilligen.

Kauf-Motive sind Haltestellen, an denen Sie die besagten »Anderen« oft antreffen. Einzeln oder in Gruppen stehen sie um das Motiv herum und warten darauf, dass jemand sie dort abholt.

Bedürfnisse erkennen

Ein Motiv ist zunächst ganz allgemein ein Beweggrund, irgendetwas zu tun oder zu unterlassen, das man ohne diesen Beweggrund nicht täte oder unterließe. Jegliche Motivation dient einem einzigen universellen Zweck: *Bedürfnisbefriedigung*. Der Schlüssel zum Handeln ist also das Bedürfnis. Je mächtiger das Bedürfnis, desto stärker das Handlungs- bzw. Kaufmotiv. Die folgenden Bedürfnisse sind absteigend nach Bedeutung sortiert. Sie lassen sich von Individuen auf Unternehmen, Abteilungen oder Teams übertragen:

- **Physiologische Sicherheit**   (Langes Leben, Überleben): Nicht nur Menschen, auch Unternehmen, Abteilungen oder Teams möchten im Normalfall nicht sterben, sondern möglichst lange leben und bedrohliche Situationen *über*leben.

- **Gesundheit** Menschen, Unternehmen, Abteilungen oder Teams wollen gesund sein, können aber trotzdem anfällig werden, kränkeln oder schwer erkranken. Menschen gehen dann zum Arzt oder Psychologen, Unternehmen an die Börse oder zum Unternehmensberater.

- **Materielle Sicherheit** Geld, Wohnung und Arbeit wünscht sich der Mensch; Rücklagen, Ressourcen und Aufträge das Unternehmen.

- **Anerkennung/Status** Der Privatmensch sonnt sich im Schatten seines Eigenheims und das Unternehmen ist stolz, wenn es bei den »Global Playern« mitspielen darf. Das Bedürfnis nach Anerkennung und Status ist ein Bedürfnis-Eldorado. Führungskräfte, Kunden und Kollegen – sie alle werden hellhörig, wenn Beförderung, Lob, Neid, steigende Aktienkurse, ein vorzeitiger Projektabschluss, mehr Ressourcen oder ein besseres Image locken.

- **Informationsvorsprung** Höher, schneller oder weiter ist im Hinblick auf den Mitbewerb sowohl für den Einzelnen als auch das Unternehmen erstrebenswert.

Im Lichte dieser Erkenntnis bauen Sie nun Bedürfnis und Motiv gewinnbringend in Ihren Vortrag ein: Da ist beispielsweise der Chef, dem sehr an einem zügigen Projektverlauf gelegen ist. Er will *Zeit sparen*. Also bauen Sie Ihre Argumentation entsprechend auf und werden ständig darauf hinweisen, wie man an dieser oder jener Stelle Minuten, Stunden, Tage oder Wochen sparen kann, um das Projekt zügiger abzuwickeln. Wenn die Geschäftsleitung das *Image* des Unternehmens verbessern will, werden Sie die Informationen Ihres Vortrags in eine verkappte Imagekampagne einbauen und den Zuhörern ein ums andere Mal deutlich machen, wie sehr der Ruf des Unternehmens vergoldet wird, wenn dieses oder jenes geschieht. Dem Kunden, der seiner Konkurrenz immer möglichst weit *voraus sein* will, werden Sie Wege zum Informationsvorsprung aufzeigen.

Der Chef, die Geschäftsleitung, der Kunde – alle haben ihre jeweiligen Kaufmotive. Aus den zugrunde liegenden Bedürfnissen ergibt sich der Nutzen, den Sie im Vortrag in Formulierungen gießen:

»*Sie sichern…, Sie erreichen…, Sie gewinnen , Sie vermeiden , Sie stärken , Sie erhöhen , Sie verringern…*«

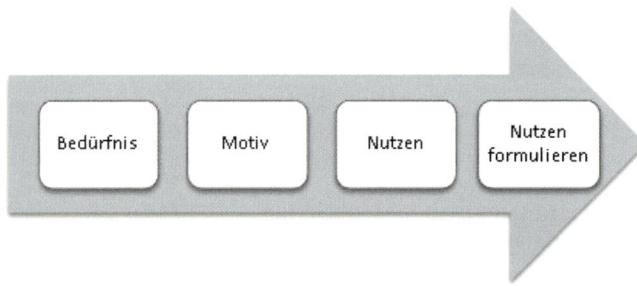

Abbildung 2.4 Je deutlicher der Nutzen, desto größer die Wahrscheinlichkeit, dass Ihre Zuhörer in Ihrem Sinne handeln. Nutzenformulierungen helfen Ihnen dabei.

Sie brauchen das Rad nicht neu erfinden. Lesen, hören und sehen Sie ab sofort die Werbeinserate, -plakate, -spots oder -slogans unter dem Aspekt, was der Einzelne vom Produkt oder der Dienstleistung hat.

WICHTIG Verkünden Sie Nutzen statt Eigenschaften!

Mit dem richtigen Waschmittel wird die Wäsche nicht nur sauber, sondern *rein*! Welche chemische Formel dieses Wunder wirkt, interessiert niemanden. Wenn Sie mit rasenden Kopfschmerzen zum Apotheker gehen, wollen Sie dann hören:

»Mein lieber Herr Chleblepstophan, da muss ich Ihnen zuerst von einer Versuchsreihe zu einem neuen Medikament erzählen. Ganz raffiniert, sage ich Ihnen, absolut revolutionär und ein chemischer Geniestreich …«

Oder lieber das:

»Herr Chleblepstophan, nehmen Sie eine dieser Tabletten und der Schmerz ist innerhalb von 30 Minuten wie weggeblasen.«

Beispiele

Maximaler Nutzen in möglichst wenig Worten heißt die Zauberformel. Es folgt eine Auswahl an Pröbchen aus der Werbebranche:

- **Automobil**   *Vorsprung durch Technik. Aus Liebe zum Automobil. Aus Freude am Fahren. Wohlfühlauto. Fahrspaß garantiert. Zuverlässig. Jeder Kilometer ein sicheres Vergnügen. Fortschritt durch Technik. Frisst wenig, leistet viel. Die Technik der Verführung. Spürbar mehr Dynamik. Raum trifft Kraft. Nichts ist unmöglich. Begeisterung auf Rädern. Qualität erleben. Lebe deine Freiheit. Kurz und gut. Sportlichkeit in neuer Dimension. Mit Luxus in die Freiheit. Mehr Kraft, weniger Verbrauch. Starke Form, starker Kern. Jeder braucht ein bisschen Freiheit.*

- **Kosmetik**   *Schönheit kennt kein Alter. Ein Deo, das pflegt und schützt. Gut für Ihre Haut, toll für Ihren Teint. Schön gepflegt, leicht gebräunt. Voller Frische, leicht im Duft. Kühlt – Erfrischt – Belebt. Ihr täglicher Kurzurlaub. Jeden Tag in Bestform. Nichts als Weichheit auf Ihrer Haut. Fühlbar mehr Haar. Mit Sicherheit ein gutes Gefühl. Der Ultra-Schutz. Natürlich schön sein. Unkompliziert – Preisgünstig – Erfolgreich. Stärkt und schützt das Zahnfleisch. Vitalisiert die Kopfhaut, pflegt das Haar.*

- **Versicherung**   *Vertrauen und Sicherheit. Rechtsschutzversicherung macht stark. Mehr Komfort. Mit Sicherheit ein guter Partner. Träume brauchen Sicherheit. Wir haben Werte. Ein schönes Leben noch. Freie Fahrt für freie Bürger. Ihr gutes Recht für wenig Geld.*

- **Pharma**   *Mit Sicherheit besser leben. Gesundheit in der Balance. Ohne Verzicht normales Gewicht. Kraftvoll und sanft zugleich. Und der Schmerz hat ein Ende. Beruhigt den Magen. Macht klaren Kopf. Nimmt die Schwellung, lindert den Schmerz. Trotz Erkältung voll im Leben.*

- **Computer**[3] *More connected. Possible made practical. So fast, it's kind of ridiculous. Go for the game. Ihr Erfolg ist unser Business. Empowering People. Learn it, live it, love it. Dreams made real. Unbegreiflich begreiflich. Rip, mix, burn. Technologie, die Spaß macht. Freiheit zum Anfassen.*

Die Aussicht auf Bedürfnisbefriedigung ist ein Versprechen, eine Verheißung von etwas, das der Angesprochene *will*. Die richtige Reihenfolge ist entscheidend! Erst den Mund wässrig machen, dann die Speisekarte aufklappen. Erst den Bauch, dann den Kopf ansprechen. Erst der Wunsch, dann die Fakten. Wenn der Bauch will, hört der Kopf lieber zu. Sobald der Kopf dem Bauch zustimmt, haben Sie Ihr Ziel erreicht.

Ihr Drehbuch zum Erfolg – Der Nutzenkatalog

Stellen Sie sich vor, Sie möchten ein neues Auto kaufen, verstehen aber wenig von Autos. Also fragen Sie einen autoverrückten Freund um Rat. Voller Begeisterung fuchtelt dieser kurz darauf mit einer Fachzeitschrift vor Ihrer Nase herum:

»*Sieh dir das an! Stufenlose Multitronic mit DRP. Ein Wahnsinn, sag ich Dir. Dann Abgasturboaufladung, maximales Drehmoment von 320/1750, 2500 Nm min-1. Unfassbar! Außerdem Tire mobility system, Lamellenkupplung, 250 60 R16 Reifen – ich fass es nicht! Pumpe-Düse-Hochdruck-Direkteinspritzung, Differentialsperre, EDS, ASR, ABS und ESP sowieso. Soviel zur Serienausstattung, ha! Anschnallen, jetzt kommen die Extras!*«

Wären Sie ebenfalls Experte, hätten Sie jetzt ebenso feuchte Augen wie Ihr Freund. Als Laie aber haben Sie viel gehört und nichts erfahren. Sie kennen jetzt zwar die *Eigenschaften* (in diesem Fall die technischen Daten) des Fahrzeugs, aber Sie wissen nicht, was all diese kompliziert klingenden Dinge für Sie tun. Sie kennen ihren Nutzen nicht!

> **WICHTIG** Verkaufen Sie Nutzen statt Eigenschaften!

Der Nutzenkatalog ist Ihre Bibel und Ihr Drehbuch zugleich. Hier sammeln und verbinden Sie systematisch Eigenschaften *und* Vorteile (Nutzen). Zu jeder Eigenschaft notieren Sie mindestens einen Vorteil, im Idealfall ergänzt durch ein kleines Beispiel oder eine kurze Geschichte. Je anschaulicher der Nutzen, desto größer die Wahrscheinlichkeit, dass der Interessent zum Käufer wird. Egal, ob es um den Kauf einer Meinung, Überzeugung oder tatsächlich um den Erwerb eines Produkts oder einer Dienstleistung geht.

---

[3] Wer nicht Englisch spricht, versteht kein Deutsch mehr.

Der folgende Ausschnitt aus dem Nutzenkatalog meines Traum-Reisefahrrads soll Ihnen einen ersten Eindruck liefern. In ein paar Minuten werden Sie selbst einen Nutzenkatalog erstellen.

Beispiel/Situation	Vorteil/Nutzen	Eigenschaft
Rad-Fernreisen: viel Ausrüstung, Berge; bei Steigung zählt jedes Kilo doppelt	Kraft/Energie sparen Gesundheit, weil gelenkschonend	maximal 13 kg Gewicht
Mitradler hatten viele platte Reifen wegen Dornen, Stacheln, Stahlstiften aus abgeriebenem Reifengewebe von LKWs	Sicherheit/Schutz: eingebauter Pannenschutz; Reißnägel, Dornen, Kakteen-Stacheln kein Problem.	Reifentyp XY
Pause machen, wenn die anderen Reifen flicken	Bequemlichkeit/Komfort	Reifentyp XY

Würde ich im Reisevortrag nur die Eigenschaften herunterbeten, wäre die Präsentation zwar kurz, aber schlecht. Denn die Zuhörer erfahren nicht, was das Rad für den Radler tut:

»Meine Damen und Herren,

ein Rad für Fernreisen sollte höchstens dreizehn Kilogramm wiegen und mit dem Reifentyp XY ausgestattet sein.«

In der zweiten Variante verfahre ich nach dem empfohlenen Schema »Beispiel, Nutzen, Eigenschaft«. Damit Sie sehen, wie wenig die bloßen Eigenschaften im Vergleich zum Nutzen zählen, habe ich die Eigenschaften fett formatiert. Der Rest ist Nutzen, verpackt in kleine Geschichten:

»Meine Damen und Herren,

beim Kauf eines Tourenrads für Fernreisen sollten Sie auf ein paar Dinge besonders achten, damit Sie gesund, fit und erholt Ihr Ziel erreichen. Mit Fernreise meine ich übrigens Touren von mindestens 1.000 Kilometern.

Wenn Sie nicht gerade den Donauradweg fahren, werden Sie auf einer Strecke von 1.000 Kilometern viele Steigungen bewältigen müssen. Wer jemals mit fünfunddreißig Kilogramm Gepäck die Großglockner Hochalpenstraße hinaufgekrochen ist, der weiß, dass in den Bergen jedes Kilo zählt. Aber auch wenn es nicht der Großglockner ist: Sie werden um jedes Kilogramm froh sein, das Sie nicht schleppen müssen. Weil sich am Gepäck nur begrenzt sparen lässt, sollten Sie über ein leichtes Fahrrad nachdenken.

Damit sparen Sie aber nicht nur eine Menge an Energie und Kraft, auch Ihre Kniegelenke werden sich freuen. Achten Sie also darauf, dass Ihr Fahrrad höchstens **dreizehn Kilogramm** *wiegt. Klassische Tourenräder wiegen achtzehn bis zwanzig Kilogramm. Bei einem dreizehn-Kilo-Fahrrad sparen Sie also das Gewicht eines 6er-Kastens Mineralwassers ein.*

Gewicht ist EIN Faktor, aber nicht der einzige. Nicht immer liegt das Glück auf der Straße. Manchmal sind es auch Dornen, Stacheln, Reißnägel oder kleine spitze Metallstifte aus dem Stahlgeflecht abgeriebener LKW-Reifen. Ein Reisegefährte hatte in einem südkalifornischen Wüstengebiet einmal sieben Reifenpannen an einem einzigen Nachmittag, was mir eine Reihe außerplanmäßiger Erholungspausen verschafft hat. Mein Fahrrad hatte die **XY-Reifen** *mit einem eingebauten Pannenschutz und steckte Dornen, Reißnägel oder Stahlstifte bis zu einem Zentimeter Länge problemlos weg.«*

Erfahrungsgemäß fällt es den meisten Präsentierenden leichter, zunächst aus der eigenen Perspektive heraus zu argumentieren. Während der Vorbereitung ist es auch kein Problem, wenn Sie erst einmal die Eigenschaften auflisten und sich anschließend um den Nutzen samt passendem Beispiel kümmern:

Für den Vortrag drehen Sie die Reihenfolge jedoch um:

Warum umdrehen? Weil das Beispiel lebendige Bilder statt lebloser Begriffe liefert. Anders formuliert. Sie servieren erst einmal Schokolade statt Spinat für den Wahrnehmungsapparat. Im Beispiel hängen Sie im nächsten Schritt den Nutzen auf wie Schmuck an einem Weihnachtsbaum. Ihre Zuhörer haben jetzt vor Augen, was das Produkt oder die Dienstleistung für Sie tut. Die technischen Daten gibt es erst zum Nachtisch – wenn überhaupt. Denken Sie zurück an das Beispiel mit den Kopfschmerztabletten: wer will schon wissen, welche Ingredienzien dafür sorgen, dass die Kopfschmerzen verschwinden?

Übung

Jetzt sind *Sie* an der Reihe. Haben Sie ein Traumauto? Ein Traumhaus? Welches Hobby pflegen Sie? Sind Sie Sportler? Spielen Sie ein Musikinstrument?

Erstellen Sie einen Nutzenkatalog für ihr Traumauto, Traumhaus, Hobby. Schreiben Sie entweder direkt in die folgende Tabelle oder verwenden Sie die Beispieldatei \\Buch\\Kap02\\ *Nutzenkatalog.docx*. Füllen Sie die Spalten von *rechts nach links* aus, tragen Sie sie aber in der Präsentation von *links nach rechts* vor.

Mein Traum......................

Beispiel/Geschichte	Nutzen	Eigenschaft
1.	1.	1.
2.	2.	2.
3.	3.	3.

Inhalte auswählen und verdichten

Im Film *Pulp Fiction* sagt Mia an einer Stelle zu Vincent Vega: »*Das war etwas mehr Information als ich im Augenblick haben wollte.*«. Weniger ist mehr! Wir dürsten längst nicht mehr nach *fehlenden* Informationen. Im Zeitalter der Unterhaltungselektronik schwitzt die Welt aus jeder Pore eine wahre Informationsflut und wir drohen darin zu ertrinken. Immer mehr hochbezahlte Führungskräfte trainieren das Querlesen, um in möglichst kurzer Zeit das Wesentliche aus einer Masse von Informationen herauszufiltern. Als Präsentierender nehmen Sie Ihrem Publikum diese Arbeit ab. In der Vorbereitung destillieren Sie das Wesentliche an Informationen heraus. In der Präsentation servieren Sie nur Hochprozentiges. Wer eine Schnapsbrennerei besucht, will kein Wasser verkosten.

Wie unterscheiden Sie das Wesentliche vom Unwesentlichen, die Kern- von der Zusatzinformation? Diese Entscheidung müssen *Sie* von Fall zu Fall neu treffen. Ich rate Ihnen aber im Interesse Ihres Publikums zu Geiz: Liefern Sie im Gegensatz zu Vincent Vega Ihrem Publikum *nicht* mehr Information als es im Augenblick haben will. Nachlegen können Sie immer, falls jemand auch das Kleingedruckte hören möchte.

Weil man zu unterschiedlichen Folien unterschiedlich viel erzählen kann, gibt es keine Faustregel dafür, wie lange eine Folie projiziert werden sollte. Ich habe einmal eine ausgezeichnete Präsentation erlebt, in welcher der Vortragende über 45 Minuten hinweg eine einzige Folie in Form eines Projektplans Stück für Stück aufgebaut hat. Das Handout zu dieser Folie umfasste *zwölf* Seiten. Perfekt gelöst: Die Folie enthielt nur die Kerninformation (Projektplan samt Phasen und Meilensteinen), der Vortrag lieferte die entscheidenden Informationen zum Bild und das Handout enthielt Visualisierung *und* Prosa.

Drehen Sie den Spieß um: Erst das Handout, dann die Folien

Viele erstellen erst die Folien, dann das Handout; sofern es überhaupt eine eigene Druckvariante gibt, denn meistens müssen die ausgedruckten Folien als Handout herhalten. Diese klassische Vorgehensweise »erst Folien, dann Handout« ist viel zu aufwendig. Aus einer Unmenge an Detailinformationen filtern Sie mühevoll die Kerninformationen heraus, die Sie postwendend visualisieren. Anschließend verwandeln Sie die Visualisierung der Folie für das Handout zurück in Text, ergänzt um das Kleingedruckte. Einfacher ist es, die Reihenfolge umzudrehen. Beginnen Sie mit dem Handout, das Sie in der Notizansicht erstellen. Es bildet die Prosavariante Ihrer Präsentation und enthält Kern- und Zusatzinformationen in Textform. Für die Folien filtern Sie jeweils die Kerninformation heraus und visualisieren sie. Mit dieser Technik werden Sie:

- nicht *mehr* Zeit brauchen als bisher. Mit etwas Routine sogar weniger.
- immer ein Handout verteilen, über das sich Ihr Publikum freuen wird
- kaum noch in Versuchung geraten, überladene (Text-)Folien zu produzieren
- die Folien schneller erstellen, weil alle relevanten Informationen bereits im Handout enthalten sind
- aussagekräftigere Folien erstellen, weil die Informationen im Handout bereits strukturiert sind
- anschaulichere Folien erstellen, weil Informationen im Handout schon formuliert und deswegen leichter zu visualisieren sind

Nutzen Sie das Notizenfeld

Ins Notizenfeld tippen Sie die Textvariante Ihrer Präsentation. Es enthält: Thema, Datum, Veranstaltungsort, Name des Referenten, Name des Unternehmens, Hintergrund- und ergänzende Informationen, Quellenangaben, Querverweise. Das Notizenfeld mag zwar Text am liebsten, aber was immer Sie in die Zwischenablage kopieren können, lässt sich in das Notizfenster einfügen: Tabellen, Diagramme, Grafiken, Projektpläne.

Ein Klick auf *Notizenseite* in der Registerkarte *Ansicht* bringt sie zur Notizansicht, die im Hochformat gehalten ist. Das obere Drittel zeigt die (verkleinerte) Folie. Die unteren zwei Drittel sind für Ihre Notizen vorgesehen.

Abbildung 2.5 Die Notizen werden zwar mit der Folie gespeichert, sind aber im Präsentationsmodus nicht zu sehen. Um das Handout zu drucken, wählen Sie bei den Druckoptionen die Variante Notizseiten

Das Handout verteilen

Wann erhält das Publikum das Handout? Diese Frage spaltet die präsentierende Zunft in zwei Lager. Die kleinere Gruppe ist dafür, das Handout *vor* der Präsentation zu verteilen bzw. auf den Plätzen auszulegen. Die weitaus größere Gruppe jedoch schwört darauf, das Handout *nach* der Präsentation auszugeben und keine Sekunde früher. Niemand soll vorausblättern und Fragen zu Folie Nr. 7 stellen, während der Präsentierende noch die Agenda erläutert. Ich schlage Ihnen eine salomonische Lösung vor: Legen Sie einen Stapel Handouts in der Nähe des Rednerpults aus und klären Sie die Handoutfrage, bevor Sie zur Agenda kommen, zum Beispiel mit folgenden Worten: »*Im Anschluss an den Vortrag erhält jeder ein Handout. Wenn Sie es bereits jetzt haben möchten, können Sie sich von diesem Stapel hier gerne ein Exemplar holen.*«

Nun kann jeder selbst entscheiden und Sie haben eine Entweder-Oder-Situation in eine Sowohl-als-auch-Situation verwandelt. Das ist erheblich zieldienlicher, als würden *Sie* entscheiden, wer wie lange auf das Handout warten muss. Denn wer es *jetzt* will, wird es Ihnen übel nehmen, darauf zu warten hat. Wen es stört, dass andere blättern, richtet seinen Zorn auf die Blätterer und nicht auf Sie. Und auch die Selbstdarsteller kommen auf ihre Kosten, weil Sie ihnen einen roten Teppich ausgelegt haben. Vor aller Augen können sie jetzt ans Rednerpult schreiten, das Handout wie eine Hostie in Empfang nehmen und der Welt einmal mehr vor Augen führen, wie wichtig sie sind.

Vom Vortrag zurück zum Handwerklichen. Nachdem Sie das Handout erstellt haben, kümmern Sie sich im nächsten Schritt um die Folien. Die Informationen zu jeder Folie stehen im Notizenfeld. Jetzt geht es darum, die Kerninformationen herauszufiltern und für die Projektion der Folie zu visualisieren. Wenn eine Visualisierung Ihrer Meinung nach nicht möglich oder sinnvoll ist, dann ist die Wahrscheinlichkeit groß, dass es sich um eine überflüssige Folie handelt, auf deren Projektion Sie komplett verzichten können. Denken Sie zurück an Sünde Nr. 1: eine Folie ist nur dann nötig, wenn Sie einen Mehrwert zu dem liefert, was Sie erzählen. Die *Folie,* nicht die Information. Sagen Sie, was es zu sagen gibt, aber verzichten Sie auf die Projektion.

Sprechernotizen und Regieanweisungen

Das Handout ist nicht nur für das Publikum hilfreich, sondern eignet sich gleichzeitig als Souffleur für *Sie.* Auf einem einzigen Blatt sehen Sie sowohl die Folie als auch den zugehörigen Text. Für Sprechernotizen gilt die *1-Meter-Regel*: Sie müssen aus einem Meter Entfernung alles lesen können, damit Sie sich das Blatt nicht vor die Nase halten müssen, wenn Sie Informationen nachtanken.

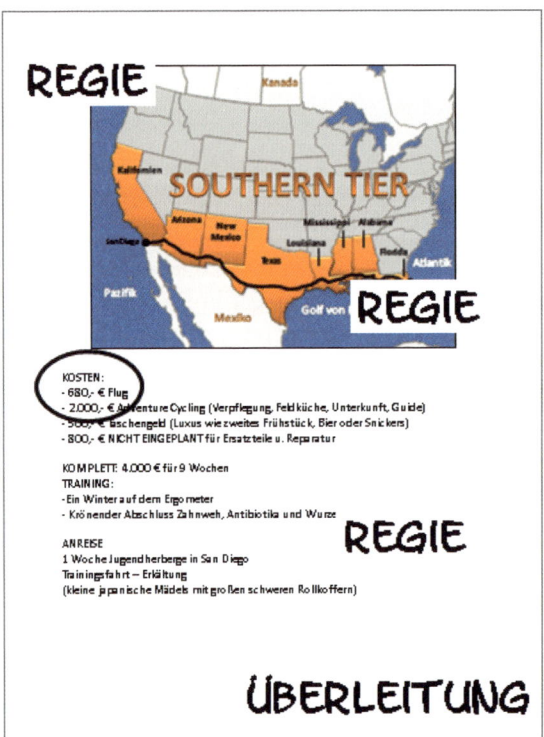

Abbildung 2.6 Das Handout enthält alle Informationen, die Sie für den Vortrag benötigen. Auf einem einzigen Blatt sehen Sie die Folie, den dazugehörigen Text und Ihre Regieanweisungen.

Zum Schluss schreiben Sie noch die Regieanweisungen von Hand auf das ausgedruckte Papier. Regieanweisungen betreffen nicht mehr den Inhalt, sondern den *Ablauf* der Präsentation, z.B. wann Sie wen mit welchen Worten begrüßen möchten, wo ein Hyperlink versteckt ist, wie lange ein Video laufen wird und wie die Excel-Datei heißt, nach der Ihr Chef an dieser Stelle höchstwahrscheinlich fragen wird.

Regieanweisung	Hinweis
Geschäftsleitung begrüßen: *Frau Dr. Marie Chevaux und* *Herrn Dr. Heinz Ürdinger*	Wenn Sie einzelne Teilnehmer besonders begrüßen, sollten Sie diese dabei ansehen und Namen, Funktion sowie akademische Titel kennen und korrekt benennen. Und vergessen sollten Sie auch niemanden.
Fünf Sekunden Sendepause	Geben Sie Ihrem Publikum Zeit beim Einblenden neuer Folien oder komplexer Schaubilder. Wenn Sie schon wieder auf Sendung gehen, während das Publikum noch mit dem Erfassen des projizierten Bilds beschäftigt ist, stört das die Konzentration. Damit Sie die Sendepausen nicht vergessen, machen Sie sich Regieanweisungen.
Umsatz.xlsx verteilen	Sie wissen oder vermuten, dass einige Zuhörer bei Diagrammen nach Details fragen werden. Als vorausschauender Mensch haben Sie die Excel-Datei *Umsatz.xlsx* in ausreichender Anzahl ausgedruckt. Damit Sie im Eifer des Gefechts nicht vergessen, *Umsatz.xlsx* zum richtigen Zeitpunkt zu verteilen, machen Sie sich eine entsprechende Regieanweisung.
Pause: Zehn Minuten *Kaffee, Getränke,* *belegte Brötchen* *Klingel als Signal*	Kündigen Sie Pausen oder sonstige geplante Unterbrechungen immer an. Am besten mit ein paar Zusatzinformationen über die Rahmenbedingungen. Vorsicht! *»Es folgt eine kurze Pause«* lässt Fragen in den Köpfen Ihrer Zuhörer unbeantwortet: *»Wie lange ist kurz?«*, *»Wie erfahren wir, wann es weitergeht?«*, *»Gibt es etwas zu essen und zu trinken?«* Klare Formulierungen lassen keine Zweifel offen: *»Meine Damen und Herren. Mit dieser Folie ist der erste Teil der Präsentation abgeschlossen. Nun haben Sie zehn Minuten Pause. Kaffee und Getränke sowie belegte Brötchen stehen gleich neben dem Ausgang für Sie bereit.«*

Tabelle 2.1 Verwenden Sie sicherheitshalber einen Bleistift. Vielleicht möchten Sie später noch Korrekturen vornehmen.

Trockenübung, Bühnenprobe und Requisiten

Den Anfang macht der Inhalt. Wer die Bühne betritt, soll seinen Text möglichst gut beherrschen. Allerdings gibt es einen wesentlichen Unterschied zum Theater: Der Schauspieler lernt jedes Wort auswendig. Sie nicht! Damit würden Sie Ihren Vortrag in ein viel zu enges Korsett zwängen. Präsentieren ist freie Rede. Stichworte müssen deshalb ausreichen, damit Sie erzählen und nicht ablesen oder gar auswendig Gelerntes abspulen. Glauben Sie mir: Je mehr Text in den Sprechernotizen steht, desto starrer werden Sie an diesen Worten kleben und den Text ablesen. Je weniger Text, desto freier werden Sie erzählen. Nur den Einstieg (erste Folie) und den Schluss (letzte Folie) müssen Sie im Schlaf beherrschen. Den Hauptteil, also alles *zwischen* erster und letzter Folie sollten Sie inhaltlich zwar im Griff haben, aber frei vortragen.

Den Vortrag können Sie in Gedanken zu jeder Zeit und an jedem Ort durchspielen: zu Hause auf dem Sofa, auf dem Weg ins Büro oder unterwegs im Auto, Zug oder Flugzeug, bei einem ausgedehnten Spaziergang, während des Joggens oder beim Rad fahren. Gerade die Ausdauersportarten sind ideal für das Einstudieren einer Präsentation.

Auf die Trockenübung folgt die Bühnenprobe. Im Idealfall absolvieren Sie im Original-Präsentationsraum mit dem Original-Equipment mindestens *einen* Probelauf. Nach Möglichkeit sollte Ihnen ein Testpublikum von Kollegen Rückmeldungen über Lautstärke, Erkennbarkeit, Lichtverhältnisse etc. geben können. Als Ersatz empfehle ich eine Videokamera. Sie ersetzt zwar nicht die Rückmeldungen eines Testpublikums, ist dafür aber objektiv und jammert nicht, wenn Sie einen zweiten, dritten oder vierten Probelauf vornehmen. In den Bühnenproben üben Sie:

1. die Klick-Choreographie (Animationen, Hyperlinks, Sound und Video)
2. das Zusammenspiel von Vortrag und Animationen
3. die flüssige Überleitung von Folie zu Folie
4. die Praxistauglichkeit Ihrer Sprechernotizen

Während der Bühnenprobe machen Sie sich auch gleich mit den Requisiten vertraut: Notebook (bzw. Vorführ-PC), Beamer, Soundanlage, Verkabelung, Leinwand, Beleuchtung/Verdunkelung, Lüftung.

Ich lebe wie Sie in der realen Welt und weiß, dass Sie in vielen Fällen weder die Zeit, noch die Möglichkeit für derartige Generalproben haben. Was Ihnen aber immer bleibt, sind die zuvor erwähnten Trockenübungen, auf die Sie in keinem Fall verzichten sollten.

Zusammenfassung

- **Ziel** Das Präsentationsziel bestimmt Inhalt und Methodik Ihrer Präsentation. Wer ohne Ziel losmarschiert, darf sich nicht wundern, wenn er *irgendwo* ankommt. Welche Zielstufe möchten Sie erreichen: Informieren, Überzeugen – oder soll Ihr Publikum handeln?

- **Zielgruppe** Präsentieren ist ein Kommunikationsprozess. Hören ist noch nicht Verstehen. Verstehen noch nicht Zustimmen. Zustimmen noch nicht Handeln. In der Zielgruppenanalyse sehen Sie mit den Augen Ihres Publikums.

Zusammenfassung

- **Nutzen** Ihr Publikum muss erfahren, was es davon hat, Ihnen zuzustimmen, Ihr Projekt zu unterstützen oder Ihr Produkt zu kaufen. Je deutlicher Sie diesen Nutzen für Ihr Publikum herausarbeiten, desto größer die Chance auf Erfolg.

- **Inhalte** Nach diesen Vorüberlegungen wählen Sie die Inhalte aus und gewichten sie in Kern- und Zusatzinformationen. In der Notizansicht erstellen Sie zuerst das Handout, dann in der Normalansicht die Folien.

- **Folien** Die Folien enthalten visualisierte Kerninformationen, die Sie durch Ihren Vortrag mit Leben füllen werden.

- **Üben** Nachdem Sie festgelegt haben, *was* Sie sagen wollen, üben Sie, *wie* Sie es präsentieren. In der Bühnenprobe testen Sie den Ablauf, das Timing und machen sich mit den Requisiten vertraut.

Visualisieren von Informationen

Heimkino	56
Die 30-Sekunden-Methode	57
Schokolade statt Spinat	62
Trennfolien, Tracker, Fortschrittsbalken	74

Unser Wahrnehmungsapparat erfasst rund 83% aller einströmenden Reize über die Augen. Um die restlichen 17% streiten sich die übrigen vier Sinne: Hören, Schmecken, Fühlen, Riechen. Der Mensch ist ein Augentier!

Die herausragende Rolle des Sehens bei der Informations*aufnahme* setzt sich beim *Speichern* und *Abrufen* (Erinnern) fort. Unsere Sinne empfangen jeden Tag unzählige Reize und leiten sie ans Gehirn weiter. Dort wird gnadenlos aussortiert. Nur ein kleiner Teil überlebt Ultrakurz- und Kurzzeitgedächtnis und rettet sich hinüber ins Langzeitgedächtnis.

> **WICHTIG** Je anschaulicher die Information, desto größer die Speicherwahrscheinlichkeit.

Speichern und Erinnern sind leider zwei völlig verschiedene Dinge. Im Archiv unseres Langzeitgedächtnisses verstauben Heerscharen von Informationen ohne jemals wieder das Tageslicht zu erblicken. Aber auch hier gilt: Je anschaulicher die Information dargeboten wurde, desto leichter erinnert man sich. Natürlich gibt es auch hier Grenzen. Meine hart erarbeiteten Kenntnisse des Altgriechischen reichen heute gerade noch aus, um auf Kreta die Straßenschilder zu entziffern. Ich tröste mich damit, dass Griechisch wohl nicht besonders anschaulich präsentiert worden ist.

Heimkino

Manche Menschen können in wenigen Minuten einen Stapel von bis zu 2.000 Spielkarten im Gedächtnis speichern. Sie merken sich dabei aber nicht die endlose Kette von Einzelinformationen (Pik-Dame, Herz7, Kreuz4 usw.), sondern erfinden eine Geschichte, in welche die Karten eingewoben werden. Karten verwandeln sich in Schauspieler, die gesamte Geschichte wird als innerer Film aufgezeichnet und wieder abgespult. Heimkino sozusagen. Versuchen Sie es selbst, der Einfachheit halber aber nur mit acht statt 2.000 Karten.

Übung
Lernen Sie zuerst diese vier Text-Karten auswendig:

| Hirsch | Pinguin | Elefant | Löwe |

Jetzt lernen Sie diese vier Bild-Karten auswendig[1]:

Fertig? Schließen Sie nun das Buch oder blättern Sie ein paar Seiten zurück und testen Sie Ihr Wissen: Zählen Sie sowohl die Text- als auch die Bild-Karten auf. Was taucht dabei vor Ihrem inneren Auge auf? Die Text- oder die Bildkarten?

Vergleichen Sie: Wie sind Sie beim Erlernen der Text- und Bild-Karten vorgegangen? Haben Sie sich bei den Text-Karten die Worte von links nach rechts durch Wiederholung so lange ins Gedächtnis gehämmert bis sie »saßen«? Hätten Sie statt der Bild-Karten lieber Text-Karten gehabt? Oder umgekehrt? Haben Sie sich eine Geschichte ausgedacht? Wie sehen die Tiere der Text-Karten aus? Wie groß sind sie? In welcher Umgebung befinden sie sich? Haben sie Konturen, Farben, bestimmte Eigenschaften? Wenn ja, welche? Bewegen sich die Tiere? Wenn ja, was tun sie gerade?

Öffnen Sie wieder die Seite mit den Karten und erzählen Sie jemandem, der die Karten *nicht* sieht, was es auf den Text-Karten zu sehen gibt. Erzählen Sie ihm dann, was es auf den Bild-Karten zu sehen gibt.

Was hat das alles mit PC-Präsentation zu tun? Während der Vorbereitung einer Präsentation drehen Sie einen inneren Film. *Sie* kennen Vorspann und Ende, Rollen, Akteure, Kulissen und Requisiten. Ihr Publikum kennt nur den Titel. Während der Präsentation ist es Ihre Aufgabe, durch Ihren Vortrag den Film in den Köpfen Ihres Publikums entstehen zu lassen. Das Drehbuch vorlesen ist etwas anderes als den Film zeigen. Sie wissen ja mittlerweile: »Der *Empfänger* bestimmt den Inhalt der Botschaft!«. Der Zuhörer entscheidet darüber, welcher Film in seinem Kopf entsteht. Je anschaulicher Sie aber erzählen, desto größer ist die Wahrscheinlichkeit, dass Ihr Publikum den Film sieht, den Sie zeigen

Die 30-Sekunden-Methode

Gene Zelazny empfiehlt eine einfache, aber effektive Methode[2], die ich Ihnen hier etwas verkürzt und mit anderen Beispieltexten vorstelle. Sie benötigen dafür lediglich eine Uhr mit Sekundenzeiger und einen Stift. Sie werden jetzt gleich der Reihe nach acht Sätze in Bilder umwandeln. Für jedes Bild haben Sie 30 Sekunden Zeit. Bitte halten Sie sich an dieses Zeitlimit. Weil Sie in 30 Sekunden keine

---

[1] Quelle: Microsoft ClipArt online
[2] Das Präsentationsbuch, S. 72 ff.

Details zu Papier bringen können, skizzieren Sie in die leeren Kästen unter den Sätzen die erste Idee, die Ihnen in den Sinn kommt. Auf geht's:

Produkt A hat den größten Anteil am Gesamtumsatz:

Der Gewinn ist im laufenden Geschäftsjahr auf ein Drittel geschrumpft:

Laut Umfrage liegt Produkt A derzeit an dritter Stelle der Beliebtheitsskala:

Wir können die acht Projektphasen in zwei Abschnitten realisieren:

Die neun Systemkomponenten sind miteinander verbunden:

Die Rabatte unterscheiden sich deutlich von Bundesland zu Bundesland:

Die Zentralverwaltung versorgt die Niederlassungen mit Marketingmaterial:

Zwischen Aufwand und Ertrag besteht keine Balance mehr:

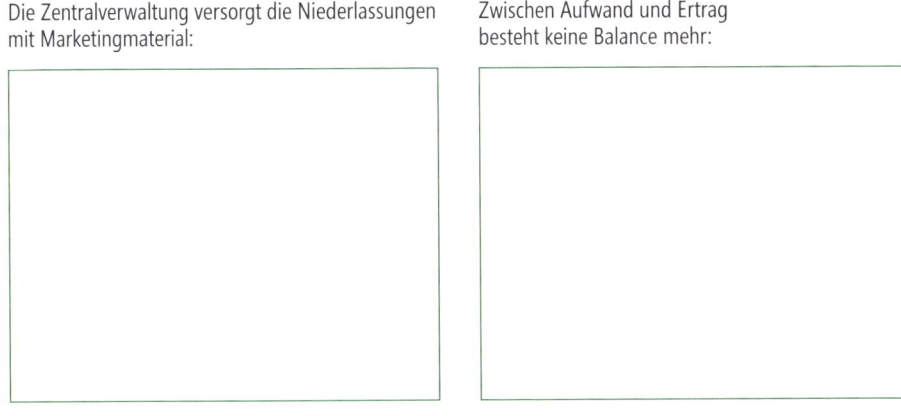

Fertig? Das Entscheidende bei diesem Experiment war die 30-Sekunden-Grenze. Hätten Sie 30 Minuten, würden Sie die Sätze zerdenken. In 30 Sekunden können Sie sich nur um die Kerninformation kümmern und müssen Feinheiten außer Acht lassen. Genau darin steckt ein dreifacher Vorteil:

1. Sie filtern das Wesentliche heraus
2. Sie visualisieren die Kerninformation
3. Sie sparen Zeit. Selbst wenn es schief geht, haben Sie nur 30 Sekunden statt 30 Minuten verloren und sind außerdem noch einen Schritt weiter. Denn Sie wissen jetzt, was Sie *nicht* wollen!

Nehmen wir die acht Sätze von eben im Hinblick auf deren Kerninformationen ein wenig genauer unter die Lupe:

Text	Kerninformation
Produkt A hat den größten Anteil am Gesamtumsatz	(Größter) Anteil
Der Gewinn ist im laufenden Geschäftsjahr auf ein Drittel geschrumpft	(Auf ein Drittel) geschrumpft
Laut Umfrage liegt Produkt A derzeit an dritter Stelle der Beliebtheitsskala	Rang Nr. 3
Wir können die acht Projektphasen in zwei Abschnitten realisieren	2 Abschnitte/8 Phasen
Die neun Systemkomponenten sind miteinander verbunden	Miteinander verbunden
Die Rabatte unterscheiden sich deutlich von Bundesland zu Bundesland	Unterschiedliche Rabatte
Die Zentralverwaltung versorgt die Niederlassungen mit Marketingmaterial	Einer versorgt alle
Zwischen Aufwand und Ertrag besteht keine Balance mehr	Keine Balance (Ungleichgewicht)

Warum das Rad jedes Mal neu erfinden? *Eine* Form eignet sich für viele Inhalte: Anteil bleibt Anteil, ob größter, kleinster oder bestimmter %-Anteil. Gewinne, Umsätze oder Kosten können auf ein Drittel schrumpfen, sich halbieren, verdoppeln oder vervierfachen. Alles Mögliche kann jeden beliebigen Rang einnehmen. Die Inhalte mögen variieren, das Bild bleibt dasselbe.

Funktioniert auch im Team

Warum als *Einzelkämpfer* arbeiten? Die 30-Sekunden-Methode eignet sich perfekt für Teams. Sie verteilen Blätter mit leeren Kästchen und Stifte an die Teammitglieder. Dann lesen Sie die Sätze vor, zu denen Sie Visualisierungen suchen. Nach ein paar Minuten sammeln Sie die Blätter ein, spendieren jedem einen Kaffee und ziehen mit jeder Menge Visualisierungen und guter Ideen glücklich von dannen. Je öfter Sie das in Ihrem Team praktizieren, desto umfangreicher wird die Visualisierungs-Bibliothek.

Damit die Visualisierungen allen zur Verfügung stehen und keine Idee verloren geht, sollten Sie ab sofort damit beginnen, Kataloge mit Musterfolien anzulegen. Ein Katalog ist nichts anderes als eine PowerPoint-Datei, die Musterfolien mit Prototypen für bestimmte Visualisierungen enthalten. Eine Art kleinster gemeinsamer Nenner mit Blindtext und Platzhaltern statt konkreter Daten. Jeder (im Team, im Unternehmen) hat Zugriff auf die Musterfolien und bedient sich nach Belieben. Wie Sie solche Kataloge aufbauen, erfahren Sie in Kapitel 6.

Vom Text zur Skizze ist der *erste* Schritt. Jetzt erstellen Sie den Entwurf der Folien. Pro Folie sollten Sie dafür nicht länger als 2 – 10 Minuten brauchen. Die dafür erforderlichen Werkzeuge erlernen Sie in Kapitel 6. Die folgende Gegenüberstellung zeigt für jeden Satz links die handschriftliche Skizze (max. 30 Sekunden), rechts den Folienentwurf:

Produkt A hat den größten Anteil am Gesamtumsatz:

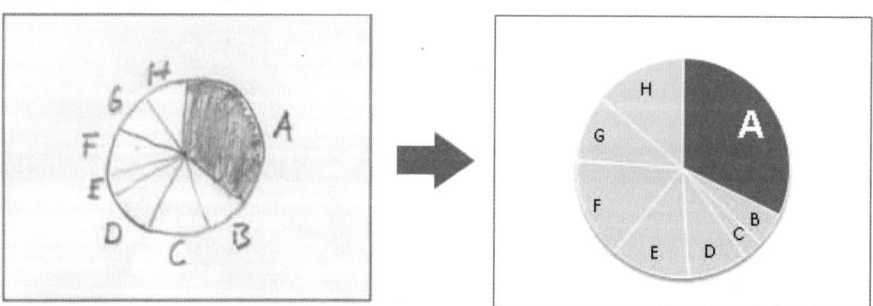

Der Gewinn ist im laufenden Geschäftsjahr auf ein Drittel geschrumpft:

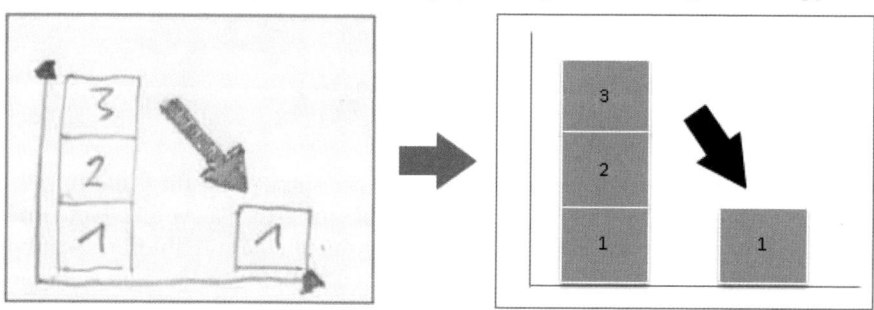

Laut Umfrage liegt Produkt A derzeit an dritter Stelle der Beliebtheitsskala:

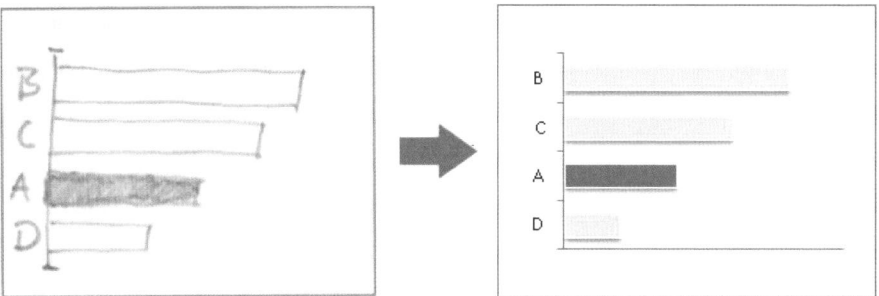

Wir können die acht Projektphasen in zwei Abschnitten realisieren:

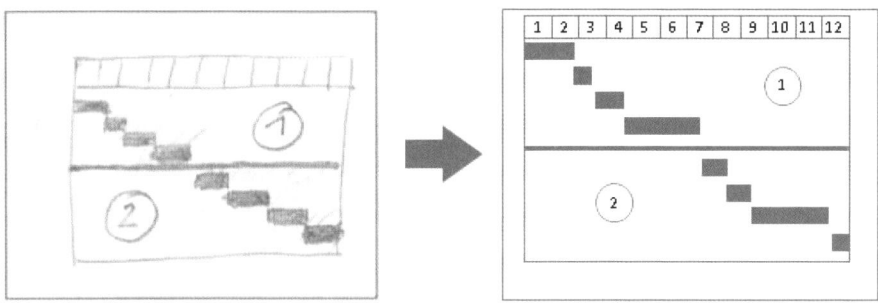

Die neun Systemkomponenten sind miteinander verbunden:

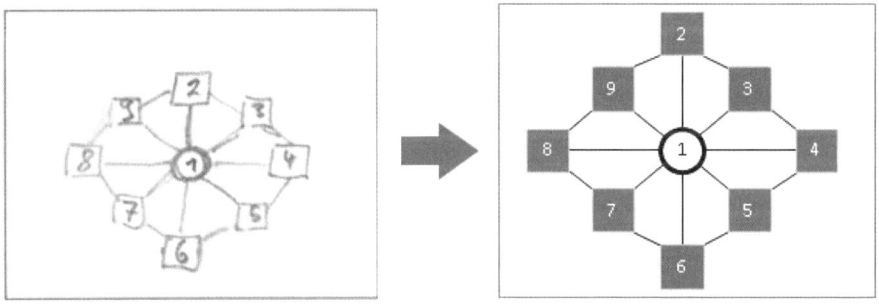

Die Rabatte unterscheiden sich deutlich von Bundesland zu Bundesland:

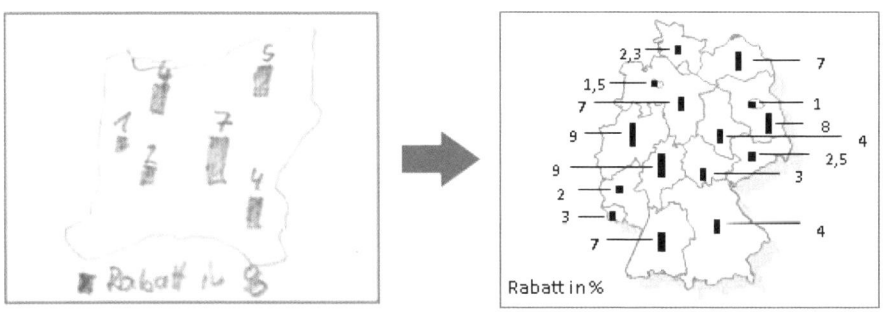

Die Zentralverwaltung versorgt die Niederlassungen mit Marketingmaterial:

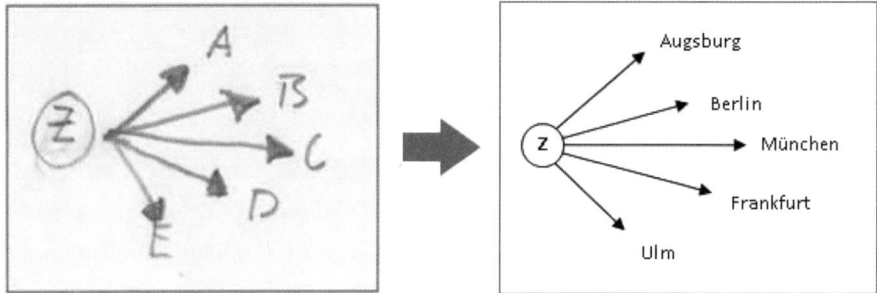

Zwischen Aufwand und Ertrag besteht keine Balance mehr:

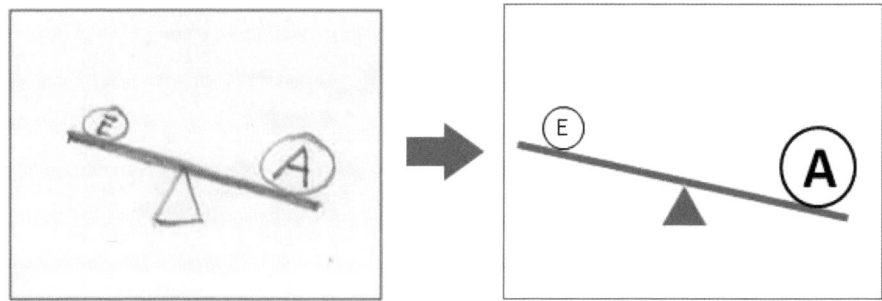

Schokolade statt Spinat – Gekonnt visualisieren

Visualisieren ist *nötig*, wenn die Information für das Publikum abstrakt, kompliziert, schwer vorstellbar oder unverständlich ist. Ein Beispiel: Das folgende Diagramm zeigt die Entwicklung eines Aktienkurses.

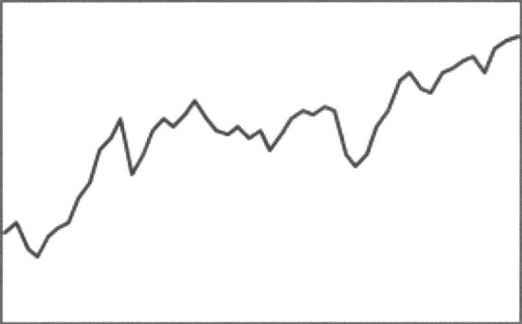

Abbildung 3.1 Auf den ersten Blick wird deutlich, dass der Kurs geklettert ist. Im Zickzack zwar, aber der Trend geht eindeutig aufwärts. Visualisierung macht komplexe Informationen auf einen Blick transparent.

Es folgt ein weiterer Aktienkurs. Diesmal sehen Sie jedoch nur die Werte: 2,3 / 2,5 / 1,9 / 1,7 / 2,2 / 2,4 / 2,5 / 3,1 / 3,5 / 4,3 / 4,6 / 5,1 / 3,7 / 4,2 / 4,8 / 5,1 / 4,9 / 5,2 / 5,5 / 5,1 / 4,8 / 4,7 / 4,9 / 4,6 / 4,8 / 4,3 / 4,7 / 5,1 / 5,3 / 5,2 / 5,4 / 5,3 / 4,2 / 3,9 / 4,2 / 4,9 / 5,3 / 6 / 6,2 / 5,8 / 5,7 / 6,2 / 6,3 / 6,5 / 6,6 / 6,2 / 6,8 / 7 / 7,1

Wie hat sich *diese* Aktie entwickelt? Kontinuierlich oder im Zickzack, tendenziell linear oder exponentiell? Sind Ausreißer nach oben oder unten dabei? Wenn ja, wie groß sind die Einbrüche/Anstiege? Zermartern Sie sich nicht Ihren Kopf. Sicher haben Sie auf den ersten Blick erkannt, dass es sich um die Zahlen des Diagramms von oben handelt. Oder?

Machen Sie mit bei einem kleinen Feldversuch. Decken Sie das Liniendiagramm jetzt mit einem Blatt Papier oder einem Gegenstand ab und zählen Sie bis Dreißig: *Eins, Zwei, Drei…* Fertig? Gut. Studieren Sie nun die Werte etwa zwanzig Sekunden lang und zeichnen Sie dann in die leere Diagrammfläche diejenige Linie, die während des Studiums der Werte vor Ihrem inneren Auge entstanden ist.

Nehmen Sie das Blatt wieder weg und vergleichen Sie das selbst gezeichnete mit dem abgebildeten Liniendiagramm auf Übereinstimmungen und Unterschiede.

Bei Zahlen ist Visualisieren nötig, damit die Informationen zum Leben erwachen und ihre Botschaft in Form eines Diagramms verkünden. Wenn Informationen zwar problemlos zu verstehen, aber langweilig anzusehen sind, ist es hilfreich, sie ansehnlicher zu präsentieren. Anders formuliert: Servieren Sie dem Wahrnehmungsapparat Ihres Publikums so viel Schokolade wie möglich und nur dann Spinat, wenn es sich nicht vermeiden lässt. Musterbeispiel für Spinat sind Textfolien:

Drei Themen mit Unterpunkten

- Erstens
  - Unterpunkt
  - Unterpunkt
- Zweitens
  - Unterpunkt
  - Unterpunkt
  - Unterpunkt
- Drittens
  - Unterpunkt
  - Unterpunkt

Eine visualisierte Variante könnte so aussehen:

Visualisieren von Textfolien bedeutet nicht, dass Text verboten ist und nur noch Bilder erlaubt sind! Das Beispiel von eben enthält in beiden Varianten dieselbe Menge an Text! Der Trick besteht in der Kombination von Text und grafischen Elementen. Unser Wahrnehmungsapparat stürzt sich auf die Bilder und schluckt in seiner Gier zusammen mit den grafischen Elementen auch die darin enthaltene Text-Information. Außerdem fördern Visualisierungen die Speicherung im Langzeitgedächtnis sowie die Abruffähigkeit gespeicherter Informationen. Anders formuliert: Wenn Bilder im Spiel sind, hört Ihnen Ihr Publikum lieber zu, kann sich die Informationen während der Präsentation leichter einprägen und später besser daran erinnern.

Die folgenden Beispiele visualisierter Textfolien sind SmartArt-Grafiken. Sie gehören zur Bordausrüstung von PowerPoint. In Kapitel 6 erfahren Sie, wie Sie SmartArt-Grafiken erstellen und bearbeiten.

ONLINE Beispieldatei: \Buch\Kap03\KeineTextfolien.pptx

Visualisieren der Agenda

Neun von zehn Agenden erblicken als Aufzählung das Licht der Welt:

Agenda

- Erstens
- Zweitens
- Drittens
- Viertens
- Fünftens

Es folgen zwei Varianten, die allein durch die Art der Gestaltung zusätzliche Informationen liefern.

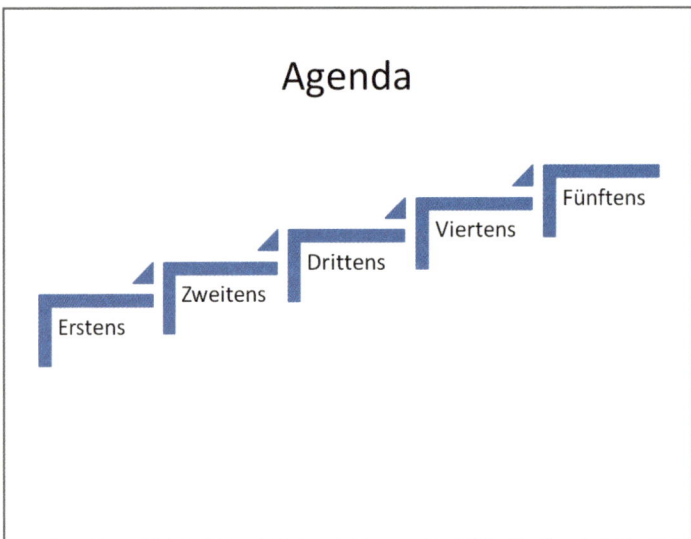

Abbildung 3.2 *Agenda als Treppe: Text lesen wir automatisch von oben nach unten. Die Stufen dieser Treppe führen von unten nach oben. Es geht aufwärts! Und vorwärts. Die erste Stufe ist links, die letzte rechts, was in unserem Kulturkreis sowohl der Leserichtung als auch der Vorstellung von verstreichender Zeit (/Zeitachse) entspricht.*

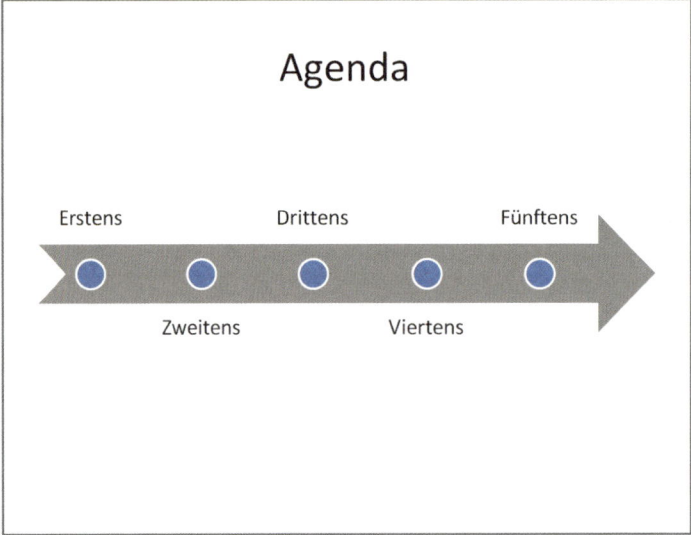

Abbildung 3.3 *Agenda als Fahrplan: Links ist der Start und rechts das Ziel, was ebenfalls wieder die Zeitachse veranschaulicht. Die Themen bzw. Kapitel sind die einzelnen Haltestellen bzw. Stationen der Präsentation.*

Visualisieren von Listen

Die Textvariante der Liste ist eine Aufzählungsfolie. Je nach Anzahl von Haupt- und Unterpunkten sowie der Textmenge eignen sich unterschiedliche Visualisierungen. Im Folgenden sehen Sie eine kleine Auswahl der von PowerPoint zur Verfügung gestellten SmartArts für Listen:

So ist es üblich: **So ist es besser:**

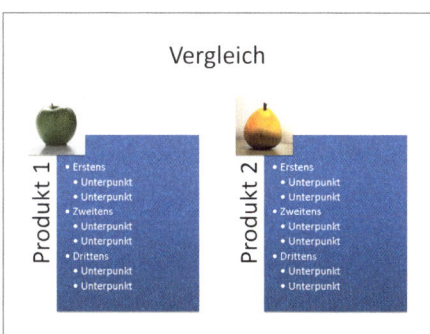

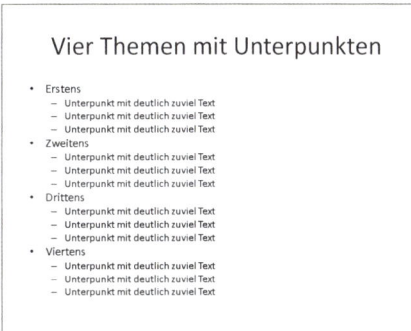
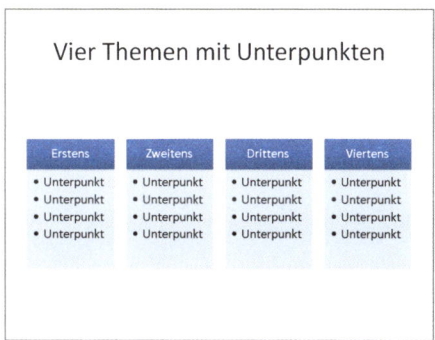

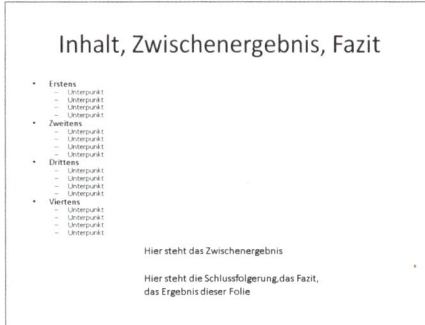
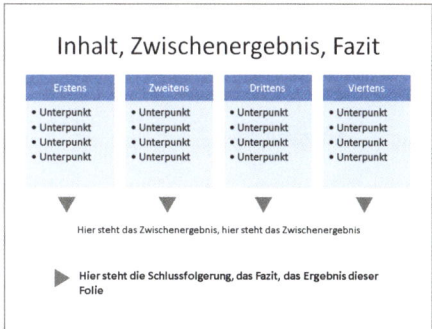

Kapitel 3 Visualisieren von Informationen

Aufzählung
- Erstens
  – Hier steht der Text, hier steht der Text
  – Hier steht der Text, hier steht der Text
- Zweitens
  – Hier steht der Text, hier steht der Text
  – Hier steht der Text, hier steht der Text
- Drittens
  – Hier steht der Text, hier steht der Text
  – Hier steht der Text, hier steht der Text

Vertikale Feldliste

Erstens
- Hier steht der Text, hier steht der Text
- Hier steht der Text, hier steht der Text

Zweitens
- Hier steht der Text, hier steht der Text
- Hier steht der Text, hier steht der Text

Drittens
- Hier steht der Text, hier steht der Text
- Hier steht der Text, hier steht der Text

Aufzählung
- Erstens
  – Eins
  – Zwei
  – Drei
  – Vier
  – Fünf
- Zweitens
  – Eins
  – Zwei
  – Drei
  – Vier
  – Fünf
- Drittens
  – Eins
  – Zwei
  – Drei
  – Vier
  – Fünf

Bildakzentliste

Erstens: Eins, Zwei, Drei, Vier, Fünf
Zweitens: Eins, Zwei, Drei, Vier, Fünf
Drittens: Eins, Zwei, Drei, Vier, Fünf

Aufzählung
- Erstens
  – Eins
  – Zwei
  – Drei
  – Vier
  – Fünf
- Zweitens
  – Eins
  – Zwei
- Drittens
  – Eins
  – Zwei
  – Drei

Gruppierte Liste

Erstens: Eins, Zwei, Drei, Vier, Fünf
Zweitens: Eins, Zwei
Drittens: Eins, Zwei, Drei

Aufzählung
- Erstens
  – Eins
  – Zwei
  – Drei
  – Vier
- Zweitens
  – Eins
  – Zwei
  – Drei
- Drittens
  – Eins
  – Zwei
  – Drei
  – Vier

Fortlaufende Bildliste

Erstens: Eins, Zwei, Drei, Vier
Zweitens: Eins, Zwei, Drei
Drittens: Eins, Zwei, Drei, Vier

Aufzählung

- Erstens
  - Hier steht der erste Unterpunkt
  - Dies ist der Zweite Unterpunkt
- Zweitens
  - Hier steht der erste Unterpunkt
  - Dies ist der Zweite Unterpunkt Drittens
- Drittens
  - Hier steht der erste Unterpunkt
  - Dies ist der Zweite Unterpunkt

Visualisieren von Prozessen

Prozesse (neudeutsch: »Workflow«) veranschaulichen eine logische oder zeitliche Abfolge von Aktivitäten oder Zuständen.

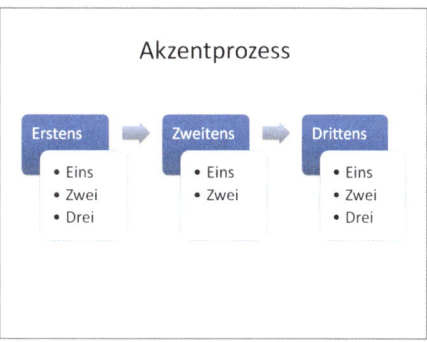

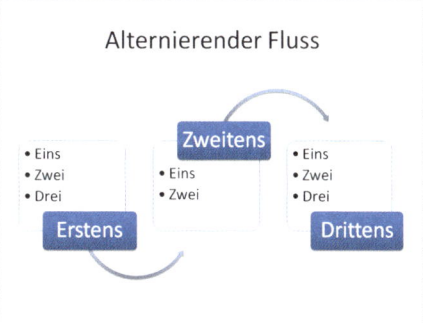

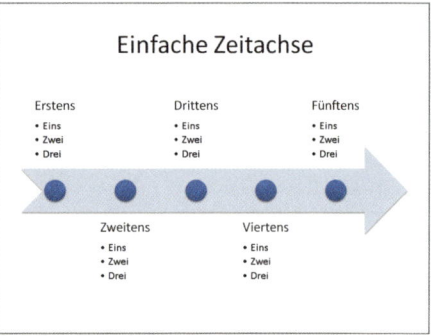

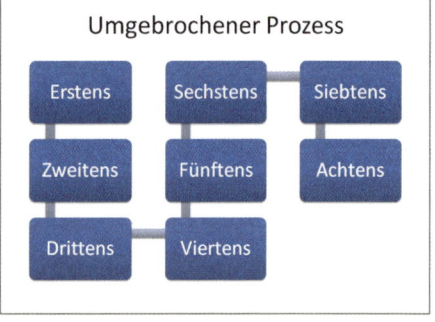

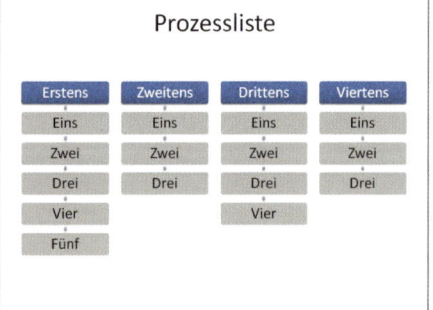

Visualisieren von Zyklen

Zyklische Prozesse veranschaulichen einen Kreislauf von regelmäßigen Ereignissen.

Aufzählung
- Eins
- Zwei
- Drei
- Vier
- Fünf

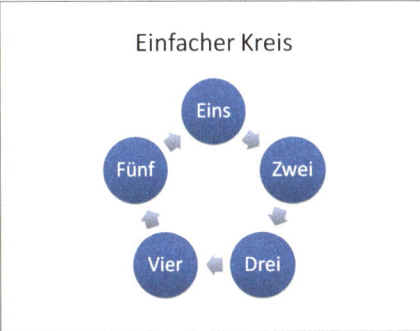

Einfacher Kreis

Aufzählung
- Eins
- Zwei
- Drei
- Vier
- Fünf
- Sechs
- Sieben
- Acht

Fortlaufender Kreis

Aufzählung
- Eins
- Zwei
- Drei
- Vier
- Fünf
- Sechs
- Sieben
- Acht

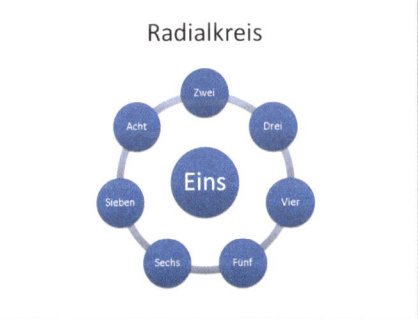

Radialkreis

Aufzählung
- Eins
- Zwei
- Drei
- Vier
- Fünf
- Sechs
- Sieben
- Acht

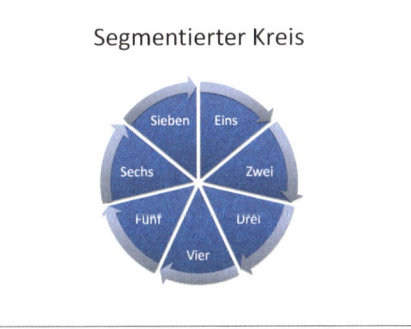

Segmentierter Kreis

Visualisieren von Hierarchien

Vorbei sind die Zeiten, in denen Sie Organisationsdiagramme mühsam von Hand erstellen müssen. Die folgenden Schaubilder erstellen Sie je nach Tippgeschwindigkeit in zwei bis drei Minuten:

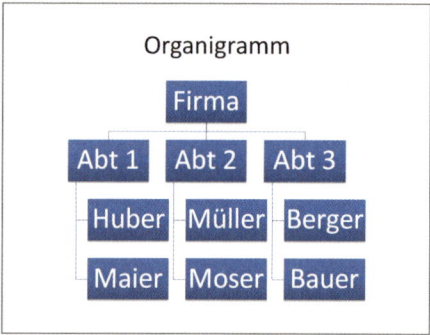
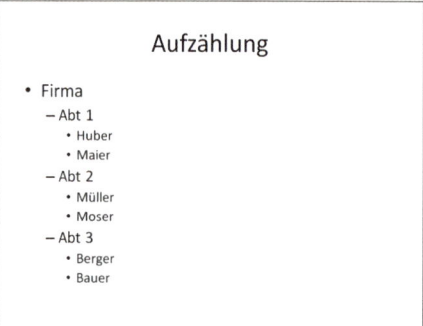
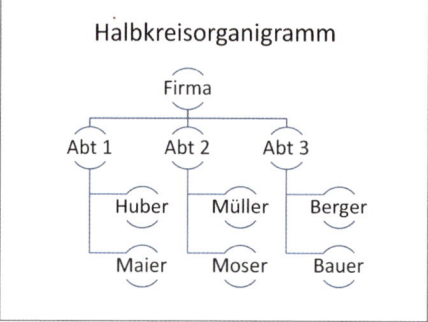

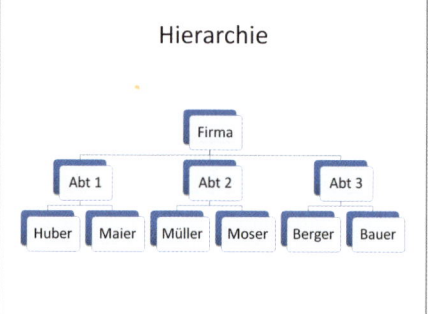

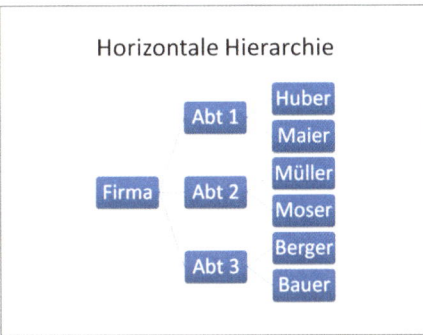

Tabellen zu Schaubildern umfunktionieren

Tabellen eignen sich vorzüglich zur Visualisierung von Projekten (Gantt-Diagramm). Im Gegensatz zu den bisher gezeigten SmartArts sind Tabellen allerdings mühsame Handarbeit. Aber wenn die Mustertabelle einmal steht, können Sie sie in Zukunft immer wieder verwenden und problemlos anpassen.

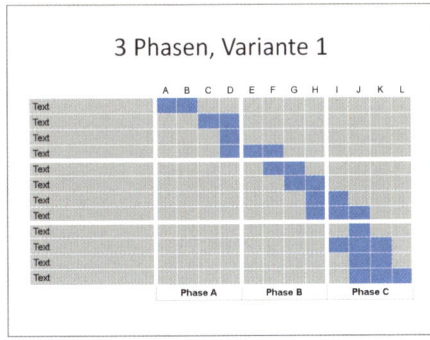
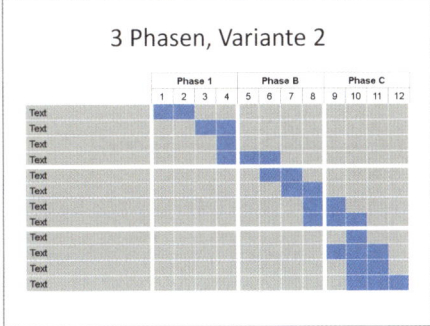

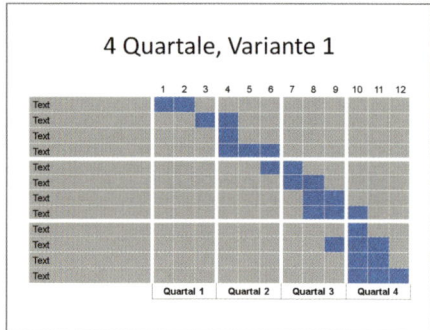
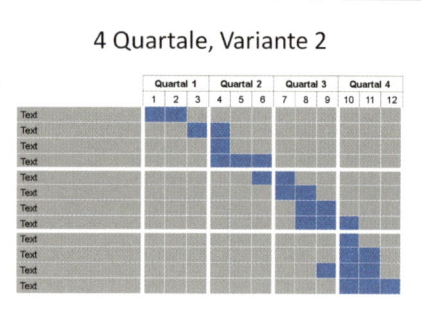

Trennfolien, Tracker, Fortschrittsbalken

Trennfolien, Tracker und Fortschrittsbalken sind Orientierungshilfen für das Publikum.

Trennfolien sind Kopien der Agenda-Folie. Sie erscheinen zu Beginn des jeweils nächsten Präsentationskapitels. Der Aufwand für Trennfolien hält sich in Grenzen; sie sind aber erst sinnvoll, wenn mindestens vier Folien zwischen zwei Trennfolien liegen. Anders formuliert: Bei wenig Stationen ist eine Orientierungshilfe nicht nötig.

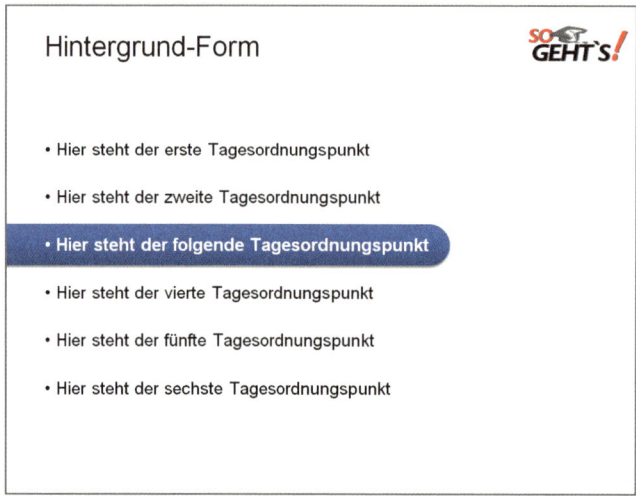

Abbildung 3.4 Beispiel 1: Eine Form liegt hinter dem Text des jeweils folgenden Tagesordnungspunktes

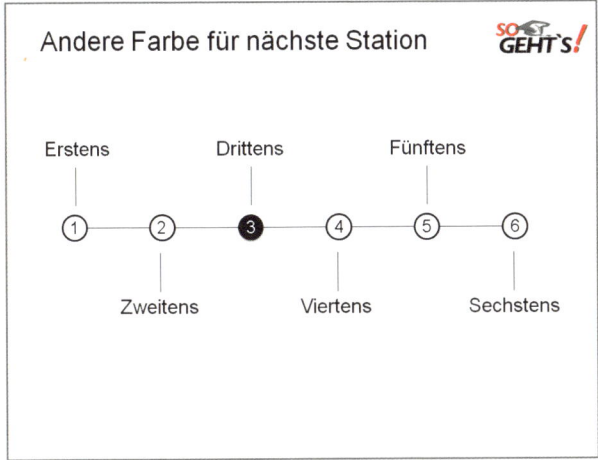

Abbildung 3.5 Beispiel 2: Eine andere Farbe zeigt die nächste »Station« der Präsentation an

> **ONLINE** Die Beispieldatei \Buch\Kap03\Trennfolie.ppsx enthält ausschließlich aufeinanderfolgende Trennfolien. Um den Orientierungseffekt von Trennfolien nachzuvollziehen, klicken Sie sich am besten zügig durch die Folien.
>
> Die Folien der Beispielpräsentation \Buch\Kap03\Trennfolien-USA.ppsx stammen aus einem Reisevortrag, bei der ich zwischen den Trennfolien jeweils einige Folien des Originalvortrags belassen habe. Die Rolle der Kapitel übernehmen die durchfahrenen Bundesstaaten: Kalifornien, Arizona usw.

Tracker (engl. Fährtensucher, Fährtenfinder) erscheinen auf jeder Folie und liefern dem Publikum damit eine ständige Orientierungshilfe. Der Aufwand für Tracker ist deutlich höher als der für Trennfolien und lohnt für Präsentationen mit vielen Folien pro Kapitel.

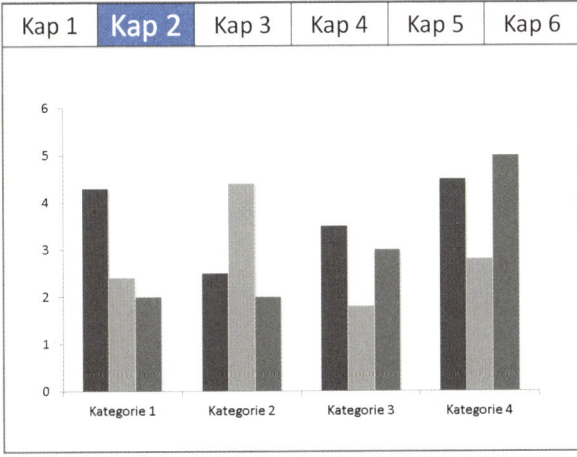

Abbildung 3.6 Rechtecke am oberen Folienrand übernehmen die Funktion der Tracker

> **ONLINE** Beispieldateien: \Buch\Kap03\Tracker.ppsx und Tracker-USA.ppsx

Fortschrittsbalken erscheinen wie Tracker auf jeder Folie. Zu Beginn der Präsentation steht der Zähler auf »0%«, am Ende bei »100%«

Von allen drei Orientierungshilfen bedeuten Fortschrittsbalken den größten Aufwand. Meiner Erfahrung nach lohnt sich die Mühe nur bei Präsentationen, die Sie sehr häufig halten.

> **ONLINE** Beispieldatei: \Buch\Kap03\Fortschrittsbalken.ppsx

Das kleine Einmaleins der Diagramme

Zahlen und ihre Botschaft	78
Der Zahlenvergleich	80
Das passende Diagramm	80
Mehr Information durch weniger Daten	81
Kreisdiagramm	81
Balkendiagramm	83
Säulendiagramm	84
Liniendiagramm	85
Verteilungsdiagramm	87
Korrelation – Das Punktdiagramm	88

In diesem Kapitel erfahren Sie, worauf es beim Visualisieren von Zahlen ankommt. In Kapitel 6 lernen Sie, wie Sie Diagramme in PowerPoint erstellen und bearbeiten.

Diagramme bringen Zahlen zum Sprechen: »*Seht her, wie groß der Gewinn ist!*« oder »*Vorsicht, es geht abwärts!*". Gene Zelazny hat ein wegweisendes Buch[1] zu diesem Thema geschrieben, eine Pflichtlektüre für jeden, der häufig Zahlen präsentiert. Ich halte mich in diesem Kapitel eng an Zelaznys Ausführungen.

Abbildung 4.1 In vier Schritten von den Rohdaten zum passenden Diagramm

Zahlen und ihre Botschaft

Am Anfang steht die Zahl. Die Datentabelle enthält das Rohmaterial, das mithilfe eines geeigneten Diagramms veranschaulicht werden soll. Wieso veranschaulichen? Weil Zahlen unanschaulich sind. Zum Beweis ein kleiner Test: Was sagen Ihnen die Zahlen der folgenden Tabelle? Was ist ihre *Botschaft*? Nehmen Sie sich ein paar Minuten Zeit, lassen Sie die Zahlen auf sich wirken und notieren Sie fünf *mögliche* Botschaften in die leeren Zeilen unter der Datentabelle:

Übung

	1. Qrtl.	2. Qrtl.	3. Qrtl.	4. Qrtl.
Ost	20,4	27,4	90	20,4
West	30,6	38,6	34,6	31,6

Botschaft 1:	
Botschaft 2:	
Botschaft 3:	
Botschaft 4:	
Botschaft 5:	

---

1 Zelazny, Gene, Say it with Charts. (Deutscher Titel: Wie aus Zahlen Bilder werden)

Diese Botschaften sind *mir* zur obigen Datentabelle eingefallen: »Höchster Wert im dritten Quartal «. Werte von West sind konstanter als die von Ost«. »Ost hat im dritten Quartal mehr erwirtschaftet als in allen anderen Quartalen zusammen«. »Mit Ausnahme des dritten Quartals hat West immer höhere Werte als Ost«. »In keinem Quartal wurde der Wert 100 erreicht«.

Egal ob Sie dieselben, ähnliche oder völlig andere Botschaften gefunden haben, eines steht von vorneherein fest:

WICHTIG Zahlen bleiben stumm, weil Sie niemals *eine bestimmte*, sondern immer *mehrere mögliche* Aussagen zulassen.

Wie sieht es dann mit Diagrammen aus? Vielleicht bringt ja eine Visualisierung die stummen Zahlen zum Sprechen. Also: Welche Botschaft hat dieses Diagramm?

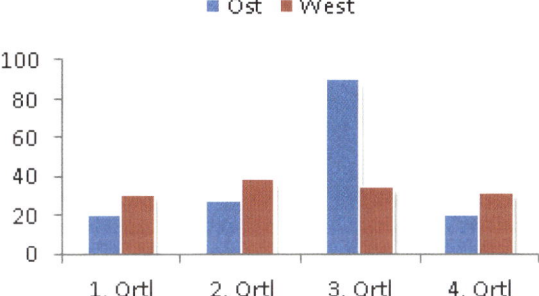

Zugegeben, es verwandelt abstrakten Zahlensalat in anschauliche Säulen. Aber auch das Diagramm bleibt letztlich stumm, weil es dieselben möglichen Botschaften zulässt wie die Tabelle. Daraus folgt:

WICHTIG *Sie* legen die Botschaft fest und dem Diagramm in den Mund. Dazu müssen Sie natürlich wissen, was Sie mit den Zahlen/dem Diagramm sagen *wollen*.

Treffen Sie also Ihre Entscheidung und formulieren Sie Diagrammbotschaften nach Möglichkeit als kurzen, prägnanten und sprechenden Folientitel.

Beschreibender Titel	Sprechender Titel
Umsätze	Umsatzziel um 15% übertroffen
Gewinnentwicklung	Gewinn auf 3,5 Mio. EUR gefallen
Vergleich A und B	A hat B erstmals überholt

Tabelle 4.1 Grundregel »Sprechende statt beschreibende Folientitel«. Sehen Sie sich gegebenenfalls noch einmal Sünde Nr. 7 aus Kapitel 1 näher an.

Der Zahlenvergleich

Ein Diagramm vergleicht Zahlen miteinander: Produkt A hat mehr Marktanteile als Produkt B, die Münchner Filiale hat im letzten Quartal mehr Umsatz erzielt als die Niederlassung in Berlin, der Aktienkurs ist (im Vergleich zur Vorwoche) kontinuierlich gestiegen. Der Vergleichscharakter spiegelt sich in sprechenden Diagrammtiteln:

- A hat 15% Marktanteil (im Vergleich zu den anderen Produkten)
- B ist größer als C
- Der Umsatz von D ist gestiegen (im Vergleich zum letzten Quartal)
- Sieger: Produkte zwischen 1.000 € und 2.000 €
- Es besteht kein Zusammenhang zwischen E und F

Es gibt fünf Vergleichstypen für Zahlen. Aus der Botschaft des Diagramms, genauer gesagt deren Schlüsselwörtern (im Folgenden *kursiv* formatiert) ergibt sich automatisch der jeweilige Zahlenvergleich:

Botschaft	Vergleichstyp	Bemerkung
A hat 15% Markt*anteil*	Anteil	%-Anteil am Ganzen
B ist *größer* als C	Rang	größer/kleiner, an dritter Stelle
Umsatz von D *gestiegen*	Entwicklung	Innerhalb eines bestimmten Zeitraums gestiegen/gefallen/konstant geblieben
Größter Umsatz mit Produkten *von* 1.000 € *bis* 2.000 €	Verteilung	Innerhalb bestimmter Bereiche oder Klassen, z.B.: »Die Spitzenwerte liegen im Bereich von... bis ...« oder »Der Großteil wird zwischen 8.00 Uhr und 16.00 Uhr...«
Es besteht *kein Zusammenhang* zwischen E und F	Korrelation	Hier geht es um die Beziehung zwischen den Daten, z.B.: »Mehr Werbung erhöht den Gewinn« oder »Die Einnahme von Medikament X führt zu...« oder »Senkung von A bewirkt den Anstieg von B«

Das passende Diagramm

Aus dem Zahlenvergleich ergibt sich das passende Diagramm. Die Auswahl an Diagrammtypen ist zwar groß, aber den harten Kern bildet das Quintett aus Kreis-, Balken-, Säulen-, Linien- und Punktdiagramm.

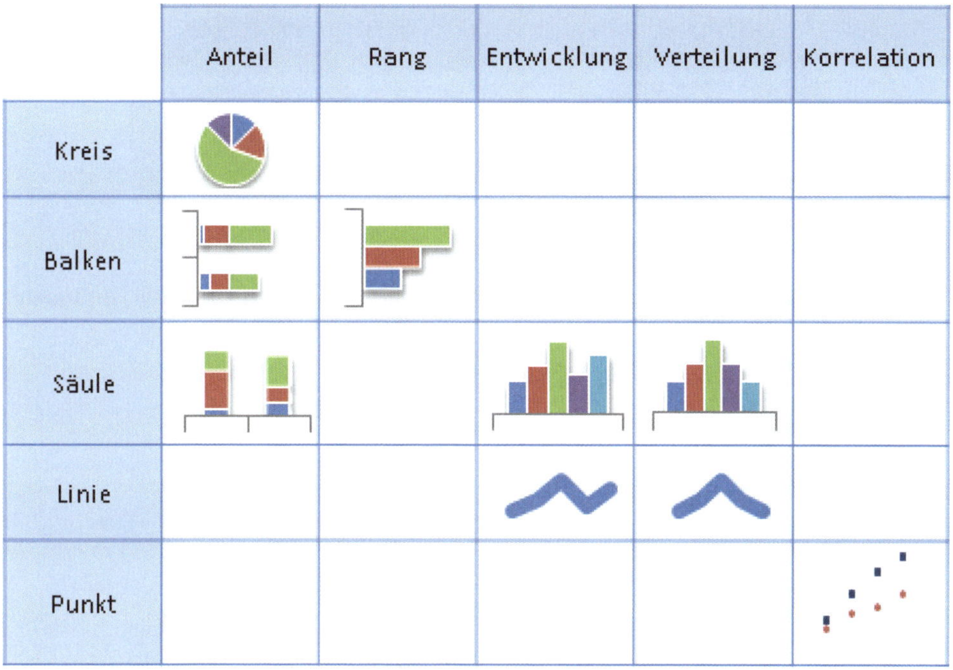

	Anteil	Rang	Entwicklung	Verteilung	Korrelation
Kreis	🥧				
Balken	▬	▬			
Säule	▮		▃▅▇▅	▃▅▇▅	
Linie			⌒	⌃	
Punkt					⋰

Abbildung 4.2 Mithilfe dieser Übersicht finden Sie schnell und zuverlässig den zur Botschaft passenden Diagrammtyp

TIPP Mehr Information durch weniger Daten

Ein Diagramm reduziert komplexe Daten auf das Wesentliche. Details wie Datentabelle, Quellenangaben und sonstige ergänzende Informationen gehören ins Handout und nicht auf die Folie. Geizen Sie bei Säulen-, Balken- und Kreisdiagrammen mit der Datenmenge, sonst sieht Ihr Publikum den Wald vor lauter Bäumen nicht mehr. Bei den Linien- und Punktdiagrammen dagegen dürfen Sie großzügig sein: Je mehr Daten, desto anschaulicher das Ergebnis.

Kreisdiagramm

Ein Kreis veranschaulicht die Anteile einzelner Elemente am Ganzen. Alle Segmente zusammen bilden den Kreis, also 100 %. Erliegen Sie nicht der verbreiteten Unsitte, in den Segmenten die *Zellwerte* anstelle der Prozentangaben anzugeben.

Falsch: Summe = 158,2 (Stück)   **Richtig**: Summe = 100 (%)

Betonen Sie das *wichtige* Segment durch Farbgebung, Schriftstil oder Herausziehen.

Beispiel 1: »Anteil von XY auf 13% gestiegen«

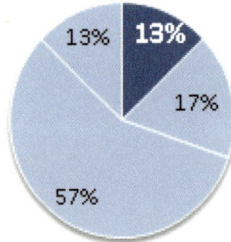

Abbildung 4.3 Das wichtige Segment ist dunkel gefärbt, die Datenbeschriftung ist größer, fett und weiß. Die übrigen Segmente erhalten eine Einheitsfarbe.

Beispiel 2: »Anteil von Z nur noch 13%«

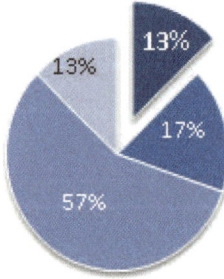

Abbildung 4.4 Das wichtige Segment ist herausgezogen und zieht damit die Aufmerksamkeit des Betrachters sofort auf sich.

ONLINE Beispieldatei: *Buch\Kap04\Betonung.pptx*

Balkendiagramm

Ein Balkendiagramm veranschaulicht die Rangfolge von Elementen bzw. den Rang eines einzelnen Elements innerhalb dieser Rangfolge. Der Vergleich erfolgt zu einem bestimmten Zeit*punkt*. Betonen Sie den *wichtigen* Balken. Wenn die X-Achse nicht erforderlich ist – weg damit.

Beispiel 1: »Kiwis auf 77 Tonnen gestiegen«.

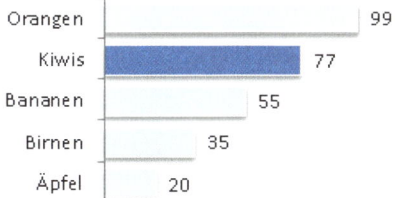

Abbildung 4.5 Rang und Werte sind von Bedeutung: X-Achse (Größenachse) ist entbehrlich

Beispiel 2: »Kiwis auf Rang 2 geklettert«

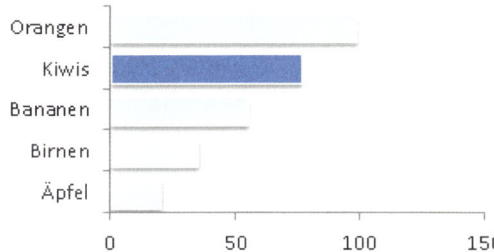

Abbildung 4.6 Nur der *Rang* zählt, Werte sind entbehrlich, X-Achse bleibt als Orientierungshilfe

Das *gestapelte Balkendiagramm* ist eine Kombination aus Kreis- und Balkendiagramm. Es veranschaulicht sowohl den Rang der Balken zu einem bestimmten Zeit*punkt*, zeigt aber gleichzeitig auch die Anteile der einzelnen Werte pro Balken.

Beispiel 1: »Produkt XY in allen Niederlassungen über 44«

Abbildung 4.7 Ein Produkt in allen Niederlassungen

Beispiel 3: »Ost erzielt das geringste Gesamtergebnis«

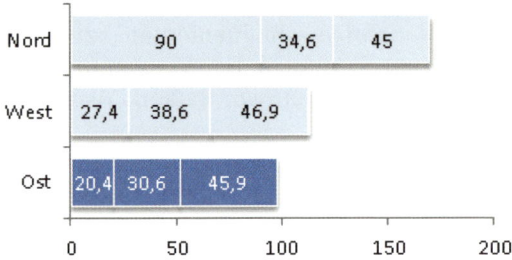

Abbildung 4.8 Alle Produkte in einer Niederlassung

ONLINE Beispieldatei: \Buch\Kap04\Balkendiagramm.pptx

Säulendiagramm

Das Säulendiagramm veranschaulicht Veränderungen innerhalb eines Zeit*raums*. Die Y-Achse ist die Werte-Skala, die X-Achse die Zeitskala. Bis zu acht Werte können Sie als Säulen darstellen, ab neun Werten sollten Sie der besseren Übersichtlichkeit halber ein Liniendiagramm verwenden.

Beispiel 1: »Umsatz kontinuierlich gestiegen«

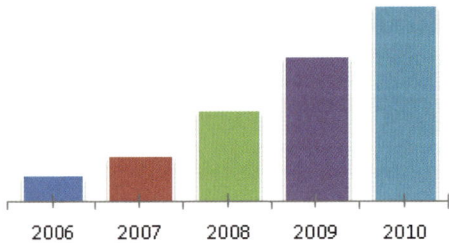

Abbildung 4.9 Größenachse entfernt, da sie für die Botschaft nicht nötig ist. Gleiche Farbe für alle Säulen.

Beispiel 2: »2009 geringer Rückgang der Produktion«

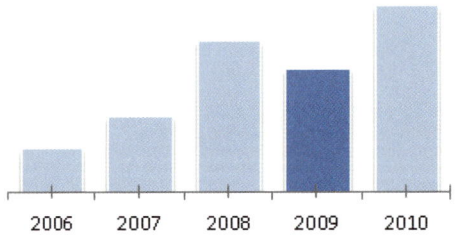

Abbildung 4.10 Größenachse entfernt, da sie für die Botschaft nicht nötig ist. Andere Farbe für wichtige Säule.

Das *gestapelte Säulendiagramm* ist – wie das gestapelte Balkendiagramm – eine Kombination aus Kreis- und Säulendiagramm. Es veranschaulicht sowohl Veränderungen innerhalb eines Zeit*raums*, zeigt aber gleichzeitig auch die Anteile der einzelnen Werte innerhalb der Säulen.

Beispiel: »Produkt 1 seit 2006 an der Spitze«

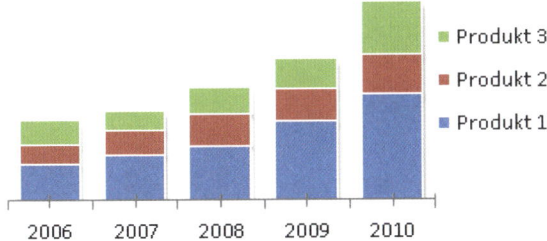

Abbildung 4.11 Dieses Diagramm vermittelt drei Botschaften. Erstens: Die Säulen sind jedes Jahr größer geworden. Zweitens: Produkt 1 hat den größten Anteil in jeder Säule. Drittens: Der Wert von Produkt 1 hat sich von Jahr zu Jahr erhöht.

ONLINE Beispieldatei: \Buch\Kap04\Säulendiagramm.pptx

Liniendiagramm

Das Liniendiagramm veranschaulicht – wie das Säulendiagramm – Veränderungen innerhalb eines bestimmten Zeit*raums*. Die Y-Achse ist die Werte-Skala, die X-Achse die Zeitskala.

Beispiel 1: »Kurs auf 60 geklettert«

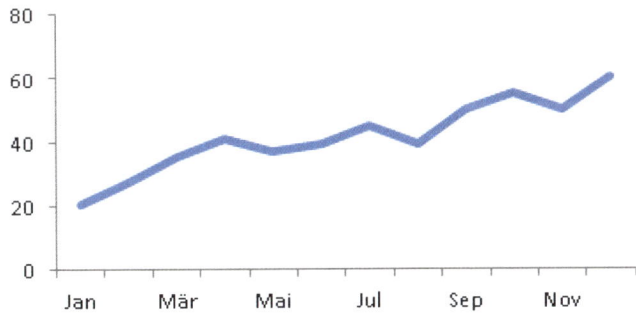

Abbildung 4.12 Einfaches Liniendiagramm mit einer einzigen Linie

Beispiel 2: »B überholt A«

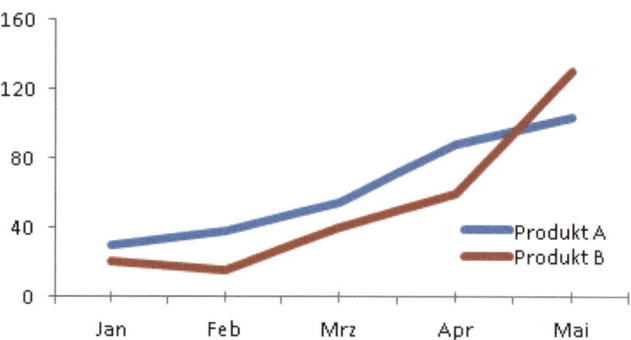

Abbildung 4.13 Gruppiertes Liniendiagramm mit zwei Linien. Die »wichtige« Linie B ist betont.

Vorsicht! Bei mehr als drei Linien entsteht schnell ein unübersichtliches Spaghetti-Diagramm:

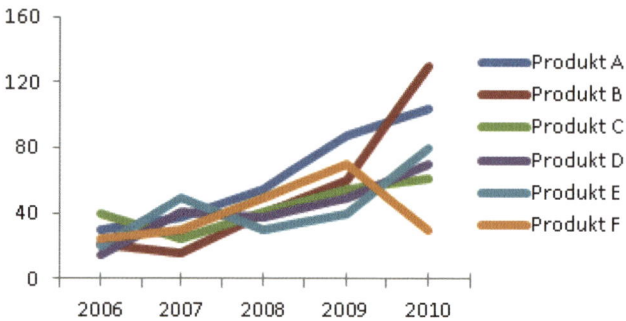

Erstellen Sie statt *eines* Spaghetti-Diagramms lieber *mehrere übersichtliche* Diagramme. Betonen Sie jeweils die »wichtige« Linie (Produkt A in diesem Beispiel):

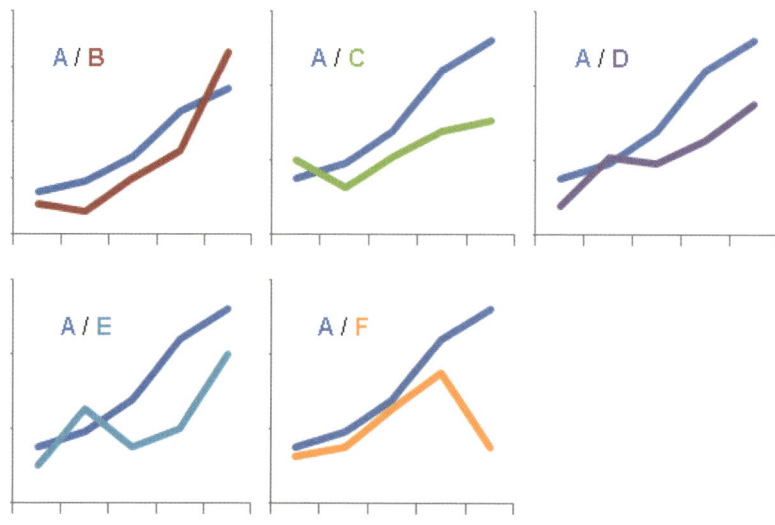

ONLINE Beispieldatei: \Buch\Kap04\Liniendiagramm.pptx

Verteilungsdiagramm

Dieser Diagrammtyp veranschaulicht, wie sich unterschiedliche Werte auf bestimmte Bereiche (Klassen) verteilen, zum Beispiel:

- Fernsehkonsum in Stunden, aufgeschlüsselt nach Altersgruppen
- Stückzahl verkaufter PKW, aufgeschlüsselt nach Preisklassen
- Monatseinkommen, aufgeschlüsselt nach Einkommensklassen

Im Normalfall gilt folgende Faustregel: Bis zu neun Klassen sollten Sie ein Säulendiagramm, ab zehn Klassen ein Liniendiagramm einsetzen. Nur in Ausnahmefällen können Säulen auch bei mehr als neun Klassen die bessere Wahl zum Beispiel, wenn Sie Größe, Volumen oder Gewicht veranschaulichen möchten.

Beispiel 1: »55- bis 59-jährige sind Spitzenreiter im täglichen Fernsehkonsum«[2]

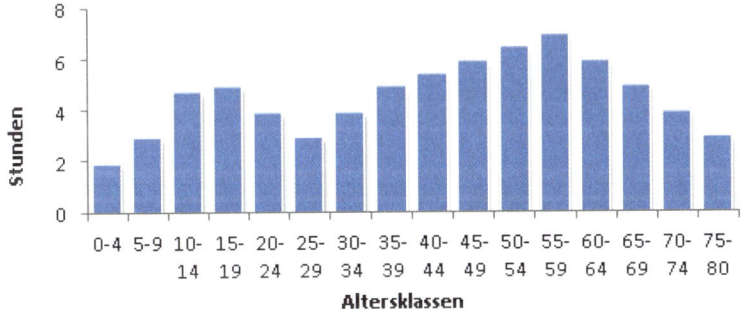

Abbildung 4.14 Die Säulen betonen die »Größe« der Zeit. Sie rufen dem Betrachter zu: »Sehen Sie sich diese beeindruckenden Zahlen an!« Neben der »Größe« der Zeit ist aber auch die Verlaufskurve über die verschiedenen Altersklassen hinweg deutlich zu erkennen.

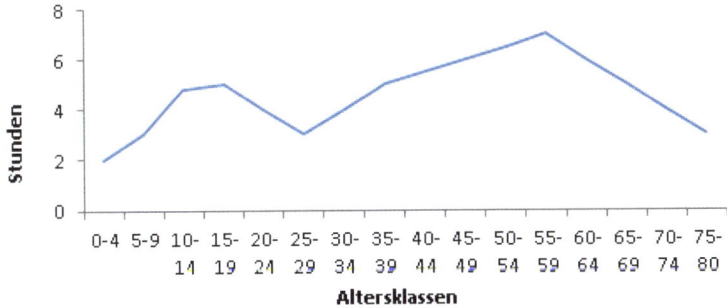

Abbildung 4.15 Die Linie betont den Verlauf und unterschlägt bzw. verschleiert die »Größe« der Zeit

2 Die Werte sind frei erfunden

Je mehr Klassen, desto mehr Gedränge herrscht bei der Beschriftung unter der X-Achse. Abkürzungen bzw. Reduzieren der Schriftgröße hilft zwar, verletzt aber schnell das Gebot der Lesbarkeit. Das Dilemma »Lesbarkeit oder Informationsmenge« gehört zu Verteilungsdiagrammen einfach dazu. Entscheiden Sie sich situationsbedingt für das jeweils kleinere Übel.

Zur Verdeutlichung der unterschiedlichen Botschaften von Säulen- und Liniendiagramm hier zwei weitere Beispiele:

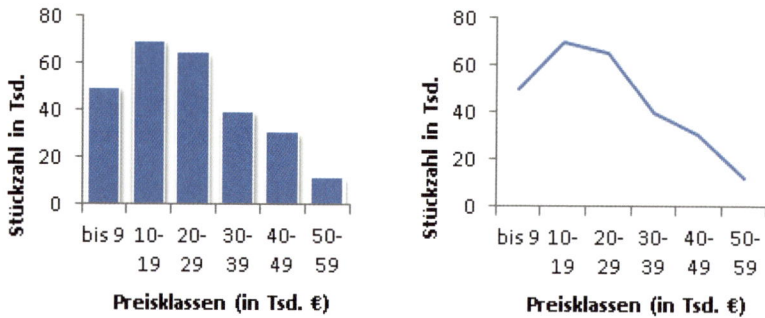

Abbildung 4.16 Die Diagramme veranschaulichen verkaufte Pkw, aufgeschlüsselt nach Preisklassen. Das Säulendiagramm betont die Stückzahlen, das Liniendiagramm den Verlauf der Absatzkurve.

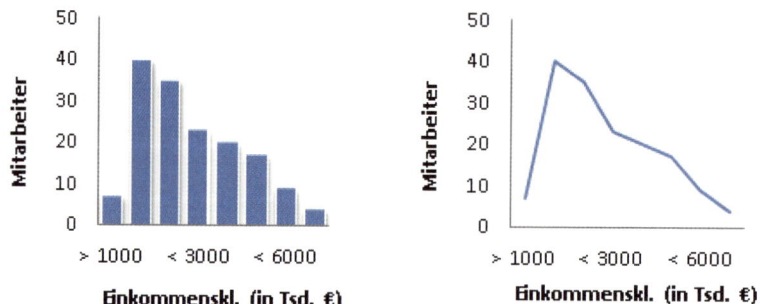

Abbildung 4.17 Die Diagramme veranschaulichen das Monatseinkommen der Mitarbeiter eines Unternehmens, aufgeschlüsselt in Einkommensklassen. Das Säulendiagramm betont die jeweilige Summe in Form einzelner Säulen, das Liniendiagramm dagegen den Verlauf der Einkommenskurve.

> **ONLINE** Beispieldatei: \Buch\Kap04\Verteilungsdiagramm.pptx

Korrelation – Das Punktdiagramm

Das Punktdiagramm zeigt, ob ein (vermuteter) Zusammenhang zwischen zwei Variablen besteht oder nicht, zum Beispiel: »Mehr Ausgaben für Werbung erhöht den Umsatz", »Je teurer das Produkt, desto besser die Qualität« oder »Ältere Vertriebsmitarbeiter erzielen höhere Umsätze als jüngere Mitarbeiter«.

Der Pfeil, eine von Hand eingezeichnete Form kennzeichnet den Erwartungsbereich. Werte (Punkte) *innerhalb* des Erwartungsbereichs bestätigen den vermuteten Zusammenhang, Werte *außerhalb* widerlegen ihn.

Beispiel 1: »Mehr Ausgaben für Werbung erhöhen den Umsatz«

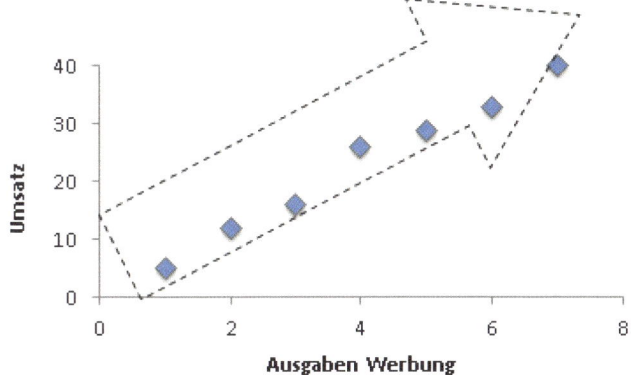

Abbildung 4.18 Die Werte liegen innerhalb des Erwartungsbereichs. Der vermutete Zusammenhang ist bestätigt.

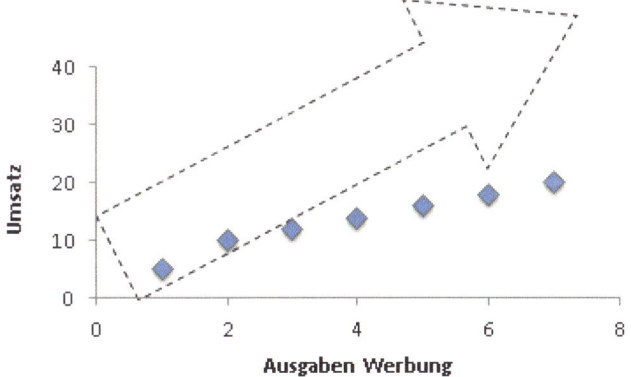

Abbildung 4.19 Die Werte liegen außerhalb des Erwartungsbereichs. Der vermutete Zusammenhang ist nicht bestätigt.

Das folgende Diagramm zeigt Ergebnisse einer (fiktiven) medizinischen Untersuchung. Zwei Personen mit dem gleichen Ausgangswert »100« wurden 40 Tage lang behandelt. Eine Person erhielt ein Medikament, die andere ein Placebo. Man prognostizierte, dass die medikamentös behandelte Person in 29 Tagen den Wert Null erreichen würde. Bei den Empfängern der Placebos ging man davon aus, dass die Werte unverändert bleiben würden. In beiden Fällen wurde der vermutete Zusammenhang nicht bestätigt:

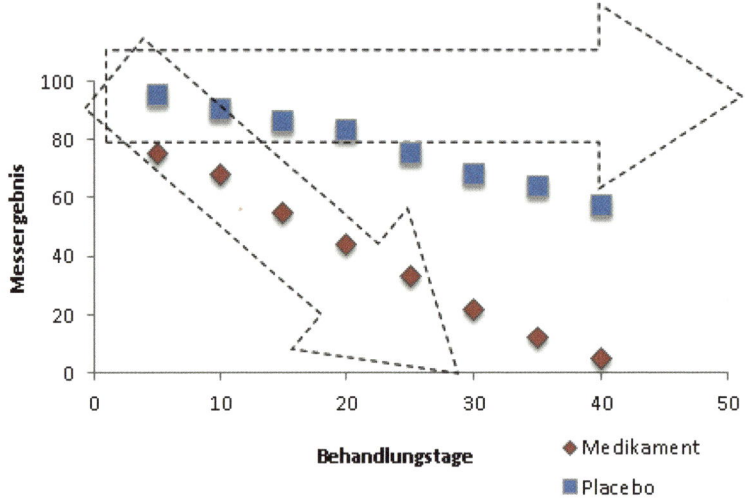

Abbildung 4.20 Trotz Medikament dauerte es 40 statt 29 Tage, bis die Werte auf Null gesunken waren und trotz Placebos sank der Wert

ONLINE Beispieldatei: *\Buch\Kap04\Korrelationsdiagramm.pptx*

Zusammenfassung

- Zahlen sind stumm. Diagramme auch. Warum? Weil sie immer mehrere mögliche Botschaften zulassen.
- Die Botschaft legen *Sie* fest. Dazu müssen Sie wissen, was Sie mit den Zahlen sagen *wollen*. Vergeben Sie sprechende statt beschreibende Diagrammtitel.
- Aus der Botschaft ergibt sich der Zahlenvergleichs-Typ. Die fünf wichtigsten Vergleichstypen sind Anteil, Rang, Entwicklung, Verteilung oder Korrelation.
- Aus dem Zahlenvergleichs-Typ ergibt sich das passende Diagramm.

5 Goldene Regeln der Vortragstechnik

Regel 1: Glaubwürdig sein	92
Regel 2: Anschaulich erzählen	92
Regel 3: Sendepause nach Folienwechsel	93
Regel 4: Didaktischem Dreisatz folgen	93
Regel 5: Lucy-Strategie beherzigen	96
Regel 6: Zusatzhinweise geben	99
Regel 7: Verständlich sprechen	99

Regel 1: Glaubwürdig sein

Der Präsentierende ist wichtiger als die Folien, die er zeigt. Wenn Sie als Person überzeugen, erhalten Sie automatisch einen Vertrauensvorschuss. Wenn nicht, werden Sie es auch mit den besten Folien schwer haben. Der Schlüssel zur Glaubwürdigkeit ist Authentizität: Seien Sie der, der Sie sind und erliegen Sie nicht der Versuchung, in irgendeine Rolle zu schlüpfen.

Viele Verkaufs- und Präsentationstrainer legen großen Wert auf Körperhaltung, Gestik, Mimik, Atmung, Stimme, Sprachtempo. Die Liste der Empfehlungen reicht bis hin zur Farb- und Stilberatung für Präsentierende. Ich behaupte nicht, dass diese Kollegen im Unrecht sind; all diese Dinge sind hilfreich – aber sie sind *zweitrangig*. Angenommen, Sie könnten zwischen zwei Autos wählen: Auto Nr. 1 ist neu lackiert, aber der Motor stottert. Auto Nr. 2 hat ein paar Kratzer, aber der Motor schnurrt. Welches Auto würden Sie wählen?

> **WICHTIG** Je authentischer Sie sind, desto besser werden Sie sein.

Regel 2: Anschaulich erzählen

Bei dem Wort »PC-Präsentation« denkt man an Schaubilder, Animationen, Sound und Video: kurz an *Show* – und übersieht dabei die Sprache. Jahrtausendelang war die Stimme das einzige Medium der Präsentierenden, die deshalb auch Redner hießen. Um möglichst anschaulich und verständlich zu sein, verschmolzen gute Redner Informationen und Bilder zu einer Einheit: der Geschichte. Gute Redner waren gute Erzähler.

Wissen Sie noch, welchen Trick die Erinnerungskünstler anwenden, um in wenigen Minuten 2.000 Spielkarten auswendig zu lernen? Richtig, Sie denken sich eine Geschichte aus, in der »Karo 10« oder »Pik As« zu Protagonisten werden. Genau darum geht es in einer Präsentation. Verpacken Sie Informationen in Beispiele, tatsächliche oder hypothetische Szenarien, Vergleiche, Anekdoten. Laden Sie Ihr Publikum zum Heimkino ein mit Formulierungen wie:

- »*Stellen Sie sich vor* «
- »*Angenommen, wir würden* «
- »*Nehmen wir folgendes Szenario an* «

Erzählen statt Vorlesen

Irgendwo auf dem Weg zur modernen Informationsgesellschaft haben wir das Erfinden und Erzählen von Geschichten verlernt und sind zu Eintippern und Vorlesern von Text geworden. Ich will Sie in diesem Buch dazu ermuntern, die

Kunst des Erzählens wieder zu entdecken und in Ihren Präsentationen zu pflegen. Ihr Publikum wird es Ihnen danken.

Es folgt ein kleines Beispiel in zwei Varianten, des besseren Vergleichs wegen zuerst unanschaulich, dann anschaulich: Nehmen wir an, Sie möchten die Entwicklungsgeschichte der Erde in wenigen Worten erklären.

Zuerst die unanschauliche Version:

Die Erde ist vor etwa 4,5 Milliarden Jahren entstanden. Vor 3,3 Milliarden Jahren entwickelten sich Bakterien und Algen. Vor 2 Milliarden Jahren tauchten Weichtiere und Schwämme im Meer auf. Die Zeit der Dinosaurier begann vor 225 Millionen Jahren und endete vor 65 Millionen Jahren. Der erste Mensch erschien vor etwa 120.00 Jahren.

Anschaulich klingt diese Geschichte so:[1]

Um sich die Zeiträume besser vorstellen zu können, kann man die Erdgeschichte in ein Jahr aufteilen. Am 1. Januar entsteht die Erde. Im April folgen Bakterien und Algen. Im August entwickelt sich das Leben im Meer weiter. Weichtiere und Schwämme tauchen auf. Die Dinosaurier erscheinen etwa Mitte Dezember, sterben aber in den Weihnachtstagen bereits wieder aus. Der erste Mensch kommt am 31. Dezember um 23:45 Uhr auf die Welt.

Regel 3: Sendepause nach Folienwechsel

Gönnen Sie Ihrem Publikum nach dem Einblenden einer neuen Folie ein paar Sekunden Sendepause. Wieso das? In Kapitel 1 haben Sie bei Sünde Nr. 3 erfahren, dass der Wahrnehmungsapparat neue Folien erst einmal überfliegen (scannen) will, bevor er anschließend wieder auf Empfang schaltet. Ohne Sendepause des Vortragenden versucht der Wahrnehmungsapparat des Publikums zwei Dinge *gleichzeitig* zu tun: erstens mit den Augen die neue und unbekannte Folie zu scannen *und* zweitens mit den Ohren Ihren Worten zu folgen. Das streut die Aufmerksamkeit statt sie zu bündeln. Selbst wenn es stimmen sollte, dass Frauen multitaskingfähig sind, dann legen Sie wenigstens den Männern zuliebe beim Folienwechsel eine kurze Sendepause ein.

Regel 4: Didaktischem Dreisatz folgen

Der folgende Dreisatz ist der heilige Gral der Didaktik und hat mit seinem Namensvetter aus der Mathematik nichts gemein. Ich nenne ihn so, weil er aus drei Sätzen besteht, die ich vor vielen Jahren irgendwo aufgeschnappt und nie mehr vergessen habe:

---

[1] Angepasste Version aus: Mein großes Frage- und Antwortbuch, Bindlach 2002¹, S. 135.

1. *Tell what you will tell (Ausblick)*
2. *Tell it*
3. *Tell what you have told (Rückblick)*

Tell what you will tell

Der erste ist auch der wichtigste der drei Sätze. Der Blick in die Zukunft stimmt das Publikum auf das nächste Thema oder die nächste Folie ein. Das macht erstens neugierig und zweitens ist das Neue damit nicht mehr überraschend. Der Wahrnehmungsapparat muss sich also nicht mehr mit der Frage beschäftigen: »*Was ist das?*« sondern sagt sich: »*Ah ja, das ist das, was er eben angekündigt hat!*« Orientierungsphasen nach dem Folienwechsel verkürzen sich oder entfallen komplett und Sie können die Sendepause aus Regel Nr 3. kürzen oder sogar komplett streichen.

Ausblick als Orientierungshilfe

Die Agenda zu Beginn kündigt die Präsentation als Ganzes an: Thema, Start, Stationen, Ziel. Aber auch die einzelnen Kapitel und sogar Folien sollten Sie ankündigen. Der Ausblick auf das Kommende (*Tell what you will tell*) ergibt sich oft direkt aus dem Rückblick (*Tell what you have told*). Subtil lenken Sie den inneren Blick des Publikums vom Hier und Jetzt auf die nächste Station:

- »*Die Zahlen auf dieser Folie haben also deutlich gemacht, dass die Investition im vorletzten Quartal notwendig war. Wie hat sich diese Investition nun im Detail auf die Umsatzentwicklung des vergangenen Quartals ausgewirkt?*« Klick – und die Folie mit den Zahlen des vergangenen Quartals erscheint.

- »*Wie wirkt sich dieses Ergebnis auf das Projektziel aus?*« Klick – und die Folie mit dem Titel »Projektziel nicht gefährdet« erscheint.

- »*Wie Sie im vergangenen Abschnitt erfahren haben, kämpfen wir noch mit einer Reihe von Problemfaktoren. In den folgenden drei Folien werde ich die drei wichtigsten davon ein wenig näher unter die Lupe nehmen: Es sind die Faktoren A, B und C. Ich beginne mit Faktor A, den wir übrigens schon zu 90% im Griff haben.*« Klick – und die Folie zu Problemfaktor A erscheint. Noch bevor Sie etwas zum Inhalt sagen, weiß jeder im Publikum, dass es in den nächsten drei Folien um die drei wichtigsten von mehreren Problemfaktoren geht und dass Sie den ersten davon bereits zu 90% im Griff haben.

Weitere Formulierungsbeispiele für die Überleitung zur nächsten Folie:

- »*Auf der nächsten Folie sehen Sie* «
- »*Werfen wir nun einen Blick auf* «
- »*Diese Zahlen haben Auswirkungen auf* «

Um auf das Kommende überzuleiten, müssen Sie natürlich wissen, womit es auf der nächsten Folie weitergeht. Im Idealfall kennen Sie Ihre Folien samt Folientitel in- und auswendig. Weil diese Welt aber selten ideal ist, gibt es einen Plan B: die *Referentenansicht*, zu der Sie in Kapitel 7 Näheres erfahren.

Tell it

Auf Neu-Deutsch würde man vom »Doing« sprechen. Mit anderen Worten: Sie präsentieren die Inhalte der aktuellen Folie. Aufgrund der vorangegangenen Überleitung zu dieser Folie weiß Ihr Publikum, worum es geht und wird Ihnen deshalb aufmerksamer zuhören, wenn Sie nun das Thema selbst anpacken und die Zahlen, Daten, Tabellen oder Schaubilder der Folie erläutern.

Tell what you have told

Hier geht es um den Rückblick, das Fazit, die Zusammenfassung. Sie runden das ab, was Sie mit *tell what you will tell* angekündigt und mit *tell it* vorgetragen haben: die Präsentation (immer), das Kapitel (meistens) oder die Folie (gelegentlich). Gefragt sind kurze Zusammenfassungen, die keine neuen Aspekte eröffnen, sondern in einem Satz die Kernbotschaft(en) der Präsentation, des Kapitels oder der Folie noch einmal zugespitzt wiederholen.

Folie	Text
Folie 5: »Nachfrage um 12% gestiegen«	»*Dieses Diagramm hat also gezeigt, dass die Nachfrage um 12% überschritten worden ist. Was bedeutet das nun für die Produktionskapazität der nächsten Monate?*«
	Klick – Folie 6 erscheint.
Folie 6: »Produktionskapazität reicht aus«	Sendepause
	»*Trotz 12% mehr Nachfrage wird die Produktionskapazität ausreichen! Im Detail sieht das so aus.*« (tell it ...) »*Ich fasse zusammen: Diese Daten belegen, dass die Produktionskapazität ausreicht, um die gestiegenen Anforderungen der nächsten Monate zu erfüllen – Damit stellt sich gleich die nächste Frage: Wann müssen wir wieder mit einem Rückgang der Nachfrage rechnen?*«
	Klick – Folie 7 erscheint
Folie 7: »Rückgang im Dezember erwartet«	Sendepause
	»*Wir rechnen mit einem Rückgang frühestens im Dezember. Und zwar aus folgenden Gründen ...*«

Tabelle 5.1 Aus jedem Rückblick »Tell what you have told« ergibt sich der nächste Ausblick »Tell what you will tell«

Ausblick und Rückblick werden sich für Sie als Präsentierende zunächst anfühlen wie die erste Autofahrt auf schneeglatter Fahrbahn: Wann Gas geben? Wann bremsen? Welche Geschwindigkeit ist angemessen und wie reagiert das Fahrzeug in Kurven? Es erfordert in der Tat ein wenig Übung und Erfahrung, bis Sie Sicherheit gewonnen und sich daran gewöhnt haben, immer den nächsten Schritt anzukündigen, bevor Sie ihn gehen und einen kurzen Rückblick auf das eben Erzählte zu geben, nachdem Sie ihn zu Ende gegangen sind. Aber irgendwann erledigen Sie das genauso automatisch wie Gas geben, Bremsen und Kuppeln.

Die folgenden Tipps helfen Ihnen dabei, den Dreisatz leichter in die Praxis umzusetzen:

> **TIPP**
> 1. Verwenden Sie sprechende Folientitel
> 2. Nutzen Sie die Referentenansicht
> 3. Gestalten Sie Ihre Sprechernotizen so, dass Sie Zusammenfassungen in *einem Satz* formulieren und immer vor Augen (oder im Gedächtnis) haben

Regel 5: Lucy-Strategie beherzigen

Die meisten Präsentierenden folgen dem klassischen Schema des Erlebnisaufsatzes:

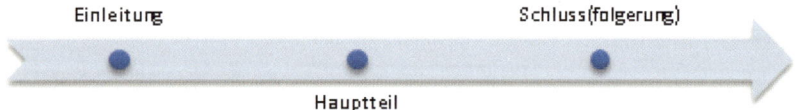

Dieses Schema mag klassisch sein, empfehlenswert ist es nicht. Denn Ihre Zuhörer werden sich ständig mit Fragen wie diesen beschäftigen:

- »*Worauf will er hinaus?*
- »*Wohin geht diese Reise?*«
- »*Was kommt am Ende heraus?*«

Wenn dagegen jeder von vornherein weiß, worauf Sie hinauswollen, muß niemand mehr rätseln. Die Aufmerksamkeit wird (auf Sie) gebündelt statt gestreut.

Machen Sie es wie Columbo

»Am Anfang den Schluss verraten? Aber dann hört doch niemand mehr zu und der Spannungsbogen ist futsch!« Im Gegenteil. Vielleicht erinnern Sie sich noch an Columbo, den schusseligen Fernseh-Inspektor. Zu Beginn jeder Episode durften wir den Bösewicht bei seinem bösen Tun beobachten. Noch bevor der gute Inspektor vom Verbrechen erfuhr, kannte jeder Zuschauer bereits den Täter. Der Spaß bestand darin, Herrn Columbo dabei zuzusehen, wie er die einzelnen Puzzleteile zu dem Bild zusammensetzte, das wir Zuseher seit der ersten Minute kannten.

Genau so sollten Sie Ihre Präsentationen gestalten. Verraten Sie am Anfang den Schluss und lösen Sie dann den Fall vor den Augen des Publikums. Niemand wird auf der Suche nach Verdächtigen sein, im Nebel tappen, Unschuldige der Tat bezichtigen, zu voreiligen und/oder falschen Schlüssen gelangen. Die Lucy-Strategie hilft Ihnen dabei und sieht so aus:

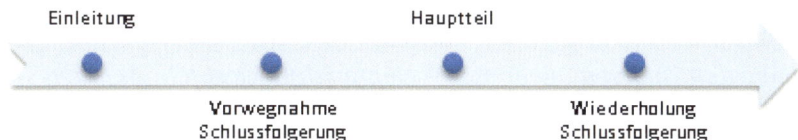

Gene Zelaznys wunderbares Beispiel[2] habe ich zu einem festen Bestandteil meiner Kommunikationstrainings gemacht und stelle es im Folgenden kurz vor. Lucy von den *Peanuts* schreibt Ihrer besten Freundin Shirley einen Brief. Sie, lieber Leser schlüpfen jetzt bitte kurz in die Rolle von Shirley. Sie haben eben den Brief erhalten und werden ihn gleich lesen. Merken Sie sich die Stelle, wo Ihnen klar wird, was Lucy Ihnen sagen will und lesen Sie gleich danach folgende zweite Variante des Briefs bitte noch nicht!

Liebe Shirley,

erinnerst Du dich an letzten Samstagnachmittag, als ich mit meinem Freund im Park spielte und du herüberkamst und er mir dann erzählte, dass du ihn geküsst hast, als ich euch gerade den Rücken zukehrte? Und an vergangenen Sonntag, als du mich besuchen kamst und meine Mutter zum Mittagessen Thunfischsalat machte und Du sagtest: »Bäh! Das ist der ekligste Salat, den ich je gegessen habe! Und an gestern, als meine Katze dich am Bein streifte und du ihr einen Tritt verpasst und gedroht hast, deinen Hund »Monster« auf sie zu hetzen? Nun, aus all diesen Gründen hasse ich dich und will nicht mehr deine Freundin sein.

Lucy

Wann wurde Ihnen klar, was Lucy sagen will? Was ging Ihnen bis dahin durch den Kopf? Was war Ihre Reaktion, nachdem Sie (im letzten Satz) erfahren haben, was Lucy zu sagen hatte?

Es folgt derselbe Inhalt, diesmal aber nach der Lucy-Strategie:

Liebe Shirly,

Ich hasse Dich. Hier sind meine Gründe:

1. *Du hat meinen Freund gestohlen*
2. *Du hast meine Mutter beleidigt*
3. *Du hast meine Katze erschreckt*

---

2 Gene Zelazny, Das Präsentationsbuch, S. 58-59.

Lucy

Während Lucy in der ersten Variante die Kernbotschaft erst im letzten Satz verrät (*Ich hasse dich*), legt sie in Variante zwei die Karten gleich im ersten Satz auf den Tisch. Diese Technik der vorweggenommenen Schlussfolgerung ist sowohl bei guten als auch bei schlechten Botschaften hilfreich. Denn irgendwann müssen Sie immer mit der Wahrheit herausrücken. Meine Erfahrung hat gezeigt: je früher, desto besser. Hören Sie den Statusbericht eines Projektverantwortlichen an die Geschäftsleitung:

»*Was Sie in den folgenden 30 Minuten hören werden, wird Ihnen nicht immer gefallen. Ich habe das Thema in mehreren Varianten durchgespielt. Am Ergebnis ändert sich nichts: Projekt xy wird nicht in der geplanten Zeit vollendet werden. In meiner Präsentation werde ich Ihnen nun die Ursachen, Auswirkungen und mögliche Lösungen detailliert vorstellen.*«

Das Entscheidende zuerst

Die Zuhörer wissen damit von vorneherein, wie es um das Projekt steht. Die wichtigste aller Fragen »*Schaffen wir es?*« ist beantwortet, bevor Sie mit dem eigentlichen Vortrag beginnen. Wenn die Geschäftsleitung jetzt sagt: »*Dann können wir uns den Vortrag schenken und gleich zu Plan B übergehen*«, kommt dieser radikale Kurswechsel besser zu Beginn Ihres Vortrags und nicht am Ende. Oder möchten Sie als Projektverantwortlicher am Ende des Vortrags gerne hören: »*Warum haben Sie das nicht gleich gesagt?*«

Gleiches Thema, andere Szene: Herr Chleblepstophan geht zum Arzt, um die Ergebnisse der letzten Blutprobe in Erfahrung zu bringen. Er ist beunruhigt und angespannt als er endlich das Sprechzimmer des Herrn Doktor betritt: Welche Variante würden Sie an Herrn Chleblepstophans Stelle bevorzugen?

Variante Eins:

»*Guten Tag, Herr Chleblepstophan. Na was machen Frau und Kinder? Fürchterlich, das Wetter im Moment, hm? Na ja, man kann es ja nicht bestellen, nicht? Haha. Gut, dann sehen wir uns mal die Ergebnisse an. Hm, tjaja, aha. Soso. Hm... also... der Wert A ist ja wirklich sehr gut. B ist auch nicht schlecht, soso, und dann haben wir da noch eine Reihe von ganz passablen Werten für C, D und E* « Als sich Herr Chleblepstophan endlich entspannt zurücklehnt, kommt das dicke Ende.

Variante Zwei:

»*Guten Tag, Herr Chleblepstophan. Sie wollen sicher gleich wissen, was die Laboruntersuchung ergeben hat. Das Wichtigste vorweg: die Werte XY liegen deutlich über der kritischen Marke. Wenn wir nichts tun, würde das in rund sechs Monaten zur Folge haben, dass... Aber Sie können etwas dagegen unternehmen und in spätestens zwei Monaten sind die Werte wieder im Normalbereich. So, und jetzt die Ergebnisse im Detail und der Reihe nach.*«

Regel 6: Zusatzhinweise geben

Angenommen, Sie blättern während des Vortrags eine Folie zurück, sagen aber nicht, dass Sie *zurück*blättern. Nach dem Einblenden der Folie macht sich Verwirrung breit, weil alle damit rechnen, dass die nächste Folie immer eine *neue* Folie ist. Mit dem Hinweis »*Ich blättere noch einmal auf die letzte Folie zurück*« ist der Fall klar. Nun ja, fast: »*Warum zurückblättern? Glaubt er, wir haben die Folie schon wieder vergessen oder hätten nicht verstanden, was er erzählt hat?*« könnte der eine oder andere im Publikum jetzt noch grummeln. Also sagen Sie: »*Ich blättere kurz auf die letzte Folie zurück, um den Unterschied zu den Zahlen auf dieser Folie noch einmal zu verdeutlichen.*«

Typische Situation	Hinweis
Sie schalten den Beamer ab/auf »Schwarz«	»*Ich schalte den Beamer vorübergehend ab, damit wir eine kurze Abstimmungsrunde einlegen können.*«
Sie verteilen Blätter	»*Dieses Diagramm zeigt nur die wichtigsten Kennzahlen. Damit Sie während des Vortrags auch einen Blick auf die Details werfen können, habe ich alle Daten auf einem Arbeitsblatt für Sie vorbereitet.*«
Eine Folie ist überladen	»*Halt! Machen Sie sich gar nicht erst die Mühe, die Details dieser Folie zu entziffern. Entscheidend ist einzig und allein dieser kleine, schwarze* «

Tabelle 5.2 Mit Produktinformationen klären Sie Ihr Publikum darüber auf, *was* Sie gerade tun, *warum* (Ursache) bzw. *wozu* (Zweck). Indem Sie Fragen schon beantworten, *bevor* sie in den Köpfen Ihres Publikums entstehen können, vermeiden Sie Spekulationen und Verwirrung.

Regel 7: Verständlich sprechen

Die Verständlichkeitsforschung hat gezeigt, dass, ungeachtet des Bildungsniveaus, *jeder* von verständlichen Texten profitiert. Ob Haupt- oder Hochschulabsolvent: Bei *jedem* bleibt »mehr hängen«, wenn Informationen verständlich sind. Das sogenannte *Hamburger Verständlichkeismodell*[3] nennt vier Verständlichmacher, die ich verkürzt und auf die PC-Präsentation angepasst habe:

Einfachheit:
- Kurze Sätze
- Einfacher Satzbau
- Bekannte Wörter
- Wenig Fremdwörter

---

3 Schulz von Thun, F. (1981): Miteinander reden: Störungen und Klärungen.

- Unbekannte Fremdwörter erklären
- Unbekannte Fachwörter erklären

Gliederung/Ordnung
- Agenda
- Sendepausen beim Folienwechsel
- Sprechende Folientitel
- Didaktischer Dreisatz
- Lucy-Strategie
- Verbale und digitale Zeigehilfe
- Zusatzhinweise

Kürze/Prägnanz
- Kurz & bündig, auf den Punkt gebracht
- Konzentration auf das Wesentliche
- Klartext statt »Zutexten«

Anregende Zusätze
- Beispiele, Vergleiche, Geschichten
- Bildhafte, erzählende Sprache
- Lebendige Stimme
- Publikum durch Fragen, der Bitte um Handzeichen oder Wortmeldung mit einbeziehen
- Publikum oder einzelne Teilnehmer direkt ansprechen
- Persönliche Erzählweise: *Ich* statt *man*

Nieder mit Passiv- und Nominalkonstruktion

Niemand muss Germanistik studieren, um gutes Deutsch zu schreiben oder zu sprechen. Im vorherigen Abschnitt haben Sie erfahren, was einen Text *einfach* macht. Jetzt geht es darum, *lebendig* zu formulieren. Regel Nr. 1: Meiden Sie das Killer-Pärchen *Passiv-* und *Nominalkonstruktion*! Abschreckende Beispiele finden Sie vorzugsweise in Gesetzestexten oder technischen Dokumentationen. Wer sich intensiver mit dem Thema »Sprache« befassen will, dem empfehle ich Wolf Schneiders Buch *Deutsch fürs Leben. Was die Schule zu lehren vergaß, rororo, 1994*.

Passivkonstruktionen schneiden den Dingen Arme und Beine ab. Nichts kann sich mehr aus eigener Kraft bewegen, sondern – es folgt ein Passiv – muss getragen werden. Nominalkonstruktionen waren irgendwann einmal lebenslustige Verben, bevor sie ein Schreiberling oder Redner grausam erdrosselt hat. Diese Wort-Zombies erkennen Sie am »ung«: Betrachtung, Begehung, Messung, Überschreitung, Aufforderung usw.

Kleben Sie den Wörtern Arme und Beine wieder an und hauchen Sie den Zombies neues Leben ein. Die Zauberworte heißen *Aktiv* und *Verb*. Lassen Sie die Dinge etwas tun, das man sehen, hören, fühlen, riechen und schmecken kann. Ein kleines Beispiel:

Unverständlich / Unanschaulich / Unlebendig	Verständlich / Anschaulich / Lebendig
Datenverwaltung in Outlook	**Die richtige Diät für Ihr Postfach**
Um die Überfüllung der Postfächer durch ungelöschte sowie nichtarchivierte Mails zu kompensieren, wurden in vielen Unternehmen Größenbeschränkungen für Postfächer obligatorisch. Bei Überschreitung der Maximalgröße wird eine Nachricht an den betroffenen Anwender versendet und mit der Aufforderung verbunden, das Postfach zu bereinigen, bevor Outlook wieder verwendet werden kann.	Postfächer setzen Speck an. In vielen Unternehmen platzen die Mailserver mittlerweile aus allen Nähten. Eine Größenbeschränkung für die Postfächer ist die Folge. Überschreitet der Pegel die kritische Marke, z. B. 80% der erlaubten Maximalgröße, tritt Outlook in den Warnstreik. Sie müssen Ihr Postfach erst abspecken, bevor Outlook wieder den Dienst antritt.
Im Abschnitt Vorbeugen wird vermittelt, wie im Vorfeld der Überfüllung vorzugehen ist, um das Problem überhaupt nicht entstehen zu lassen. Anschließend wird erläutert, welche Maßnahmen hinsichtlich einer unverzüglichen Problemlösung vorzunehmen sind.	Vorbeugen: In diesem Abschnitt erfahren Sie, wie Sie verhindern, dass Ihr Postfach die kritische Marke überschreitet. Anschließend lernen Sie, wie Sie ein übergewichtiges Postfach auf Idealgewicht trimmen.
Größtes Augenmerk sollte dem Ordner GESENDETE OBJEKTE gewidmet werden, nachdem in diesem Ordner von jeder gesendeten Nachricht eine Kopie inklusive der in diesen Nachrichten enthalten Anlagen erzeugt und dauerhaft gespeichert wird.	Der Ordner GESENDETE OBJEKTE setzt besonders viel Speck an. Outlook speichert nämlich *von jeder gesendeten Nachricht eine Kopie* in diesem Ordner – komplett mit allen Anlagen! Diese Nachrichtenkopien liegen dort bis zum Sankt Nimmerleinstag, wenn Sie nichts dagegen unternehmen. Outlook verhält sich wie ein gieriger Kellner, der von jedem servierten Gericht selbst eine komplette Portion verzehrt.
Auch der Ordner GELÖSCHTE OBJEKTE ist zu berücksichtigen, weil gelöschte Objekte zunächst nicht gelöscht, sondern nur in diesen Ordner verschoben werden, wodurch die Gesamtmenge gespeicherter Outlook-Elemente nicht reduziert und infolgedessen die gewünschte Wirkung nicht erzielt wird.	Auch der Papierkorb ist ein heißer Kandidat für übergewichtige Postfächer. Wenn Sie nämlich eine Nachricht löschen, landet diese erst einmal im Papierkorb. Sie wird also nur an eine andere Stelle im Postfach *verschoben*. Das ändert nichts am Gesamtgewicht. Ergo: das Postfach nimmt durch Löschen kein Gramm ab. Sie müssen wie im richtigen Leben erst den *Papierkorb leeren*, um den Inhalt endgültig zu entsorgen.
Auch auf das Ablegen von eigenständigen bzw. als Anlage in Nachrichten enthaltenen Dateien (PDF- oder aus Office Applikationen) in Postfachordnern sollte nach Möglichkeit verzichtet werden. Besonders gewarnt wird vor PowerPoint-Präsentationen.	Weitere Dickmacher sind Dateien, die Sie nicht im Dateisystem, sondern in Ihrem Postfach lagern: entweder als eigenständige Datei in einem Postfachordner oder als Anlage in Nachrichten, Terminen, Kontakten oder Aufgaben. Zum Beispiel PDF-Dateien, Word-Dokumente, Excel-Dateien, und – wegen der enthaltenen Grafiken besonders problematisch – PowerPoint-Präsentationen.
Text kann aufgrund des geringen Speicherplatzbedarfs als unproblematisch betrachtet und vernachlässigt werden.	Text hat fast keine Kalorien, vor allem wenn es sich um unformatierten Text handelt. 1 Mio. Zeichen benötigen etwa 1 MB Speicherplatz. Bei 100 MB maximaler Postfachgröße könnten Sie also 100.000.000 (100 Mio.) Zeichen speichern. Soviel werden Sie in einem Arbeitsleben kaum tippen.

6

Showtime

Der Kontakt zum Publikum	104
Gute und schlechte Animationen	105
Die Referentenansicht	111
Bildschirmpräsentation mit der Tastatur steuern	114
Notebook und Beamer	115

In diesem Kapitel wird sich PowerPoint nach längerem Schweigen wieder zu Wort melden. Im zweiten Teil gehe ich dann systematisch und detailliert auf den Bereich »Animationen« ein. Machen Sie sich also keine Sorgen, wenn Ihnen die ein oder andere Information vorerst noch ein wenig zu speziell erscheint.

Versetzen Sie sich nun für einen Moment in die Rolle des Teilnehmers. Was wünschen Sie sich vom Referenten und seiner Präsentation? Notieren Sie alles, was Ihnen in 60 Sekunden spontan dazu einfällt. Unterstreichen Sie anschließend Ihre drei sehnlichsten Wünsche:

Die Wunschliste

1. 1...
2. 2...
3. 3...
4. 4...
5. 5...
6. 6...
7. 7...
8. 8...
9. 9...
10. 10...

In meinen Präsentationstrainings lasse ich die Teilnehmer seit 15 Jahren diese Wunschliste erstellen. Die All Time Favorites: »kurz«, »anschaulich«, »lebendig«, »auf den Punkt gebracht«, »glaubwürdig«, »überzeugend«, »unterhaltsam«. Mein Rat: Gönnen Sie Ihren Zuhörern, was Sie sich an deren Stelle wünschen würden.

Der Kontakt zum Publikum

Im Mittelpunkt der Präsentation stehen Sie und nicht die Technik. Denken Sie an das elfte Gebot aus Kapitel 2: »*Der Präsentierende ist Mittelpunkt, die Technik Mittel, Punkt!*« Sie spielen die Hauptrolle, die Technik unterstützt Sie dabei – und nicht umgekehrt. Die Kommunikation zu Ihrem Publikum gerät in eine gefährliche Schieflage, wenn sich die Technik zu sehr in den Vordergrund oder gar zwischen Sie und Ihre Zuhörer drängelt.

Sie können etwas Entscheidendes, das keine Technik zuwege bringt und meiner Meinung nach auch niemals zuwege bringen wird: Kontakt zu anderen Menschen herstellen[1]. Nicht umsonst gehört Blickkontakt zu den Grundregeln des Präsentierens. Errichten Sie keine Barrikaden zwischen Ihnen und Ihrem Publikum und lassen Sie es nicht zu, dass sich die Technik zwischen Sie und Ihre Zuhörer schiebt; im übertragenen wie auch im wörtlichen Sinn: Kontrollmonitore passen neben den Tisch, das Rednerpult darf nahe am Publikum stehen und die technischen Aufbauten müssen nicht turmhoch sein.

Ein ständiger Kontrollblick auf den Monitor oder die Projektion isoliert Sie von Ihrem Publikum und permanente Action auf der Leinwand reduziert Sie zur Stimme aus dem Off. Je mehr Effekte die Präsentation enthält, desto stärker müssen Sie sich auf die Animations- und Klickchoreographie konzentrieren: »Welcher Satz, welches Objekt erscheint beim nächsten Klick?«, »Was wollte ich dazu sagen?«, »Was war gleich wieder die letzte Animation auf dieser Folie?«, »Hinter welchem Objekt steckt der nächste Hyperlink?«, »Wann kommt das Video?«, »Welcher Sound wird durch welches Trigger-Objekt ausgelöst?«.

WICHTIG Die Aufmerksamkeit und die Energie, die Sie für Technik und Klick-Choreographie abzweigen, fehlt Ihnen für Ihr Publikum.

Gute und schlechte Animationen

Schon Matthäus – der Evangelist, nicht der Fußballer – mahnte: »Viele sind berufen, wenige aber auserwählt.«[2] Animationen sind Mittel zum Zweck; sie sollen Informationen veranschaulichen bzw. diesen Prozess verstärken. Wenn eine Animation diesen Zweck erfüllt, ist sie zieldienlich und damit »gut«. Sonst nicht. In die Kategorie der auserwählten Effekte fallen meiner Meinung nach tatsächlich nur wenige:

Effekt	Text	Objekt	Linie/Pfeil
Erscheinen	OK	OK	
Verblassen	OK	OK	
Zoom		OK	
Wischen			OK

Tabelle 6.1 Ich beschränke mich in dieser Tabelle auf Eingangseffekte, die erfahrungsgemäß den Löwenanteil der Animationen ausmachen

ONLINE Beispieldatei: \Buch\Kap07\Animationen.ppsx

---

1 An Künstliche Intelligenz glaube ich, sobald der erste Computer herzlich über einen guten Witz lacht.
2 Matth. 22,14

Didaktischer Einsatz von Animationen

Animationen sind das Salz in der Suppe und sollen Visualisierungen verstärken, Zusammenhänge deutlicher machen und/oder die Aufmerksamkeit des Publikums bündeln. Gewürze verfeinern und veredeln den Geschmack eines Gerichts, dürfen aber weder vorschmecken noch den Eigengeschmack des Gerichts verfälschen oder neutralisieren. »Wie viel Animation gehört in eine gute Präsentation?« Als Antwort eine Gegenfrage: »Wie viel Salz gehört in eine gute Suppe?«

Fokus des Publikums steuern

Als Präsentierender sollen Sie die Aufmerksamkeit Ihres Publikums steuern und bündeln: auf Text, Grafiken, Schaubilder, aber auch auf sich selbst, also Ihre Worte, Gestik oder Mimik. Trotz ständig wechselnder Aufmerksamkeitsziele sollen die Zuhörer zu jedem Zeitpunkt wissen, wo gerade die Musik spielt. Die Energie, die Ihr Publikum für die Suche nach dem genauen Ort des Geschehens aufwenden muss, fehlt für den Vortrag. Umgekehrt gilt: Je weniger das Publikum auf Orientierungssuche ist, desto mehr Konzentration und Aufmerksamkeit bleibt für Sie und die Inhalte der Präsentation übrig. Diese Animationstechniken helfen Ihnen dabei: Aufdecken, Hervorheben und die digitale Zeigehilfe (Spot-Technik).

Aufdecken (Einblenden)

Aufdecken bedeutet, dass die Informationen nach und nach erscheinen. Was für Lourdes gilt, trifft auch bei PC-Präsentationen zu: Erscheinungen erregen Aufmerksamkeit. Aber! Je mehr Erscheinungen Sie Ihrem Publikum zumuten, desto größer wird die Gefahr, dass die grundsätzlich zieldienliche Wirkung ins Gegenteil kippt und zur nervtötenden Salamitaktik wird, mit der Sie die Suppe gründlich versalzen. Im Übrigen empfinden es viele Teilnehmer als Bevormundung, wenn ihnen der Blick auf die Folieninhalte zunächst verwehrt und dann nur in homöopathischer Dosis gewährt wird.

Ein weiteres Problem besteht darin, dass Sie selbst leicht den Überblick verlieren können: »Wie war die Reihenfolge gleich wieder?«, »Was erscheint, verschwindet oder bewegt sich alles auf dieser Folie?«, »Muss ich klicken oder habe ich auf automatisches Erscheinen gestellt?«, »Wann muss ich für den nächsten Effekt klicken?«, »War das der letzte Effekt auf dieser Folie?«.

Wenn Sie als Teilnehmer einer PC-Präsentation wieder einmal einen Referenten auf dem Weg in die innere Emigration beobachten – die Gestik erlahmt, der Blick verliert an Schärfe, der Kontakt zum Publikum bricht ab – dann können Sie ziemlich sicher sein, dass er sich gerade mit einer der oben genannten Fragen beschäftigt.

Hervorheben

Schriftgrößen oder –farben ändern sich, Objekte erhalten eine Hintergrundbeleuchtung, Linien und Pfeile nehmen eine andere Farbe an oder werden dicker bzw. dünner. Für Hervorhebungen stehen Ihnen drei Werkzeuge zur Verfügung: der Animationstyp *Hervorgehoben* alias *Betont*, die Optionen *Nach der Animation* und das Daumenkino.

Animationstyp »Hervorgehoben«

Details dazu finden Sie im zweiten Teil dieses Buchs.

ONLINE Beispieldatei: *\Buch\Kap07\Hervorgehoben.ppsx*

Optionen »Nach der Animation«

In einem Aufzählungsplatzhalter soll beispielsweise der zuletzt erläuterte Gliederungspunkt eine dezentere Farbe annehmen, sobald der nächste erscheint. Auf diese Weise bündeln Sie die Aufmerksamkeit jeweils auf diejenige Information, um die es gerade geht.

So geht's:

1. Weisen Sie dem Aufzählungsplatzhalter einen beliebigen Einblendeffekt zu.
2. Klicken Sie den Effekt im Animationsbereich mit der rechten Maustaste an und wählen Sie im Kontextmenü den Befehl *Effektoptionen*.
3. Öffnen Sie in der Registerkarte *Effekt* die Auswahlliste *Nach der Animation* und wählen Sie die gewünschte Farbe.

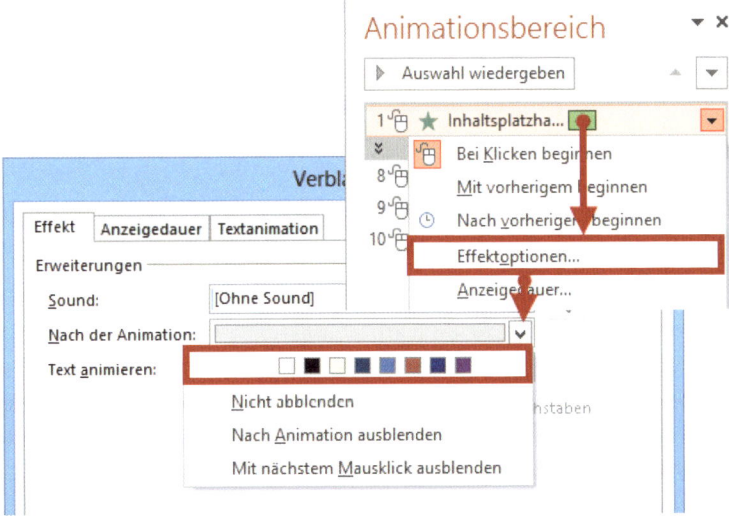

> **ONLINE** Beispieldatei: \Buch\Kap07\Nach-Animation.ppsx

Daumenkino

Daumenkino ist die Urform des Zeichentrickfilms. Die Abfolge unterschiedlicher Folien erzeugt die Illusion von Veränderung auf einer Folie. Daumenkino ist einfach zu erzeugen, effektiv und kommt ohne »echte« Animationseffekte aus.

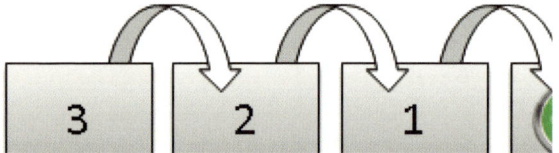

> **ONLINE** Beispieldatei: \Buch\Kap07\Daumenkino.ppsx

Analoge Zeigehilfe

Beim Zeigen nehmen Sie die Augen Ihres Publikums an die Hand. Ob Finger, Stift, Zeigestab oder Laserpointer – immer lenken Sie den Blick auf einen Punkt bzw. eine bestimmte Stelle der Folie. Allerdings haben Zeigehilfen auch Risiken und Nebenwirkungen, die Sie kennen sollten:

- Sie müssen sich zum Zeigen vom Publikum abwenden und brechen damit vorübergehend den Kontakt ab

- Sie fixieren die Aufmerksamkeit Ihres Publikums nur für die Dauer der Zeigehilfe. Sobald Sie sich wieder Ihrem Publikum zuwenden, fehlt die Zeigehilfe.

- Zeigen erfordert ruhige und kontrollierte Bewegungen. Fuchteln verwandelt Orientierungshilfe in ein Ratespiel und streut die Aufmerksamkeit anstatt sie zu bündeln. Solange die Augen des Publikums auf der Suche sind, arbeiten die Ohren mit halber Kraft.

- Obwohl antiquiert, ist der Zeigestab noch immer die beste aller analogen Zeigehilfen. Mit seiner Hilfe erreichen Sie auch Folienbereiche außerhalb Ihrer Körperreichweite und können sich immer so postieren, dass Sie beim Zeigen niemandem im Bild stehen. Aber wie alles, was sich in den Händen eines Referenten befindet, verführt ein Zeigestab zum Spielen. Teleskopzeigestäbe kann man wunderbar zusammenschieben »klak-klak-klak« und dann wieder auseinanderziehen »krk-krk-krk«; das akustische Pendant zum »klick-klick« eines Kugelschreibers.

- Mit einem Laserpointer ruhig zu zeigen, ist selbst für ausgebildete Scharfschützen ein Ding der Unmöglichkeit. Gesellt sich dann noch ein wenig Nervosität hinzu, wächst sich Zittern zum Schüttelfrost aus. Tja, und dann gibt es innerhalb der Gilde der Laserpointer noch die Fraktion der »Kreiser«. Ein Kreiser zeigt nicht auf einen Punkt, er malt zur Verdeutlichung ein paar fahrige Kreise um die Stelle, auf die das Publikum blicken soll. Bei den meisten Teilnehmern verursacht das nach ein paar Umdrehungen leichte Schwindelgefühle. Die Augen folgen nämlich den Bewegungen des Lichtpunkts und umkreisen das Ziel anstatt es zu fixieren.

- Mit Fingern oder Stiften können Sie Stellen außerhalb der Körperreichweite nicht ins Visier nehmen. Das hindert viele Vortragende freilich nicht daran, in die gedachte Richtung zu deuten, wischen oder fuchteln. Diese Einladung zum Augenbillard bewirkt, dass die Teilnehmer vom ausgestreckten Arm des Referenten eine virtuelle Gerade zur Leinwand ziehen, um anschließend dort jenen Punkt zu lokalisieren, auf den der Referent höchstwahrscheinlich gerade zu zeigen versucht. Eine ganz ausgefuchste Variante ist das Schattenspiel: Der Vortragende hält einen Finger oder Stift in den Lichtstrahl des Beamers und der dabei erzeugte Schatten auf der Leinwand dient als Zeigehilfe. Dass ein Kugelschreiber auf diese Weise zur Zigarre und ein Finger zum Zeppelin wird, bremst den Elan der Schattenspieler erfahrungsgemäß in keinster Weise.

Analoge Zeigehilfe ist unverzichtbar und zieldienlich, solange Sie sich an die Spielregeln halten: Ruhig, klar und präzise zeigen. Kein Fuchteln, Wischen oder Schattenspielen. Als Ergänzung, zu den analogen Hilfsmitteln, empfehle ich Ihnen die digitale Zeigehilfe. Sie ist geräuschlos, eindeutig und erreicht jede Stelle der Leinwand. Sie zeigt ohne Zappeln und Zittern solange auf das gewünschte Objekt, bis Sie klicken. Außerdem können Sie währenddessen den Blickkontakt zum Publikum halten.

Digitale Zeigehilfe – Die »Spot-Technik«

Wie ein Punktstrahler auf der Bühne bündelt die Spot-Technik die Aufmerksamkeit des Publikums auf eine bestimmte Stelle. Im Ergebnis gleicht die Spot-Technik dem Daumenkino. Für die Zuschauer scheint es so, als würde *ein* Objekt nacheinander an verschiedenen Stellen der Folie erscheinen. In Wirklichkeit sind es jedoch *mehrere* Objekte, von denen aber immer nur eines zu sehen ist.

> **ONLINE**   Beispieldatei: \Buch\Kap07\Spot.ppsx

Am besten erzeugen und formatieren Sie zunächst das erste Zeigehilfeobjekt und kopieren diesen Prototyp anschließend nach Bedarf. Als Zeigehilfeobjekte eignen sich vor allem Pfeile, Ellipsen oder Rechtecke.

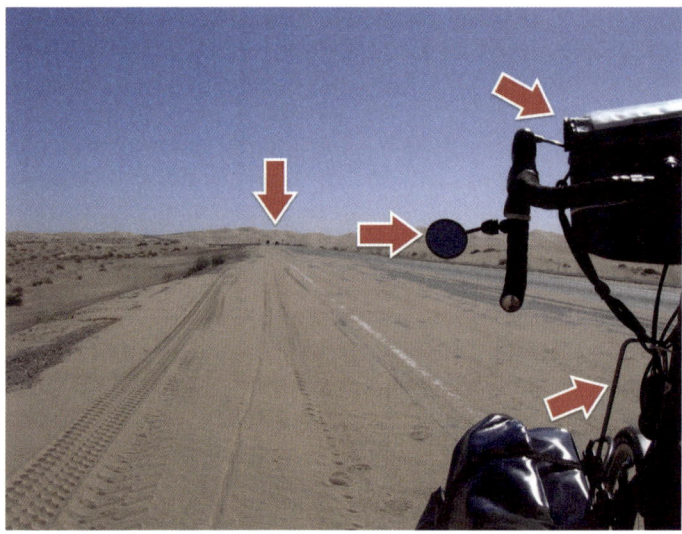

So geht's:

1. Weisen Sie dem Zeigehilfeobjekt Ihres Vertrauens den Eingangseffekt *Erscheinen* zu.
2. Klicken Sie den Effekt im Animationsbereich mit der rechten Maustaste an und wählen Sie im Kontextmenü den Befehl *Effektoptionen*.
3. Öffnen Sie in der Registerkarte *Effekt* die Auswahlliste *Nach der Animation* und wählen Sie *Mit nächstem Mausklick ausblenden*.
4. Der Prototyp ist fertig und Sie können mit dem Kopieren beginnen.

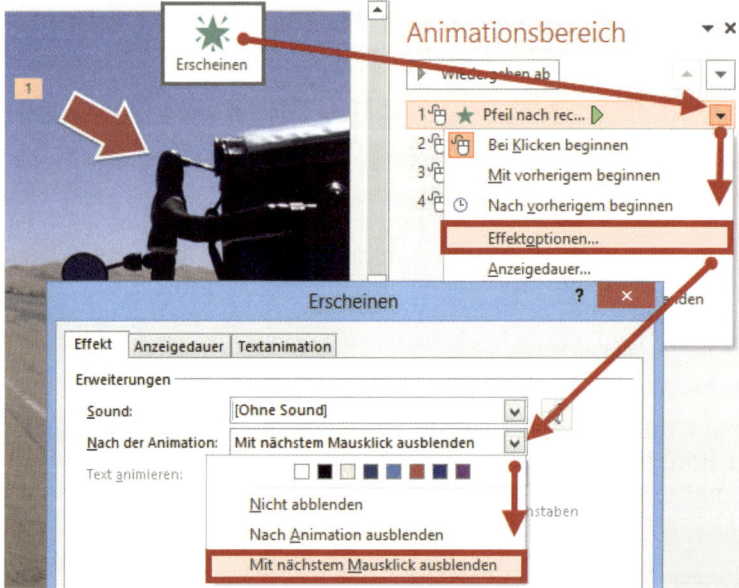

Der einzige, aber nicht zu unterschätzende Nachteil der Spot-Technik besteht darin, dass die Zeigehilfeobjekte zusammen mit den restlichen Folieninhalten ausgedruckt werden. Also müssen Sie jeweils entscheiden: Steht die *Präsentation* im Vordergrund, rate ich aus didaktischen Gründen zur Spot-Technik. Je wichtiger jedoch der *Ausdruck* der Folien wird, desto höhere Folgekosten verursacht die Spot-Technik. Der Kompromiss besteht in einer Präsentations- *und* einer Druckversion. Mit *Datei/Speichern unter* erzeugen Sie eine Kopie der fertiggestellten Bildschirmversion. Aus dieser Kopie entfernen Sie die Spot-Objekte und fertig ist die Druckversion. Der Aufwand hält sich in Grenzen. Je nach Umfang der Präsentation benötigen Sie dafür zwischen fünf und fünfzehn Minuten.

Die Referentenansicht

Die Referentenansicht funktioniert nach dem Prinzip »*Ich sehe was, das Ihr* **nicht** *seht!*«. Während Ihr Publikum auf der Leinwand wie gewohnt nur die Folien sieht, werfen Sie einen Blick hinter die Kulissen.

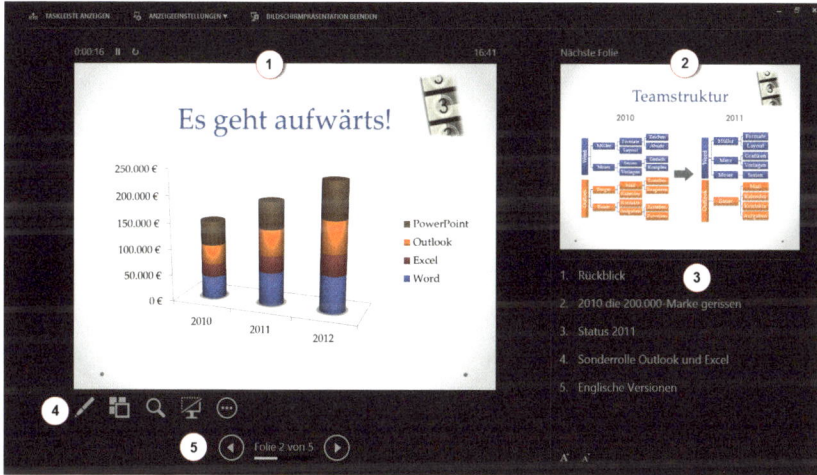

Im Mittelpunkt steht die aktuelle Folie (1), aber die Referentenansicht liefert Ihnen noch eine Reihe weiterer und hilfreicher Informationen.

Rechts von der aktuellen Folie sehen Sie verkleinert die jeweils nächste Folie (2). Das ist eine große Hilfe für ordentliche Überleitungen gemäß dem ersten didaktischen Dreisatz »Tell what you will tell«.

Unter der Folienvorschau erscheinen die Notizen (3). Ihr Souffleur ist damit immer in Hör- bzw. Sichtweite. Je nach Wunsch oder Stärke Ihrer Lesebrille zoomen Sie bei Bedarf die Schriftgröße der Notizen größer oder kleiner.

Links unterhalb der Folie ist eine kleine Werkzeugleiste **(4)** angebracht:

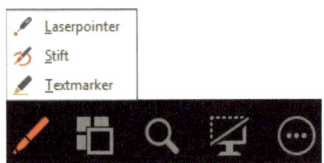

Stift und Laserpointer-Tools: Damit dürfen Sie während der Präsentation auf Ihren Folien malen bzw. auf Objekte zeigen. Dieser eingebaute Laserpointer (roter Punkt in der folgenden Abbildung) zeigt im Gegensatz zu dem in Ihrer Hand zitterfrei auf die gewünschte Stelle. Auch dann noch, wenn Sie die Maus loslassen. Eine Zeigehilfe, die ihrem Namen alle Ehre macht. Der Marker (gelb in der folgenden Abbildung) fällt in die Kategorie »nice to have«. Der Stift verwandelt die Maus in einen Kugelschreiber und verleiht den anschließend erstellten Notizen eine reizende Erstklässler-Optik. Können Sie auf Anhieb das Wort »Bravo« entziffern?

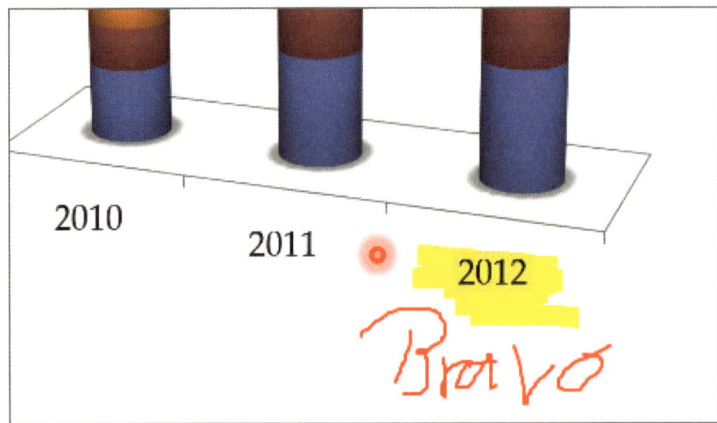

Alle Folien anzeigen: Nach einem Klick auf dieses Werkzeug erhalten Sie à la *Ansicht/Foliensortierung* eine Gesamtübersicht aller Folien, wo Sie nun per Klick beliebige Folien anzeigen (projizieren) können.

Folieninhalt vergrößern: Mithilfe dieser Funktion betrachten Sie und Ihr Publikum den gewählten Folienausschnitt unter der Lupe.

Bildschirmpräsentation zu schwarz aus- oder schwarz einblenden: Ein Klick auf dieses Symbol führt zum selben Ergebnis wie die Taste B : Monitor und Projektion werden verdunkelt bzw. wieder angezeigt.

> **TIPP** Wenn Sie die Projektion erst mit dem Beginn Ihres Vortrags starten möchten, dann aber nicht warten wollen, bis der Beamer nach dem Einschalten langsam auf Touren kommt, dann nutzen Sie diese Funktion.

Die Referentenansicht

 *Weitere Bildschirmpräsentationsoptionen*: Ein hartnäckiges Überbleibsel vergangener PowerPoint-Tage und meiner Meinung nach heute genauso überflüssig wie früher.

Unter dieser Werkzeugleiste finden Sie Schaltflächen zum Vor- bzw. Zurückblättern:

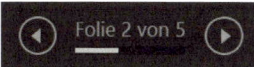

Damit Sie die Referentenansicht einsetzen können, muss der für die Präsentation verwendete Computer mehrere Bildschirme unterstützen. Machen Sie sich an dieser Stelle keine weiteren Gedanken – alle neueren Computer sind dazu in der Lage und nach einem kurzen Test wissen Sie Bescheid.

HINWEIS Die folgende Methode zum Einrichten der Referentenansicht gilt für Notebooks unter Windows 7 und Windows 8.

So geht's:

1. Verkabeln Sie Notebook und Beamer und schalten sie den Beamer ein.
2. Drücken Sie die Tastenkombination ⊞+P und wählen Sie die Variante *Erweitern*.

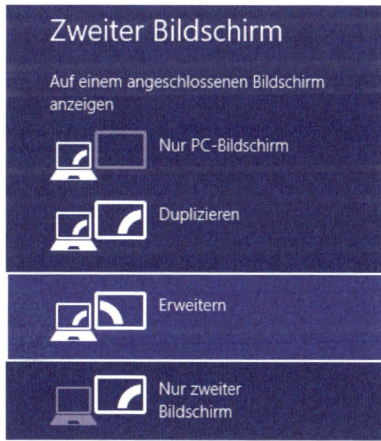

3. In PowerPoint setzen Sie abschließend in der Registerkarte *Bildschirmpräsentation* das Häkchen vor *Referentenansicht*.

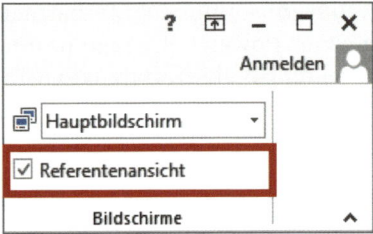

Starten Sie zum Test mit [F5] den Präsentationsmodus. Wenn der Beamer jetzt die Folie und das Notebook die Referentenansicht zeigt, sind Sie startklar für den Vortrag. Wenn es genau umgekehrt ist – der Beamer zeigt die Referentenansicht und das Notebook die Folie – dann hat PowerPoint die beiden Bildschirme miteinander verwechselt. In diesem Fall öffnen Sie in der Befehlsgruppe *Bildschirme* der Registerkarte *Bildschirmpräsentation* die Liste *Anzeigen auf* und wählen den »anderen« Bildschirm: also denjenigen, der im Augenblick *nicht* ausgewählt ist.

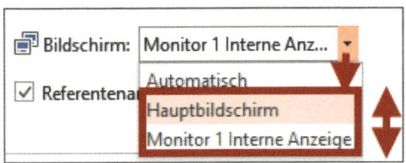

Bildschirmpräsentation mit der Tastatur steuern

Mithilfe dieser Tastaturbefehle steuern Sie die Bildschirmpräsentation.

Nächste Folie	[Bild ↓]
Vorherige Folie	[Bild ↑]
Zur ersten Folie	[Pos1]
Zur letzten Folie	[Ende]
Wechsel zu bestimmter Folie	Foliennummer tippen und [↵] drücken
Schwarzer Bildschirm (ein/aus)	[B]
Weißer Bildschirm (ein/aus)	[W]
Präsentationsmodus beenden	[Esc]
Pause/Wiedergabe für Audio und Video	[Alt]+[P]

Für eine Gesamtübersicht aller Tastenkombinationen drücken Sie im Präsentationsmodus die Taste [F1].

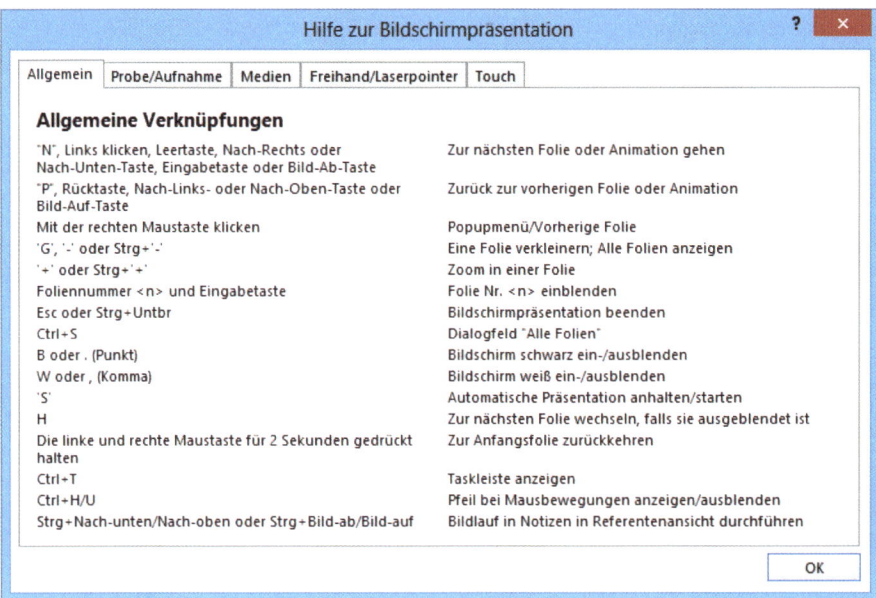

TIPP Die Funktion »Schwarzer Bildschirm« mithilfe der Taste B ist weitgehend unbekannt und deshalb einen Hinweis wert. Wenn Sie beispielsweise noch keine Folie zeigen wollen, solange Sie sich Ihrem Publikum vorstellen oder die einleitenden Worte sprechen, dann machen Sie die Präsentation im Vorfeld schon startklar und drücken dann die Taste B. Sobald die erste Folie erscheinen soll, drücken Sie erneut B und los geht's. Der schwarze Bildschirm ist auch hilfreich für kurze Diskussions- bzw. Frageeinheiten während der Präsentation. Eine hell erleuchtete Leinwand würde die Aufmerksamkeit des Publikums unwillkürlich anziehen, auch wenn die Musik gerade an anderer Stelle spielt.

Notebook und Beamer

Erfahrene Präsentierende können diesen Abschnitt überspringen. Er ist für jene gedacht, denen der Umgang mit der Technik noch ein wenig Kopfzerbrechen macht. Um das Thema »Notebook und Beamer« ranken sich viele Sagen, Mythen und Beschwörungsformeln. Wie meistens ist die Wirklichkeit auch in diesem Fall ernüchternd einfach.

Monitor/Beamer unter Windows 8 anschließen

Achtung, auch wenn die Versuchung groß ist, es nicht zu tun: »*Lesen Sie das Handbuch des Beamers sorgfältig durch.*« Ja, ich weiß, hätte Columbus damals nach dem Weg gefragt, wäre Amerika unentdeckt geblieben. Entscheiden Sie also selbst, ob Sie langsam entdecken oder schnell wissen möchten.

25 Min.	Handbuch durchlesen
10 Min.	Notebook starten, mit Beamer verkabeln, Beamer einschalten
10 Min.	Fernbedienung kennenlernen (Handbuch statt Versuch und Irrtum)
10 Min.	Knöpfe am Beamer kennenlernen (Handbuch statt Versuch und Irrtum)
5 Min.	Folien im Präsentationsmodus durchklicken

Im Zusammenhang mit der Referentenansicht haben Sie auf Seite 111 bereits die Anzeigevariante *Erweitern* kennengelernt. Daneben gibt es noch drei weitere Varianten.

Solange der Computer noch keinen Monitor (Beamer) erkannt hat, erscheint das Bild nur auf dem Bildschirm des Notebooks.

Manchmal haben Sie Glück und es ist Liebe auf den ersten Blick: Notebook und Beamer verstehen sich nach dem Verkabeln auf Anhieb und Sie müssen sich um nichts kümmern. Versagt die stumme Verständigung jedoch, helfen Sie nach. Mithilfe der Tastenkombination [⊞]+[P] öffnen Sie die folgende Auswahlliste und wählen die gewünschte Variante.

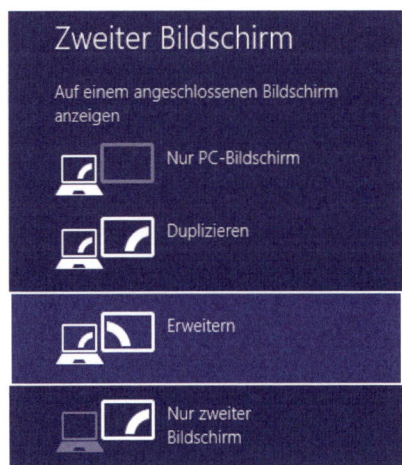

Die Variante *Duplizieren* zeigt auf Notebook und Beamer dasselbe Bild.

Wenn nur der Beamer ein Bild zeigen soll, wählen Sie *Nur zweiter Bildschirm*.

Keine Energie sparen

Netzteil verwenden

Wer bei Präsentationen dem Akku des Notebooks vertraut, sollte konsequenterweise in Zukunft auch auf den Sicherheitsgurt im Auto verzichten. Aber selbst bei Netzbetrieb kann sich das Notebook plötzlich in den Tiefschlaf verabschieden, wenn ihm die Sache zu langweilig wird. Zum Beispiel nach ein paar Minuten Inaktivität aufgrund einer kurzen Frage- oder Diskussionsrunde. Sorgen Sie vor und passen Sie die Energieverwaltung Ihres Notebooks an. Je nach Betriebssystem unterscheiden sich die Handgriffe. Unter Windows 8 gehen sie so vor:

Den Energiesparmodus anpassen

1. Drücken Sie die Tastenkombination ⊞+X, um eine Auswahlliste zu öffnen.
1. Wählen Sie in dieser Auswahlliste den Befehl *Energieoptionen*, um das Dialogfenster *Energiesparoptionen* zu öffnen und wählen Sie *Energiesparplaneinstellungen ändern*.
2. Wählen Sie entweder die gewünschten Zeitspannen oder gehen Sie auf Nummer sicher und stellen für den Netzbetrieb jeweils *Niemals* ein.

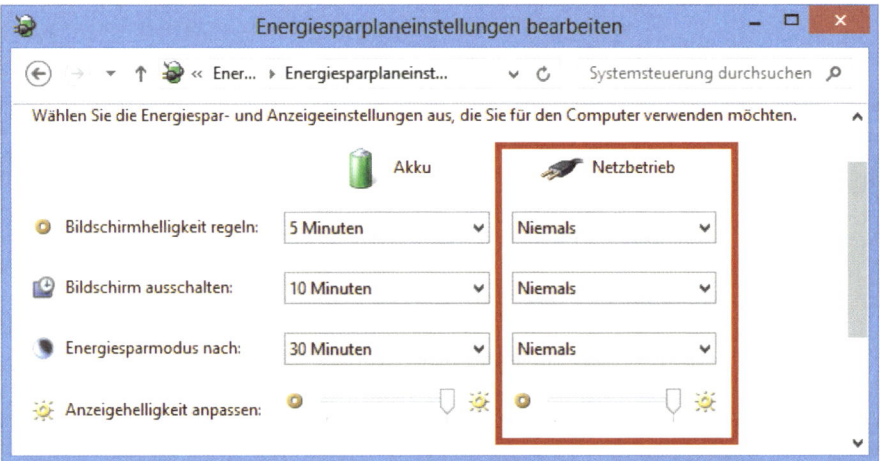

Mute/Black/Schwarz

Fast jede Fernbedienung verfügt über einen Knopf, der ein schwarzes Bild erzeugt. Das ist äußerst praktisch, wenn Sie eine kurze Diskussionsrunde einlegen oder vorübergehend auf Flipchart oder Pinnwand umsteigen. Im Unterschied zur Taste B, die sowohl Beamer als auch den Notebookmonitor verdunkelt, schwärzt die Mute/Black/Schwarz-Funktion nur die Projektion, während Sie auf Ihrem Notebook nach wir vor alles sehen. Eine gute Möglichkeit, inkognito mal eben zwischen Programmen zu wechseln, das Internet auf Funktionsfähigkeit zu testen oder die riesige Pivottabelle zu öffnen. Der erneute Druck auf Mute/Black/Schwarz zieht den schwarzen Vorhang wieder hoch.

Freeze-Funktion

Mithilfe der Freeze-Funktion erstarrt das gerade angezeigte Beamerbild wie Lots Frau nach dem verbotenen Rückblick auf Gomorrha. Unter Ausschluss der Öffentlichkeit können Sie nun Dateien suchen, öffnen oder zu einer anderen Anwendung wechseln. Sobald Sie erneut Freeze drücken, zeigt der Beamer den aktuellen Bildschirminhalt.

Zoom und Fokus

Mit der Zoom-Funktion ändern Sie die Bildgröße. Aus Gewichts- und Platzgründen verzichten viele Beamer auf einen Motor. Dann müssen Sie von Hand an der Linse drehen, was bei Deckenmontage recht unterhaltsam für Ihr Publikum sein kann. Beim Fokus geht es um die Bildschärfe. Wie bei der Zoom-Funktion kann es passieren, dass Sie mangels Motor von Hand scharfstellen müssen. In beiden Fällen ist es ratsam, vor Beginn der Präsentation für ein scharfes Bild in der richtigen Größe sorgen.

Bildjustierung

Beamer verfügen an der Unterseite über ausziehbare Füße, kleinere Exemplare nur über einen einzigen Fuß. Sie müssen also weder Bierdeckel, Notizblöcke oder Bücher unterlegen, um das Bild exakt zu justieren. Allerdings scheint es vielen Herstellern großes Vergnügen zu bereiten, die Füßchen gut zu verstecken. Wenn Sie wieder einmal einen Referenten sehen, der den Beamer mit zunehmender Verzweiflung dreht, auf den Kopf stellt, hier drückt und dort zieht, dann wissen Sie, wonach er sucht.

Keystone-Korrektur

Strahlt der Beamer schräg nach oben an die Leinwand, verzerrt sich das Bild: aus einem Rechteck wird ein Trapez. Die Keystone-Korrektur des Beamers gleicht diese Verzerrung aus.

Projektionsarten

Ein Beamer kann auf einem Tisch stehen oder an der Decke montiert sein. Er kann die Leinwand von vorne oder von hinten anstrahlen. Bei Deckenmontage stehen Beamer und Bild auf dem Kopf. Strahlt er die Leinwand von hinten an (Rückprojektion), ist alles spiegelverkehrt. In Kombination ergibt das vier Projektionsarten:

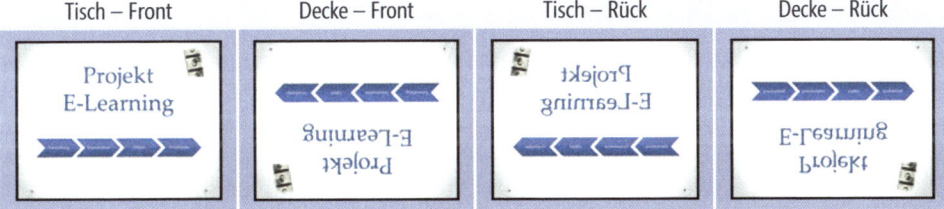

Schlagen Sie im Handbuch des Beamers nach, wie Sie die gewünschte Projektionsart so einstellen, dass das Publikum sieht, was es sehen soll. Besonders lustig wird das Ganze, wenn der Beamer vorher an der Decke montiert war und Sie ihn jetzt im Tisch-Front Betrieb einsetzen wollen. Dann dürfen Sie nämlich durch Menüs navigieren, in denen alles auf dem Kopf steht. Üben Sie schon mal den Kopfstand.

Bildformat

Die meisten Beamer können neben dem klassischen (PowerPoint-)Format 4:3 auch die Breitwandformate 16:9 oder 2:3 darstellen und eignen sich damit hervorragend fürs Heimkino. Wenn der Kollege den Beamer wieder einmal übers Wochenende mit nach Hause nimmt, »um die Präsentation zu testen«, kann es Ihnen am Montag leicht passieren, dass Sie gemeinsam mit Ihrem Publikum ein Erdei statt einer Erdkugel bewundern.

So perfekt das Breitwandformat fürs Heimkino ist, so ungünstig ist es für Ihre Präsentation. Das Handbuch des Beamers sagt Ihnen, wie Sie wieder auf 4:3 umschalten.

Hauptnetzschalter: Power-On/Off

Je nach Gerät müssen Sie bis zu drei Handgriffe tätigen, bis der Beamer die Lampe zündet: Netzkabel einstecken, Hauptnetzschalter einschalten und »Power-On« drücken. Bei vielen Geräten entfällt mangels Hauptnetzschalter der zweite Schritt.

Nachkühlzeit beachten

In den Pioniertagen der Beamerprojektion war es ein heiliger Akt mannhafter Geduld, bis nach dem Drücken von »Power-Off« endlich der Kühlventilator abgeschaltet hatte und man das Gerät mit Samthandschuhen behutsam wieder im gepolsterten Koffer verstauen durfte. Moderne Geräte benötigen nur noch wenig, manchmal überhaupt keine Nachkühlzeit. Richten Sie sich nach der Empfehlung des Handbuchs. Allgemein gilt, dass die Hochdrucklampen des Beamers während der Abkühlphase Erschütterungen nicht mögen. Lassen Sie sich also Zeit mit dem Einpacken des Beamers, wenn Sie die Lebensdauer der teuren Lampen nicht unnötig verkürzen wollen.

Erneute Zündung der Lampen

Hochdrucklampen müssen im Normalfall erst ein wenig abkühlen, bis sie wieder gezündet werden können. Üblicherweise zeigt der Beamer diese Zwangspause mit einem blinkenden Lämpchen an, was gerne mit der Anzeige für einen Lampendefekt verwechselt wird. Bleiben Sie also ruhig und gelassen, wenn sich der versehentlich abgeschaltete Beamer nicht sofort wieder anschalten lässt.

Es gibt auch Geräte mit sofortiger Wiederzündung. Hier wird die Lampe durch einen brachialen Stromstoß jäh aus ihrem Schlummer gerissen. Diese bequeme Funktion sollten Sie nur im Notfall einsetzen, da sie auf Kosten der Lebensdauer der Lampe geht. Und falls die Lampe wegen fortgeschrittenen Alters schon etwas schwach auf der Brust ist, kann ihr eine Zwangszündung das Lebenslicht ganz ausblasen.

Lautsprecher

Beamer verfügen im Normalfall über eingebaute Lautsprecher mit der imponierenden Leistung von 0,5 bis 2 Watt und der Qualität eines Mittelwellenradios der Nachkriegszeit. Glücklicherweise haben die meisten Geräte aber auch Ausgänge für Audiosignale. Wenn Sie in Ihrer Präsentation Audio und/oder Video einsetzen, schließen Sie am besten Aktivboxen oder die Soundanlage des Vorführsaals an den Rechner an. Auch hier gilt: Machen Sie sich rechtzeitig mit der entsprechenden Technik vertraut.

Fernbedienung

Praktisch ist die Fernbedienung des Beamers in jedem Fall. Unentbehrlich wird sie bei Decken- oder Rückprojektion, wo sich das Gerät außerhalb Ihrer Reichweite befindet. Vorsicht: Fernbedienungen sind batteriebetrieben! Vertrauen Sie auf Murphy´s Laws[3]. Die Batterie wird sich mit der für ihre Gattung typischen Heimtücke den idealen Zeitpunkt heraussuchen, um Ihnen einen lustigen Streich zu spielen. Seien Sie gewappnet: Ersatzbatterien gehören zwingend in den Erste-Hilfe-Koffer des PC-Präsentierenden. Die Batterieproblematik ist auch der Grund, warum man viele Fernbedienungen einschalten muss, bevor man Sie verwenden kann.

Auch PowerPoint, genauer gesagt die Bildschirmpräsentation, können Sie mit Hilfe einer speziellen Fernbedienung steuern und sind auf diese Weise nicht mehr an Maus oder Tastatur gekettet. Wenn Sie im Internet nach »Presenter« suchen, stoßen Sie auf ein gewaltiges Angebot. Meiner Meinung nach ein Muss für jeden, der viel präsentiert.

Notfallstrategien

Manche Probleme lassen sich lösen, andere nicht. Die einen rechtzeitig, die anderen nicht. Manchmal reicht das eigene Wissen aus, manchmal braucht man Helfer. Probleme, die *jetzt* lösbar sind, gefährden die Präsentation nicht. Ansonsten legen Sie eine kurze Kaffeepause ein, in der Sie das Problem entweder selbst lösen oder den Haustechniker antanzen lassen.

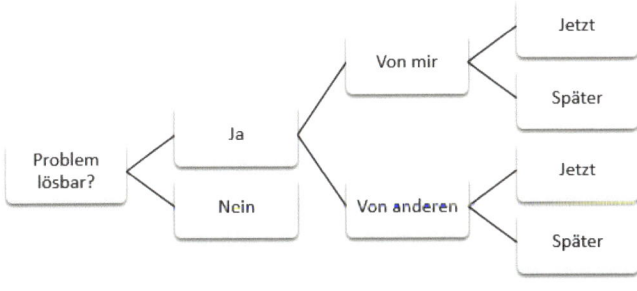

---

3   www.murphys-laws.com

Vorbeugen

Abgesehen von Naturkatastrophen, Feuer oder Tumulten im Publikum ist ein totaler Stromausfall das Schreckgespenst des Präsentierenden. Was tun, wenn das Licht ausgeht? Plan B ist das gute alte Papier: Sie greifen einfach auf das Handout zurück, das Sie sowieso immer dabei haben, richtig? Für die durchgebrannte Lampe oder den Stromausfall können Sie nichts, aber einen fehlenden Plan B könnte man Ihnen ankreiden. Meiner Erfahrung nach sind die Teilnehmer beeindruckt, wenn der Referent für derartige Notfälle gerüstet ist, Handouts aus der Aktentasche zieht und den Vortrag in aller Seelenruhe zu Ende bringt. Da nimmt es Ihnen keiner krumm, wenn es keine Hochglanzprospekte sind.

Checkliste »Beamerprobleme«

Zum Abschluss dieses Kapitels noch eine kleine Checkliste mit typischen Problemen und deren Ursachen.

Problem	Häufige Ursachen
Beamer zeigt kein Bild	Verkabelung nicht korrekt
	Deckel ist noch auf der Linse
	Beamer vom Notebook noch nicht erkannt
	Bildschirmauflösung des Notebooks zu hoch
Bild abgeschnitten	Bildschirmauflösung des Notebooks zu hoch
Bild gedehnt oder gestaucht	16:9 statt 4:3 eingestellt (oder umgekehrt)
	Bildschirmauflösung des Notebooks zu hoch
Bild unscharf	Fokus nicht korrekt
	Beamer muss (zu) hohe Bildschirmauflösung des Notebooks kompensieren (emulieren)
Bild zu groß/zu klein	Zoom nicht korrekt eingestellt
Bild steht auf dem Kopf	Deckenprojektion eingeschaltet
Bild ist spiegelverkehrt	Rückprojektion eingeschaltet
Beamer schaltet ab	Sicherheitsabschaltung wegen Überhitzung. Kontrollieren Sie, ob Lüfteröffnungen blockiert sind. (Beamer mit Lüfteröffnungen an der Unterseite nie auf weiche Unterlagen stellen, da sie einsinken und die Luftzufuhr erschweren.)
Fernbedienung funktioniert nicht	Batterie leer
	Fernbedienung nicht eingeschaltet
	Hindernis zwischen (Infrarot-)Fernbedienung und Beamer
	(Infrarot-)Fernbedienung nicht auf Beamer gerichtet
	Direktes Sonnenlicht fällt auf Empfänger am Beamer
Lampe durchgebrannt	Hier hilft nur ein Ersatzbeamer oder eine 15 bis 20-minütige Pause zum Lampenwechsel

7 Organisatorische Rahmenbedingungen

Sitzordnung	124
Akustik	125
Belüftung	125
Licht/Verdunkelung	125
Garderobe, Toiletten, Rauchen	126
Strom	126
Material	126

Sitzordnung

Wenn Sie eine Frage- oder Diskussionsrunde einplanen, ist die kommunikative U-Form ratsam. Parlamentarische Bestuhlung oder Kinobestuhlung ist nur dann sinnvoll, wenn die Teilnehmer in erster Linie Fragen an Sie richten und eine Diskussion untereinander nicht geplant ist. Die parlamentarische Bestuhlung ist der Kinobestuhlung vorzuziehen, weil die Teilnehmer Gläser, Notizblöcke und Handouts auf Tischen statt Knien deponieren können. Auch das Mitschreiben fällt leichter.

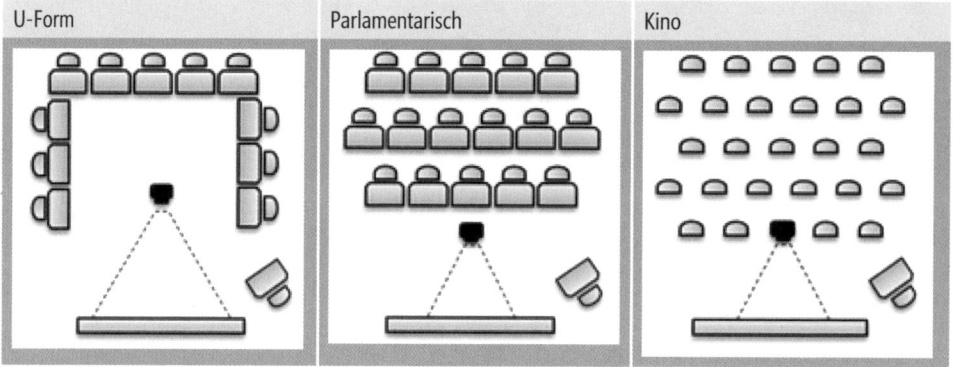

Wohin mit dem Beamer?

Die Projektionsart Tisch-Front und die Sitzordnungen Kino oder Parlamentarisch können zu Problemen führen. In vielen Tagungshotels hat sich immer noch nicht herumgesprochen, dass Beamer einen größeren Abstand zur Leinwand benötigen als Overheadprojektoren. Meistens steht das Tischchen für den Beamer unmittelbar neben dem Rednerpult und damit viel zu nahe an der Leinwand.

»*Den Beamer weiter weg stellen*«, sagen Sie? Kein Problem für die U-Form, aber bei parlamentarischer oder Kinobestuhlung wird die Sache schnell knifflig, wenn bis knapp vor die Leinwand bestuhlt wurde und der Beamer auf dem Tisch oder dem Schoß eines Teilnehmers landet. Kaum haben Sie dieses Problem gelöst und den Beamer im richtigen Abstand zur Leinwand positioniert, reicht das 1,5 Meter lange Kabel der Standardausstattung nicht mehr vom Notebook bis zum Beamer. Lange Kabel (6–9 Meter) gehören ebenfalls in den Erste-Hilfe-Koffer eines PC-Präsentierenden.

Bei bis zu zwanzig Personen sollte der Beamer erfahrungsgemäß etwa drei Meter von der Projektionsfläche entfernt sein. Bei Räumen ab 70 Quadratmeter sogar fünf bis sieben Meter.

Akustik

Wie hoch ist der Lärmpegel bei geöffneten Fenstern? Gibt es Probleme mit Hall? Gerade bei neueren Gebäuden oder in besonders repräsentativen Vortragsräumen findet man häufig sehr hohe Wände, an denen wenig befestigt ist. Kathedralen sind »hip«, hallen aber. Dagegen kann man nur mit Dämmelementen angehen, die eindeutig nicht zur Bordausstattung eines Präsentierenden zählen. Als Provisorium hilft alles, was Schall absorbiert und streut: Tücher an den Wänden, Pinnwände, ein Teppich auf dem Parkettboden. Während der Präsentation wird der unerwünschte Halleffekt übrigens abgemildert. Teilnehmer als Schalldämpfer – wer hätte das gedacht.

Belüftung

Sauerstoffmangel macht müde. Lüften Sie vor Beginn der Präsentation und in jeder Pause. Soso, und wie werden die Fenster geöffnet? Lassen sie sich auch öffnen, wenn die Vorhänge zu oder die Rollos unten sind? Eine Klimaanlage ist zwar eine schöne Sache, aber denken Sie an Mr. Murphy und seine Gesetze. Es wird sich garantiert der kälteempfindlichste Teilnehmer mit traumwandlerischer Sicherheit exakt unters Gebläse setzen und dann sofort Zeter und Mordio rufen. Oder das Publikum besteht ausschließlich aus Kontaktlinsenträgern, für welche die trockene Luft der Klimaanlage schnell zum Problem wird. Und so manche Klimaanlage entpuppt sich als lärmende und störende Klapperkiste.

Licht/Verdunkelung

Die Grundregel lautet: »So hell wie möglich, so dunkel wie nötig«. Dämmerlicht schläfert ein. Außerdem können Sie Ihr Publikum schwerer erkennen und Ihr Publikum Sie. Der Blickkontakt leidet, das Mitschreiben wird schwierig für die Teilnehmer und Sie können unter Umständen Ihre eigenen Sprechernotizen nicht mehr entziffern.

Moderne Präsentationsräume verfügen über eine ausgefeilte Beleuchtung. Sie können Unmengen von Strahlern, Leuchten, Lampen ein- und ausschalten, dimmen, fixieren. Machen Sie sich rechtzeitig vertraut mit der Lichtsteuerung. Berücksichtigen Sie die Lichtverhältnisse zum Zeitpunkt der Präsentation, sofern Sie den Licht-Check zu einem anderen Zeitpunkt vornehmen. Für Vorrichtungen zur Verdunkelung gilt dasselbe. Erkundigen Sie sich, ob vielleicht eine Automatik in Betrieb ist. Wenn ja, sorgen Sie dafür, dass sie für die Dauer der Präsentation nach Möglichkeit abgeschaltet wird.

Nicht jede Erleuchtung ist wünschenswert. Mir ist es einmal passiert, dass während der Begrüßung des Publikums die Rollos mit lautem Rumpeln hochgefahren sind und die Nachmittagssonne das an die Leinwand projizierte Bild bis zur Unkenntlichkeit verblassen ließ. Es war gerade 17.00 Uhr und die Zeitschaltautomatik hatte sämtliche Rollos im gesamten Gebäude in Feierabendstellung gebracht. Nicht nur die Projektion wurde dabei deutlich blasser.

Garderobe, Toiletten, Rauchen

Eine Garderobe ist wichtig, Stühle eignen sich nicht zu diesem Zweck. Sie sollten wissen, wo die Garderobe ist, bevor die ersten Teilnehmer den Mantel ablegen möchten. Wo sind die nächstgelegenen Toiletten und wo ist Rauchen erlaubt? Erkundigen Sie sich im Vorfeld, denn im Ernstfall ist der Hausmeister bestimmt gerade wieder unterwegs.

Strom

Informieren Sie sich rechtzeitig, wo die Steckdosen sind und testen Sie, ob sie auch unter Strom stehen. Sie werden staunen, wie viele »tote« Dosen in modernen Räumen zu finden sind und gemäß Murphy's Laws haben Sie exakt an diesem Tag das Verlängerungskabel für die einzig aktive und am diametral entgegengesetzten Ende des Raums befindliche Steckdose nicht dabei und der Haustechniker wollte seit zwanzig Minuten eigentlich in zwei Minuten da sein.

Ein Klebeband (breites Textilband) gehört zur Grundausstattung, um Kabel aller Art am Boden zu befestigen. Packen Sie auch gleich eine 6-fach Steckdosenleiste ein. Falls Sie eine Kabeltrommel verwenden, wickeln Sie den ungenutzten Kabelanteil von der Trommel und legen ihn an einer unproblematischen Stelle am Boden aus. Im aufgewickelten Zustand erwärmt sich die Kabelrolle. Außerdem haben viele Kabeltrommeln Überlastsicherungen und beim Einschalten größerer Geräte wird es dann plötzlich dunkel.

Material

Wenn Sie mit Equipment unterwegs sind, sollten Sie wissen, ob in unmittelbarer Nähe – am besten im Präsentationsraum selbst – eine Abstellmöglichkeit für Transportkisten, Beamerkoffer, Schachteln und Kartons vorhanden ist. Eine Müllhalde neben dem Rednerpult wirkt unprofessionell. Es sei denn, sie sprechen vor männlichen Technikern oder Konstrukteuren. Da ist alles genau umgekehrt. Hier punkten Sie nur, wenn Sie ein undurchdringliches Kabeldickicht verlegen und jede Menge Zubehör, Apparate mit blinkenden Lampen und lauten Gebläsen turmhoch um Ihr Rednerpult aufbauen.

Multimedia meint nicht nur Sound und Video, sondern auch mehrere Präsentationsmedien: Flipchart, Pinnwand, Whiteboard, Stifte, Wischer, Spitzer, Moderationsmaterial. Reichen die Flipchartbögen aus? Sind alle Blätter und nicht nur das erste Blatt unbeschrieben? Ist die Rückseite noch frei? Welche Spannvorrichtung hat das Flipchart? Sind ausreichend Moderationsmaterialien für die Pinnwand vorhanden? Ist der Fettfilm auf dem Whiteboard noch in Ordnung oder verschmiert die Tafel beim Abwischen? Liegen die Permanent Marker beim Flipchart und die Board Marker beim Whiteboard?

Wenn Sie trotzdem einmal mit dem Permanent Marker auf das Whiteboard schreiben, versuchen Sie es mit folgendem Trick: Malen Sie mit einem Board Marker dasselbe noch einmal nach. Dann können Sie den Text wegwischen; das Fett im Board Marker macht's möglich. Lösungsmittel dagegen schädigen den Fettfilm. Im Extremfall müssen Sie zur Tafelbutter greifen, die hier eine völlig neue Bedeutung erhält, wie ich aus eigener Erfahrung berichten kann.

Im Idealfall steht Ihnen ein gut bestückter Moderationskoffer zur Verfügung. Leider unterliegen die Inhalte dieser Koffer einem mysteriösen Schwund und nach Murphy wird genau das fehlen, was Sie jetzt gerade brauchen. Einen Minimalvorrat an Karten, Pins und Stiften sollten Sie daher selbst immer dabei haben.

So, jetzt wissen Sie alles, was Sie im Zusammenhang mit organisatorischen Rahmenbedingungen wissen müssen. Was soll jetzt noch schief gehen? Nichts!

Teil B

Effizient mit PowerPoint arbeiten

Tipps und Tricks

Allgemeine Tipps	132
Die richtige Strategie	162
Bilder und Grafiken	170
Tabellen	190

Im Teil B dieses Buchs geht es ausschließlich um PowerPoint 2013. In diesem und den folgenden Kapiteln lernen Sie, wie Sie Ihr Arbeitstempo bei weniger Energieverbrauch dennoch vervielfachen und wie Sie mit der richtigen Strategie Zeit und Nerven sparen. Anschließend erfahren Sie detailliert, aber in kompakter Form, das Wichtigste zur Arbeit mit Bildern, Tabellen, Diagrammen, Animationen, Hyperlinks sowie Audio- und Videodateien. Zum Schluss werfen Sie im Zusammenhang mit dem Folienmaster einen Blick unter die Motorhaube von PowerPoint.

»Video-Tipps« als Online-Bonusmaterial

Am besten schalten Sie jetzt Ihr Notebook oder Ihren PC ein und probieren sofort alles aus, was Sie noch nicht kennen. Handgriffe lassen sich oft leichter zeigen als beschreiben. Aus diesem Grund haben wir ausgewählte Tipps & Tricks online für Sie vorbereitet: www.microsoft...

Allgemeine Tipps

In diesem Kapitel wird immer wieder von Objekten und Formen die Rede sein. Mit *Objekt* meine ich alles, was Sie anklicken können. Die *Formen* zählen zur grafischen Bordausrüstung von PowerPoint 2013 und stecken in der folgenden Auswahlliste:

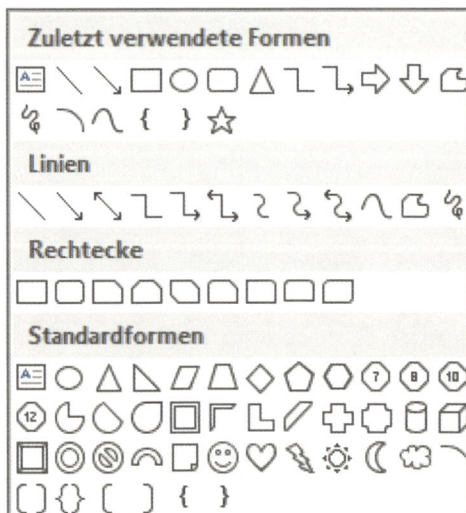

Die Abbildung zeigt nur einen Teil der verfügbaren Formen. Das Gesamtangebot umfasst *Linien*, *Rechtecke*, *Standardformen*, *Blockpfeile*, *Formelformen*, *Fluss-diagramm*-Symbole, *Sterne und Banner*, *Legenden* und *Interaktive Schaltflächen*.

Folienformat 16:9 oder 4:3?

Das Breitbildformat hat sich durchgesetzt: 16:9 ist in PowerPoint 2013 nun das Standardseitenverhältnis für neue Präsentationen. Was bedeutet das für Ihre »alten« Präsentationen im 4:3-Format? Gar nichts! PowerPoint öffnet jede Präsentation ohne Murren in dem Format, in dem diese Präsentation gespeichert ist.

Wie gehen Sie aber vor, wenn Sie eine 4:3-Präsentation auf das 16:9-Format umstellen möchten? Mein Tipp: Solange es keinen wirklich guten Grund dafür gibt, sollten Sie davon Abstand nehmen. Sollten Sie jedoch einen guten Grund haben, dann wählen Sie auf der Registerkarte *ENTWURF* den Befehl *Foliengröße/ Standard (4:3)*.

Die gute Nachricht: Trotz Verbreiterung der Folien werden die Elemente auf den Folien durch die Formatänderung nicht gedehnt. Sie kleben auch nicht am linken oder rechten Rand, sondern werden mittig eingepasst. Womit ich zur schlechten Nachricht komme: Elemente, die sich auf dem Folienmaster befinden, werden nicht so schonend behandelt. Die folgende Abbildung zeigt den Vorher-Nachher-Effekt: Masterobjekte werden gedehnt (bzw. gestaucht) und bislang sauber aufeinander abgestimmte Positionen von Master- und Folienobjekten (Logo und darunter befindlicher grüner Textkasten) passen nach der Umwandlung nicht mehr. Dagegen ist kein Kraut gewachsen und Sie müssen von Hand nacharbeiten.

Rückgängig zu machende Aktionen von 20 auf 150 erhöhen

Rückgängig ist einer der wichtigsten Befehle, aber per Voreinstellung aus unerfindlichen Gründen auf 20 Aktionen begrenzt. Erhöhen Sie am besten jetzt gleich auf das erlaubte Maximum von 150 Aktionen. Wählen Sie dazu den Befehl *DATEI/Optionen/Erweitert* und überschreiben Sie die Voreinstellung.

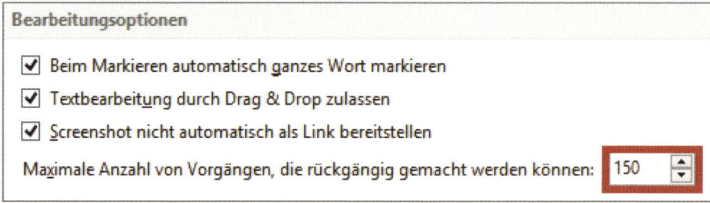

Sieben auf einen Streich

Das Motto des tapferen Schneiderleins gilt auch für die Arbeit mit PowerPoint. Nehmen wir beispielsweise an, eine Folie enthält sieben Bilder, die Sie mithilfe der Form *Abgerundetes Rechteck* in mühevoller Kleinarbeit beschriftet haben. Kaum sind Sie am Ziel, ...

- fällt Ihnen auf, dass Sie ein Foto vergessen haben, das links noch auf die Folie soll. *Alle* Beschriftungen samt den Fotos müssen also um je zwei Zentimeter nach rechts wandern.
- stellen Sie fest, dass die letzte von sieben Formen zu klein für den Text ist. Sie müssen sie also vergrößern, wollen aber, dass *alle* Formen dieselbe Größe haben.
- gefällt Ihnen das Format der Beschriftungen nicht mehr. Dazu zählen die Textattribute (Schriftart, -größe, -farbe, -stil), Linienfarbe, Linienart und optische Effekte. Sie hätten lieber eine andere Füllfarbe mit Farbverlauf, eine etwas kleinere Schriftart, einen etwas stärkeren, dafür aber gestrichelten Rahmen sowie einen Schatteneffekt – natürlich für *alle* Beschriftungen.
- finden Sie die Form doch nicht mehr so schön wie zu Beginn. Eine Ellipse wäre vermutlich passender, oder soll es doch lieber ein Achteck sein? Natürlich möchten Sie *alle* Formen auf *einen Streich* durch die neue Form ersetzen.

Zeit sparen

Objekte einzeln zu bearbeiten, wäre in etwa so, als würden Sie im Supermarkt einen Kasten Mineralwasser kaufen und anschließend jede Flasche einzeln zu Fuß von der Tiefgarage in den fünften Stock tragen. Alle oben genannten Aktionen können Sie jeweils in einem einzigen Arbeitsgang erledigen, wenn Sie die Objekte zuvor markieren! Prüfen Sie vor dem ersten Klick *immer*, ob sich nicht mehrere Objekte zusammenfassen (markieren) und auf einen Streich bearbeiten lassen. Wenn Sie diesen Grundsatz konsequent beherzigen, werden Sie das Gefühl haben, als hätten Sie den Turbo eingeschaltet.

Tipps zum Markieren

Bevor Sie mehrere Objekte in einem einzigen Arbeitsgang bearbeiten können, müssen Sie diese markieren. Je nach Ziel wählen Sie den jeweils kürzesten Weg.

Ziel	Weg
Ein Objekt mit Füllbereich markieren	Klicken Sie in das Objekt
Ein Objekt ohne Füllbereich markieren	Klicken Sie auf den Rand des Objekts
Eine bestehende Markierung für ein oder mehrere Objekte entfernen	Klicken Sie neben das Objekt oder drücken Sie `Esc`
Mehrere Objekte sind markiert, aber Sie möchten für eines davon die Markierung wieder aufheben	`⇧`+Klick auf das Objekt (wirkt als Ein/Aus-Schalter für eine Markierung)

Ziel	Weg
Alle Objekte auf einer Folie markieren	Klicken Sie neben die Folie und drücken Sie `Strg`+`A`
Objekte stehen nebeneinander	Ziehen Sie mit gedrückt gehaltener linker Maustaste einen Rahmen um die zu markierenden Objekte. Achten Sie darauf, dass der Rahmen die Objekte vollständig umschließt. Ragt auch nur ein winziges Stückchen einer Form über den Rahmen hinaus, wird das betreffende Objekt nicht markiert.
Objekte stehen *nicht* nebeneinander	Klicken Sie das erste Objekt an. Alle weiteren Objekte klicken Sie mit gedrückter `⇧`-Taste an.

Tabelle 8.1 Mithilfe dieser Tipps markieren Sie Text und Objekte im Handumdrehen

Flexible und unflexible Textfelder

Mit Textfeldern erzeugen Sie frei positionierbare Textobjekte.

Textfelder sind vielfältig einsetzbar. Besonders gut eignen sie sich in Kombination mit Linien als Bildbeschriftung. Von Textfeldern existieren zwei Varianten: flexibel und unflexibel. Ein flexibles Textfeld wächst und schrumpft zusammen mit seinem Inhalt. Unflexible Textfelder sind zwar in der Höhe variabel, aber ihre feste Breite führt immer wieder zu unästhetischen Textumbrüchen:

So erstellen Sie ein flexibles Textfeld:

1. Klicken Sie das Symbol *Textfeld* in der Formenliste an und lassen Sie die linke Maustaste wieder los.

Allgemeine Tipps

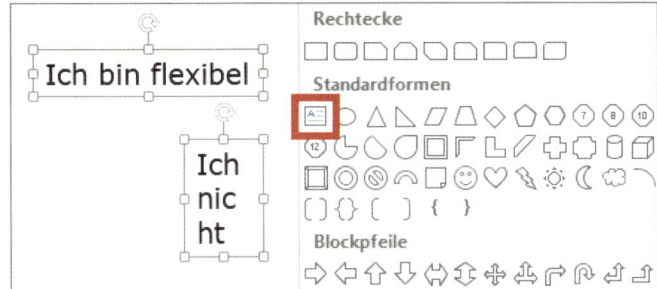

2. Zeigen Sie mit der Maus auf die Folie und klicken Sie erneut. Es erscheint ein leeres Textfeld mit blinkender Einfügemarke. Tippen Sie den Text ein.

So erstellen Sie ein unflexibles Textfeld:

1. Klicken Sie das Symbol *Textfeld* in der Formenliste an und lassen Sie die linke Maustaste wieder los.
2. Ziehen Sie mit gedrückt gehaltener linker Maustaste, als würden Sie ein Rechteck zeichnen. Nur die Breite ist entscheidend! Die Höhe passt PowerPoint automatisch an die Schriftgröße an.
3. Tippen Sie den Inhalt. Sobald die aktuelle Textzeile den rechten Rand des Textfelds erreicht, bricht PowerPoint die Zeile um.

So verwandeln Sie ein unflexibles in ein flexibles Textfeld:

1. Klicken Sie das Textfeld mit der rechten Maustaste an und wählen Sie im Kontextmenü den Befehl *Form formatieren*.

137

2. Im Aufgabenbereich *Form formatieren* wählen Sie *TEXTOPTIONEN/Textfeld*.

3. Deaktivieren Sie das Kontrollkästchen *Text in Form umbrechen*. Achten Sie darauf, dass die Option *Größe der Form dem Text anpassen* aktiviert ist. Falls nicht, holen Sie das nach.

Objektmodus: Formatieren ohne Markieren

Sparen Sie Zeit und nutzen Sie den Objektmodus. In diesem Modus betrachtet PowerPoint den kompletten Inhalt eines Objekts als »markiert«. Ein Klick, und alles ist formatiert. So geht's:

1. Tippen Sie Text in einen Titel- oder Aufzählungsplatzhalter, ein Textfeld oder eine Form (oder klicken Sie in ein vorhandenes Objekt). PowerPoint befindet sich nun im Textmodus, was Sie an der blinkenden Einfügemarke erkennen.

2. Drücken Sie [Esc], um in den Objektmodus zu wechseln: Die Einfügemarke ist verschwunden, der Rahmen geblieben.

3. Formatieren Sie.

Mehrere Formen hintereinander zeichnen

Per Voreinstellung können Sie nach dem Klick auf die jeweilige Form immer nur *ein* Rechteck, *eine* Ellipse, *eine* Linie, kurz: *eine* Form zeichnen. Für jede weitere Form müssen Sie erneut das *Form*-Symbol anklicken. So geht's schneller:

1. Klicken Sie in der Liste mit der Formenauswahl die gewünschte Form mit der rechten Maustaste an und wählen Sie im Kontextmenü den Befehl *Zeichenmodus sperren*.

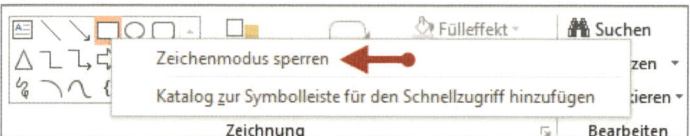

2. Zeichnen Sie die Formen der Reihe nach in einem einzigen Arbeitsgang.

3. Um den Zeichenmodus wieder zu entsperren, drücken Sie [Esc].

Eine Form in eine andere Form umwandeln

Was tun, wenn das Kind bereits in den Brunnen gefallen ist? Statt der bereits verwendeten Form hätten Sie nun doch lieber eine andere Form, aber jetzt noch einmal ganz von vorne beginnen? Nicht nötig. So wandeln Sie Formen nachträglich um:

1. Markieren Sie die Form(en).
2. Doppelklicken Sie auf eine Form, um im Menüband die Registerkarte *ZEICHENTOOLS/FORMAT* einzublenden.
3. Klicken Sie in der Gruppe *Formen einfügen* auf das Symbol *Form bearbeiten*, zeigen Sie auf *Form ändern* und wählen Sie die gewünschte Form aus.

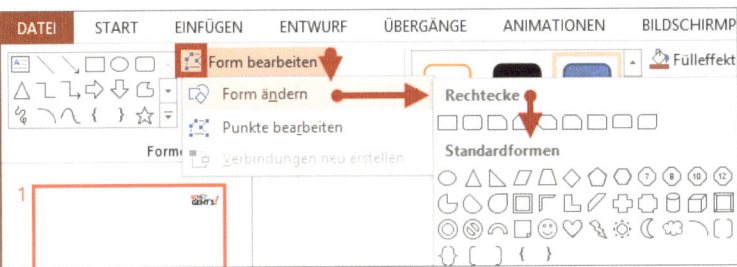

Textumbruch in Formen

Mit Ausnahme von flexiblen Textfeldern ist Textumbruch in Formen der Normalfall. Aber was ist heutzutage schon normal?

So sorgen Sie für einen Textumbruch:

1. Klicken Sie die Form mit der rechten Maustaste an und wählen Sie im Kontextmenü den Befehl *Form formatieren*.
2. Im Aufgabenbereich *Form formatieren* wählen Sie TEXTOPTIONEN/*Textfeld*.
3. Aktivieren Sie das Kontrollkästchen *Text in Form umbrechen*.

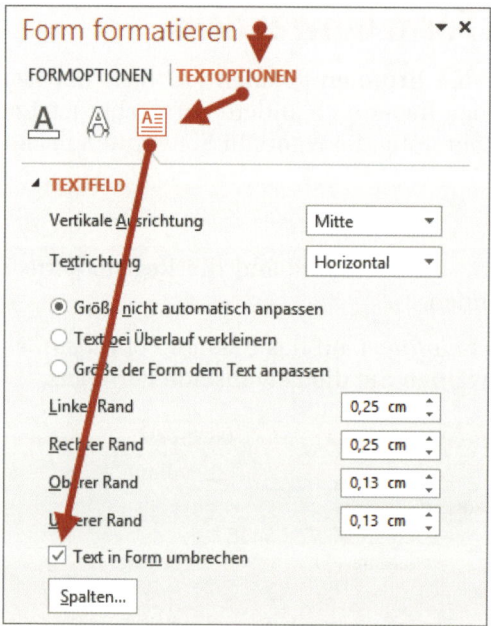

Die Form an den Inhalt anpassen

Formen sind exakt so groß, wie Sie diese zeichnen bzw. skalieren.

So schneiden Sie die Form auf den Inhalt zu:

1. Markieren Sie die Form(en).

2. Klicken Sie die Form (bzw. eine der markierten Formen) mit der rechten Maustaste an und wählen Sie im Kontextmenü den Befehl *Form formatieren* (bzw. *Objekt formatieren*, wenn mehrere Formen markiert sind).

3. Im Aufgabenbereich *Form formatieren* wählen Sie TEXTOPTIONEN/*Textfeld*.

4. Wählen Sie die Option *Größe der Form dem Text anpassen* und deaktivieren Sie gegebenenfalls das Kontrollkästchen *Text in Form umbrechen*.

Exaktes Positionieren mit der Tastatur

Kennen Sie das Phänomen? Sie verschieben ein Objekt mithilfe der Pfeiltasten immer näher ans gewünschte Ziel, aber der letzte Millimeter will und will nicht klappen. Was Sie auch tun, das Objekt springt immer ein kleines Stückchen zu weit in diese oder jene Richtung.

Das Raster einblenden

Objekte bewegen sich entlang eines Rasters, genauer gesagt sie springen von Rasterpunkt zu Rasterpunkt. Per Voreinstellung ist das Raster ausgeblendet. Um es ein- bzw. wieder auszublenden, aktivieren Sie auf der Registerkarte *ANSICHT* das Kontrollkästchen vor *Gitternetzlinien*.

Um die Rastersprünge zu minimieren, halten Sie beim Verschieben mithilfe der Pfeiltasten die [Strg]-Taste gedrückt. Jetzt lassen sich Objekte exakt positionieren.

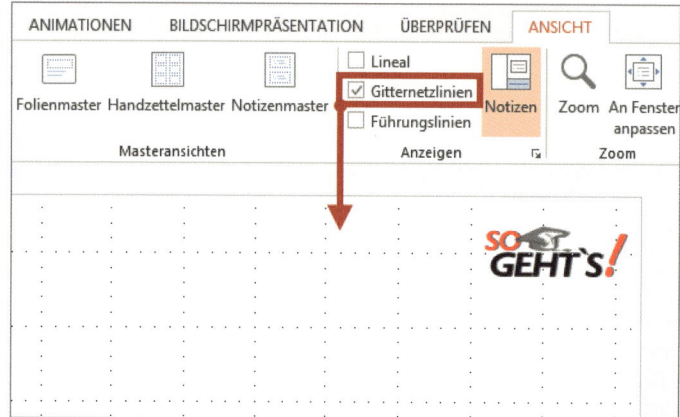

Die optische Anzeige des Rasters ist das eine, ob das Raster wirksam ist, das andere. Das bedeutet, auch bei einem ausgeblendeten Raster kann dieses aktiv sein, die Objekte rasten also an diesem ein. Sollten Sie beim Verschieben auch ohne [Strg]-Taste keine Rasterfunktion feststellen, ist diese ausgeschaltet. Um das Raster zu aktivieren oder deaktivieren, rufen Sie auf der Registerkarte *ANSICHT* das Startprogramm für das Dialogfeld in der Gruppe *Anzeigen* auf, klicken also auf das kleine Pfeilsymbol rechts neben dem Text *Anzeigen*. Daraufhin schalten Sie das Kontrollkästchen *Objekte am Raster ausrichten* ein oder aus.

Exaktes Positionieren mit der Maus

Unordnung lässt sich erfahrungsgemäß leichter erzeugen als beseitigen.

Nehmen wir an, Sie möchten die verrutschten Rechtecke mithilfe der Maus anordnen. Im Normalfall produziert das viel Adrenalin und wenig Ordnung. Das ändert sich schlagartig, sobald Sie den »PowerPoint-Magneten« nutzen. Objekte docken nämlich exakt an anderen Objekten an. Papier ist zwar geduldig, aber diese Technik ist in Worten nur schwer zu beschreiben. Probieren Sie es am besten parallel gleich aus – dann ist auf Anhieb alles klar.

Erzeugen Sie zwei vertikal leicht versetzte Rechtecke und ziehen Sie anschließend eines der beiden vorsichtig auf die Höhe des anderen. Auf einmal rastet das Objekt ein und es erscheinen gestrichelte Linien, die offiziell *intelligente Führungslinien* heißen. Die Objekte sind nun vertikal exakt ausgerichtet.

Allgemeine Tipps

Um die intelligenten Führungslinien zu aktivieren oder zu deaktivieren, rufen Sie auf der Registerkarte *ANSICHT* das Startprogramm für das Dialogfeld in der Gruppe *Anzeigen* auf, klicken also auf das kleine Pfeilsymbol rechts neben dem Text *Anzeigen*. Daraufhin schalten Sie das Kontrollkästchen *Beim Ausrichten von Formen intelligente Führungslinien anzeigen* ein oder aus.

Formen proportional vergrößern und verkleinern

Skalieren bedeutet Verkleinern oder Vergrößern. Jedes Objekt hat einen Fixpunkt: entweder eine der vier Ecken oder das Zentrum des Objekts. Dieser Punkt heißt deshalb Fixpunkt, weil er beim Skalieren seine Position (fix) beibehält.

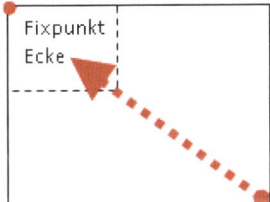 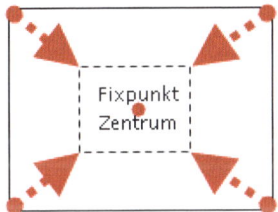

Grafiken werden per Voreinstellung automatisch proportional skaliert, wenn Sie einen der *Eck*-Ziehpunkte verwenden. Bei Formen ist das anders. Je nach Bewegung des Mauszeigers wird die Form beim Skalieren gedehnt oder gestaucht, also das Verhältnis von Länge und Breite verändert.

Ziel	Weg
Fixpunkt Ecke	⇧+Ziehen
Fixpunkt Objektmitte	Strg+⇧+Ziehen

Tabelle 8.2 So skalieren Sie auch Formen proportional

Kreis, Quadrat und gerade Linie zeichnen

Kreise, Quadrate und exakte vertikale und horizontale Linien erzeugen Sie, wenn Sie eine Ellipse, ein Rechteck oder eine Linie mit gedrückt gehaltener ⇧-Taste zeichnen. Solange Sie bei Linien nicht allzu weit von der vertikalen bzw. horizontalen Ideallinie abweichen, bleibt die Linie gerade.

143

Vordergrund und Hintergrund: Objekte stapeln

PowerPoint ordnet Objekte »geologisch« an: Unten befindet sich das älteste, oben das jüngste Objekt. Ein Stapel wird für das menschliche Auge aber erst sichtbar, sobald sich Objekte überlappen.

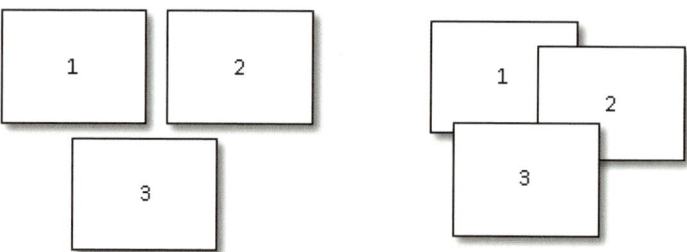

So ändern Sie die Position eines Objekts innerhalb des Stapels:

1. Klicken Sie auf das Objekt.
2. Wählen Sie *START/Zeichnung/Anordnen* und klicken Sie auf den gewünschten Befehl.

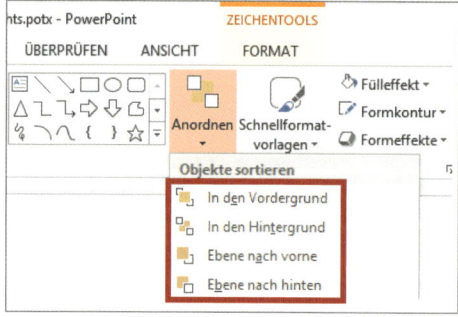

> **TIPP** Erfahrungsgemäß werden meist die beiden Befehle *In den Vordergrund* und *In den Hintergrund* benötigt. Fügen Sie diese deshalb am besten jetzt gleich der *Symbolleiste für den Schnellzugriff* hinzu. Klicken Sie dazu die Symbole nacheinander mit der rechten Maustaste an und wählen Sie im Kontextmenü den Befehl *Zu Symbolleiste für den Schnellzugriff hinzufügen*.
>
>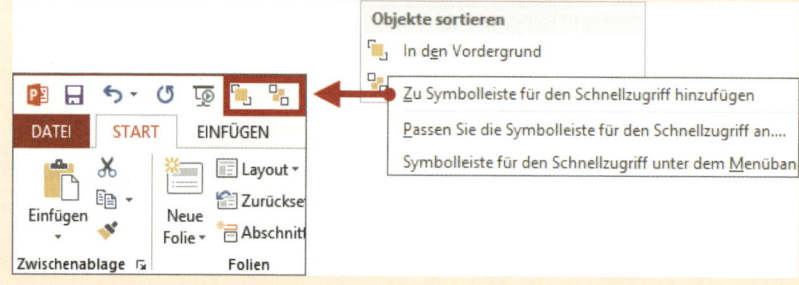

Objekte mit der Maus exakt vertikal oder horizontal verschieben

Wenn Sie ein Objekt mit gedrückt gehaltener ⇧-Taste verschieben, bewegt es sich wie auf Schienen nach links, rechts, oben oder unten.

Objekte mit der Maus kopieren

Der Klassiker »Markieren, Kopieren und Einfügen« ist zu umständlich. Nehmen Sie die Abkürzung und kopieren Sie ein Objekt, indem Sie es bei gedrückt gehaltener Strg-Taste verschieben. Wenn Sie zusätzlich zu Strg noch ⇧ gedrückt halten, wird das Objekt exakt vertikal bzw. horizontal kopiert.

Objekte duplizieren

Beim Duplizieren kopieren Sie Objekte nicht mithilfe der Maus, sondern per Tastenkombination. So geht's:

1. Markieren Sie ein Objekt und drücken Sie Strg+D.

2. Verschieben Sie das frisch geborene und automatisch markierte Duplikat mithilfe der Pfeiltasten an die gewünschte Position. Verkneifen Sie sich den Griff zur Maus; ein unachtsamer Klick und Sie müssen zurück an den Start.

3. Erstellen Sie mit Strg+D die restlichen Duplikate.

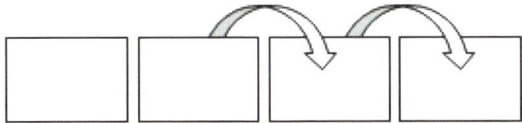

Mit der Dupliziertechnik sorgen Sie nicht nur für Duplikate, sondern gleichzeitig auch für gleiche Abstände zwischen den duplizierten Objekten.

Objekte gruppieren und trennen

Gruppieren verbindet einzelne Objekte zu einem Gesamtobjekt. Das ist *hilfreich*, um das Gesamtobjekt zu verschieben und *unverzichtbar*, um es zu skalieren. Im Falle von Einzelobjekten skaliert PowerPoint die einzelnen Objekte.

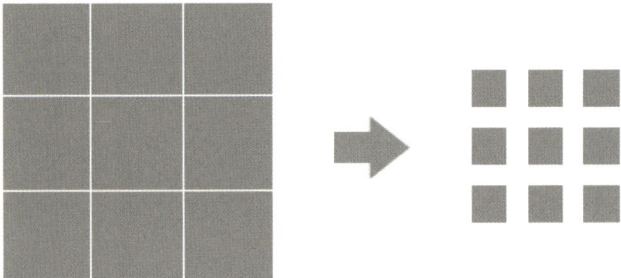

Gruppierte Elemente werden dagegen als ein einziges Element betrachtet und entsprechend skaliert.

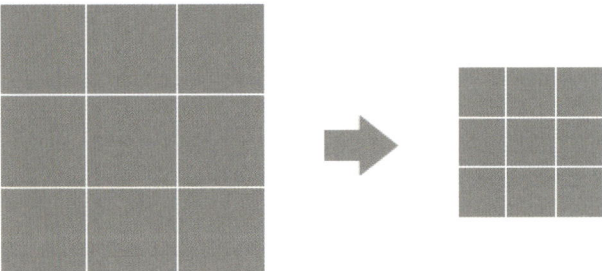

So geht's:

1. Markieren Sie alle Objekte, die Sie gruppieren möchten.
2. Klicken Sie eines der markierten Objekte mit der rechten Maustaste an und wählen Sie im Kontextmenü den Befehl *Gruppieren/Gruppieren*.

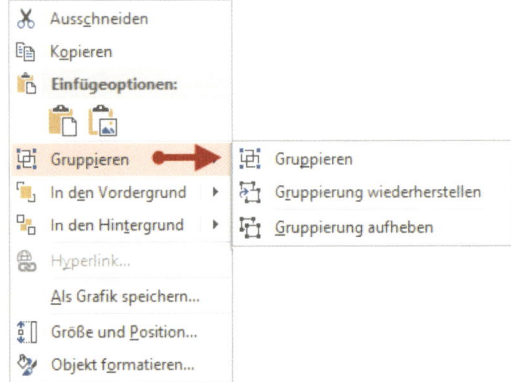

Um eine Gruppe (wieder) in ihre Bestandteile zu zerlegen, klicken Sie die Gruppe mit der rechten Maustaste an und wählen den Befehl *Gruppieren/Gruppierung aufheben*.

TIPP Schneller geht's mit den folgenden Tastenkombinationen:
- *Gruppieren*: Strg + ⇧ + G
- *Gruppierung aufheben*: Strg + ⇧ + H

Objekte automatisch ausrichten

Die folgenden Befehle gehören zu den mächtigsten Werkzeugen in PowerPoint. Mit wenigen Mausklicks verwandeln Sie Chaos in Ordnung:

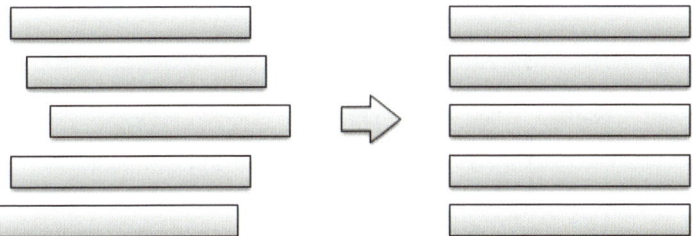

So geht's:

1. Markieren Sie die Objekte.
2. Wählen Sie den Befehl *START/Zeichnung/Anordnen/Ausrichten* und klicken Sie auf einen der Einträge.

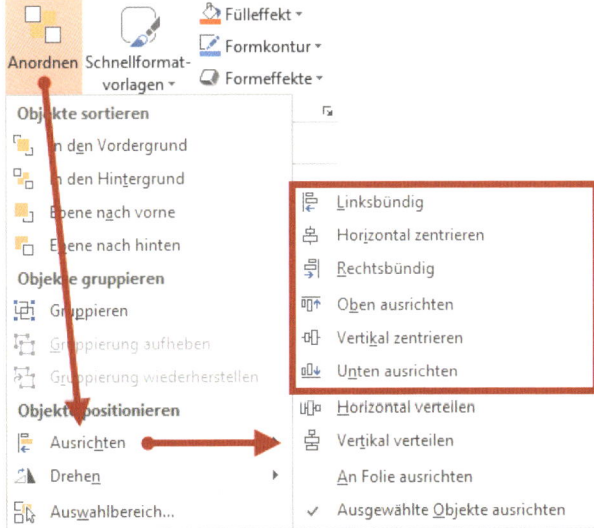

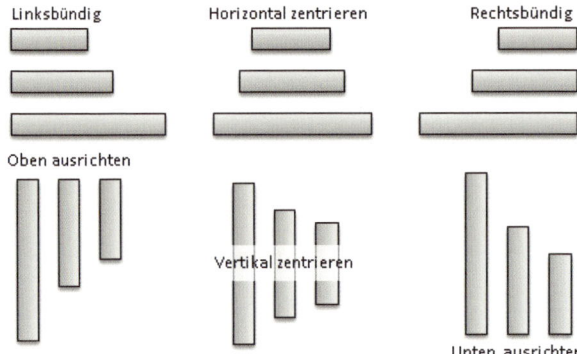

Objekte automatisch verteilen

Verteilen sorgt für gleiche Zwischenräume zwischen Objekten.

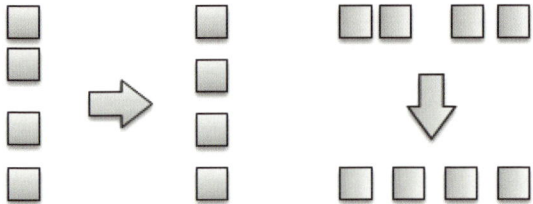

So geht's:

1. Markieren Sie die Objekte.
2. Wählen Sie den Befehl *START/Zeichnung/Anordnen/Ausrichten* und klicken Sie auf den passenden Eintrag.

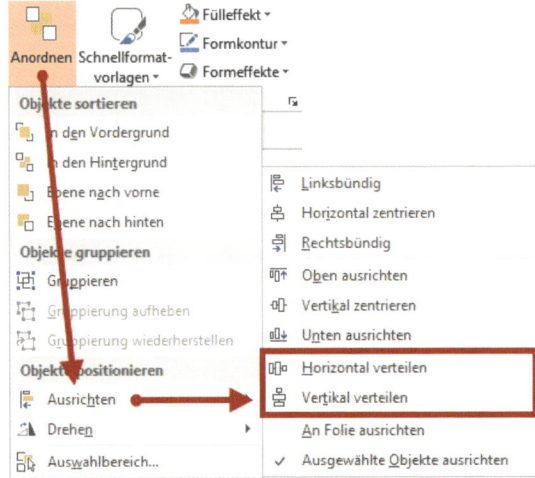

Schrift in Präsentation einbetten

Präsentationen gehen in ihrer digitalen Naivität davon aus, dass *ihre* Schriften auf jedem Computer dieses Planeten installiert sind. Angenommen, Ihr Unternehmen verwendet eine spezielle und eigens lizenzierte Firmenschriftart und Sie senden eine Präsentation an einen Kunden, auf dessen Computer diese Schriftart fehlt. Beim Öffnen wird PowerPoint nach der Schrift suchen, sie nicht finden und kurzerhand zur nächstbesten Ersatzschrift greifen, was die Optik der Folien mehr oder weniger stark beeinträchtigt. Zeilenumbrüche passen dann oft nicht mehr, Platzhalter sind zu klein oder zu groß für den Textinhalt und Sonderzeichen werden zu absonderlichen Zeichen. Um dies zu vermeiden, betten Sie Schriften in die Präsentation ein.

So geht's:

1. Wählen Sie den Befehl *DATEI/Optionen/Speichern*.
2. Aktivieren Sie das Kontrollkästchen *Schriftarten in der Datei einbetten*.

☑ Schriftarten in der Datei einbetten
    ◉ Nur die in der Präsentation verwendeten Zeichen einbetten (zum Reduzieren der Dateigröße)
    ○ Alle Zeichen einbetten (zum Bearbeiten durch andere Personen)

Per Voreinstellung bettet PowerPoint nur die in der Präsentation verwendeten Zeichen ein. Sollen spätere Änderungen am Text keine unangenehmen Überraschungen bringen, wählen Sie *Alle Zeichen einbetten*.

Achtung bei lizenzierten Schriften

Nach den Möglichkeiten jetzt noch ein Wort zu den Grenzen. Die erste Einschränkung setzt das Recht. Lizenzierte Schriften dürfen und können Sie nicht ohne Weiteres einbetten, weshalb PowerPoint Ihren Antrag auf Einbettung prüft. Fehlt einer Schrift die Berechtigung, lässt sich die Datei nur schreibgeschützt öffnen.

Die zweite Einschränkung betrifft die Schriftklasse: PowerPoint kann nur sogenannte TrueType-Schriften und OpenType-Schriften einbetten, nicht aber Type-1-Schriften. Wie aber finden Sie nun heraus, womit Sie es zu tun haben, ob Sie eine Schrift einbetten können und ob diese Schrift dann auch bearbeitet werden kann?

Unter Windows Vista, Windows 7 und Windows 8 gehen Sie so vor: Im Ordner *C:\Windows\Fonts* klicken Sie die fragliche Schrift mit der rechten Maustaste an, wählen *Eigenschaften* und wechseln zur Registerkarte *Details*. Hier finden Sie die gesuchte Information.

Unerwünschte Schriftarten ersetzen

Babylon lässt grüßen. Laut dem Alten Testament hat grassierende Sprachverwirrung dem ehrgeizigen Turmbauprojekt ein jähes Ende bereitet. Das moderne Äquivalent zum Sprachenwirrwarr in Babylon ist das Schriftenwirrwarr in Präsentationen. Die Funktion, die Sie jetzt kennenlernen, ersetzt unerwünschte Schriftarten in Sekundenschnelle. So geht's:

1. Klicken Sie auf der Registerkarte *START,* Gruppe *Bearbeiten*, auf den kleinen Pfeil rechts von *Ersetzen* und wählen Sie *Schriftarten ersetzen*.
2. Die Liste *Ersetzen* enthält alle Schriftarten, die in der aktuellen Präsentation verwendet wurden. Wählen Sie hier die (erste) Schrift, die Sie ersetzen möchten.
3. Ersetzt wird diese durch die Schriftart, die Sie jetzt in der Liste *Durch* wählen.
4. Klicken Sie auf *Ersetzen*.
5. Wiederholen Sie die Schritte 2 bis 4 so oft, bis alle unerwünschten Schriftarten ersetzt sind.

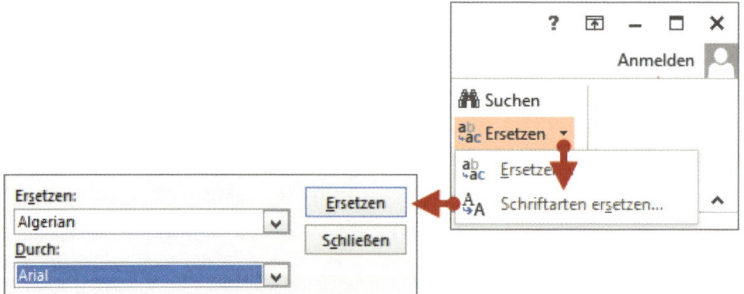

Mit Verbindungslinien arbeiten

Verbindungslinien sind am Objekt fest verankert. Wenn Sie das Objekt verschieben, wandern die verankerten Linien mit.

> **ACHTUNG**   Nur die in der Abbildung eingerahmten Linien sind Verbindungslinien. Die drei Varianten rechts davon können Sie nicht an Objekten verankern.

Allgemeine Tipps

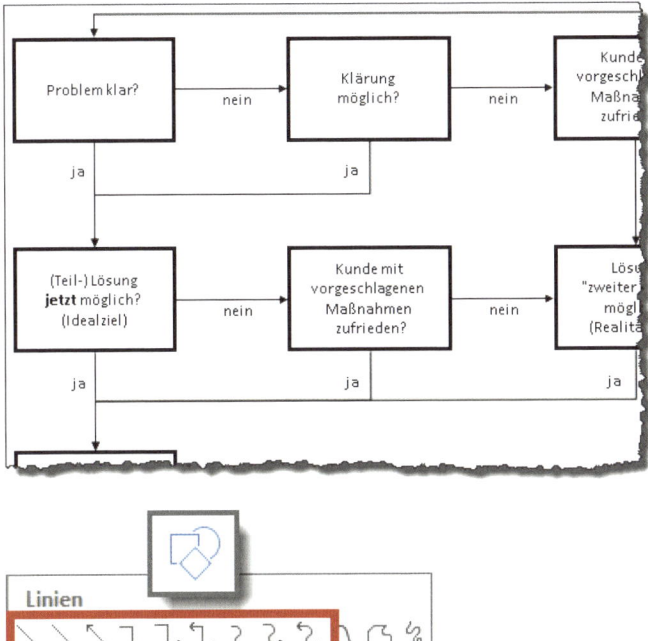

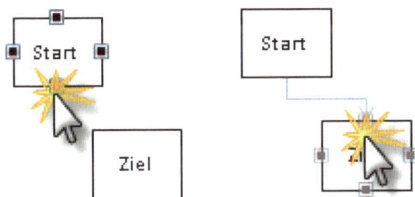

So erstellen Sie eine Verbindungslinie:

1. Wählen Sie die gewünschte Linie durch einen Klick aus und *zeigen* Sie auf das Startobjekt, also das Objekt, bei dem die Linie beginnen soll. Es erscheint je nach Art des Objekts eine bestimmte Anzahl von Kästchen: die Ankerpunkte. Im Beispiel mit dem Rechteck sind es vier Ankerpunkte.

2. Nehmen Sie den gewünschten Startankerpunkt ins Visier, drücken Sie die linke Maustaste und ziehen Sie die Linie auf dem kürzesten Weg zum Zielankerpunkt. Lassen Sie die Maustaste erst nach dem Andocken am Zielankerpunkt los.

Zur Überprüfung, ob eine Linie tatsächlich verankert ist oder nicht, klicken Sie die Linie an. Verankerte Linien erkennen Sie an grünen Punkten am Linienende. Ein weißes Quadrat dagegen weist auf eine nicht verankerte Linie hin.

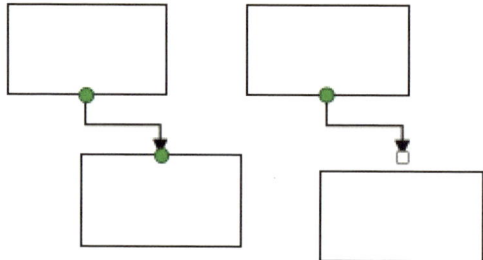

Um Ankerpunkte zu ändern, markieren Sie die Linie, zeigen mit der Maus auf den (grünen) Ankerpunkt, ziehen die Linie bei gedrückt gehaltener linker Maustaste aus der Verankerung und docken sie am gewünschten Ankerpunkt wieder an.

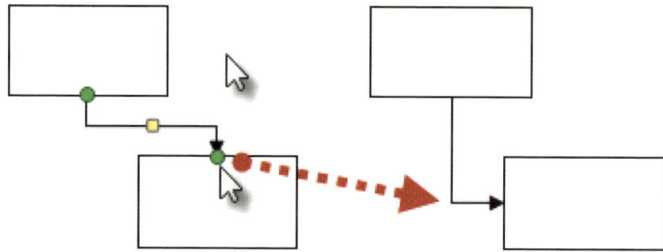

Wenn Sie mehrere Linien nacheinander zeichnen möchten, dann sollten Sie die gewünschte Linie dazu »sperren« (siehe Seite 138). Verbindungslinien lassen sich übrigens formatieren wie jede andere Linie auch:

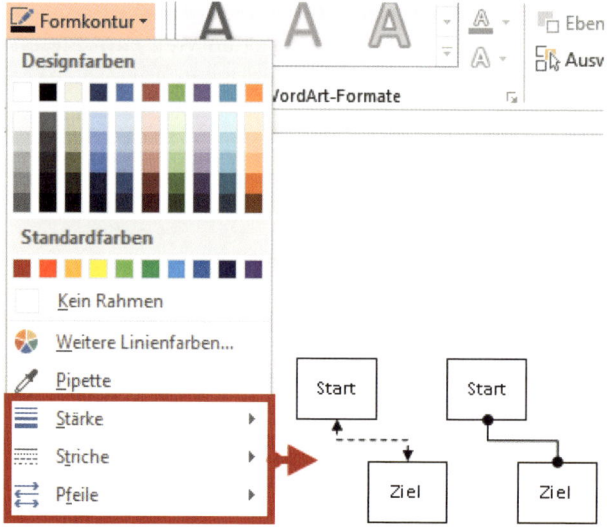

Unsichtbare und verdeckte Objekte aufspüren

Wegen des Stapelprinzips (siehe Seite 143) entziehen sich Objekte im Hintergrund dem Zugriff der Maus. Neben solchen verdeckten Objekten gibt es noch unsichtbare Objekte, die ich »Zombies« nenne. Zombies sind Formen ohne *Fülleffekt* und *Formkontur*. Mit anderen Worten: weiße Katzen im Schnee. Diese bedauernswerten Kreaturen fristen ein einsames Halbleben zwischen Sein und Nichtsein. So spüren Sie verdeckte Objekte und Zombies auf:

1. Drücken Sie zur Sicherheit [Esc] oder klicken Sie neben die Folie, damit PowerPoint garantiert nicht (mehr) im Textmodus ist und keine Objekte (mehr) markiert sind.
2. Drücken Sie [↹], um das *nächste* bzw. [⇧]+[↹], um das *vorangehende* Objekt zu markieren. Verdeckte Objekte zerren Sie anschließend mithilfe der Pfeiltasten ans Tageslicht. Erwünschte Zombies formatieren Sie nach Belieben, unerwünschte Zombies löschen Sie mit [Entf].

Das mittlere Objekt ist unsichtbar.

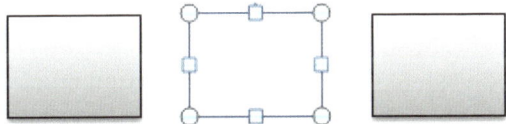

[↹] hat den Zombie aufgespürt.

Graustufendruck: Was tun, wenn Weiß zu Schwarz wird?

Wenn Sie Folien ausschließlich in Farbe drucken, können Sie dieses Thema überspringen. Sofern Sie jedoch gelegentlich einen Schwarzweißdrucker einsetzen, bleiben Sie dran. Denn weiße Linien werden dann schwarz ausgedruckt.

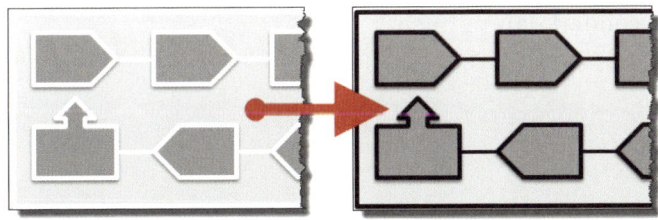

So lösen Sie das Problem:

1. Markieren Sie die Objekte, die Sie für den Graustufendruck optimieren möchten. Wenn Sie die komplette Folie optimieren möchten, klicken Sie neben die Folie und markieren anschließend mit [Strg]+[A] alle Objekte dieser Folie.

2. Wählen Sie auf der Registerkarte *ANSICHT*, Gruppe *Farbe/Graustufe*, den Befehl *Graustufe* und statt der Voreinstellung *Automatisch* die Variante *Graustufen*.

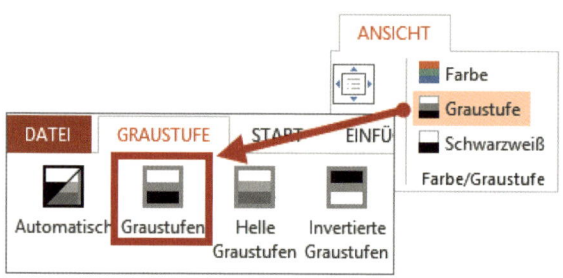

> **ACHTUNG** Freuen Sie sich nicht zu früh! Der Graustufentrick klappt bei Formen, versagt jedoch kläglich bei Tabellen, SmartArt-Grafiken und Diagrammen.

Folien aus anderen Präsentationen einfügen

So fügen Sie Folien über die Zwischenablage in die aktuelle Präsentation ein:

1. Öffnen Sie die Quellpräsentation und wechseln Sie der besseren Übersicht halber in beiden Präsentationen per *ANSICHT/Präsentationsansichten* in den Modus *Foliensortierung*.

2. Markieren und kopieren Sie die gewünschten Folien aus der Quellpräsentation mit [Strg]+[C] in die Zwischenablage.

3. Wechseln Sie zurück in die Zielpräsentation, klicken Sie zwischen zwei Folien und fügen Sie den Inhalt der Zwischenablage über [Strg]+[V] ein. Da Sie sich ja in der Ansicht *Foliensortierung* befinden, können Sie die eingefügten Folien bei Bedarf im Handumdrehen an die gewünschte Position verschieben.

Neben der Zwischenablage bietet PowerPoint noch eine weitere Variante zum Einfügen von Folien aus anderen Präsentationen. Praktisch: Sie müssen die Quellpräsentation nicht gesondert dafür öffnen.

So geht's:

1. Klicken Sie auf der Registerkarte *START* auf den kleinen Pfeil unterhalb des Symbols *Neue Folie* und wählen Sie *Folien wiederverwenden*. Rechts erscheint der gleichnamige Aufgabenbereich.
2. Wählen Sie *Durchsuchen/Datei durchsuchen*.
3. Doppelklicken Sie auf die gewünschte Quellpräsentation, woraufhin die Folien in Miniaturausgabe im Aufgabenbereich erscheinen.
4. Zum Einfügen klicken Sie in der Auswahlliste auf die gewünschte Folie.

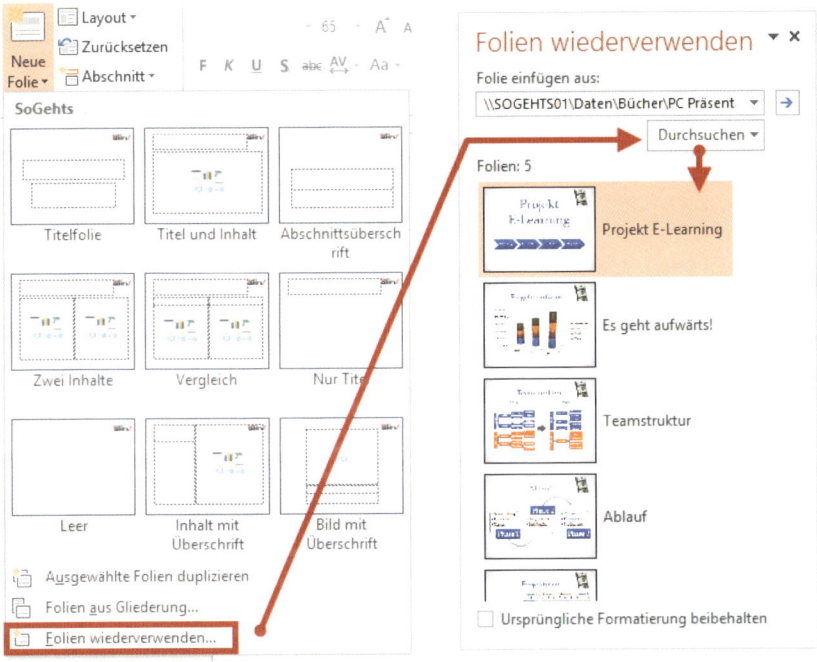

Formkontur anpassen

So ändern Sie Linienfarbe, Linienstärke und Linientyp (Striche):

1. Doppelklicken Sie auf die zu bearbeitende Form, um im Menüband die Registerkarte *ZEICHENTOOLS/FORMAT* einzublenden.
2. Wählen Sie in der Gruppe *Formenarten* den Befehl *Formkontur* und nehmen Sie die gewünschten Änderungen vor.

Objekte drehen oder kippen

Um ein Objekt mithilfe der Maus zu drehen, klicken Sie es an, nehmen den unten abgebildeten Ziehpunkt ins Visier und ziehen diesen bei gedrückt gehaltener linker Maustaste mit einer kreisförmigen Bewegung an eine neue Position. Sobald der Drehwinkel passt, lassen Sie die Maustaste los.

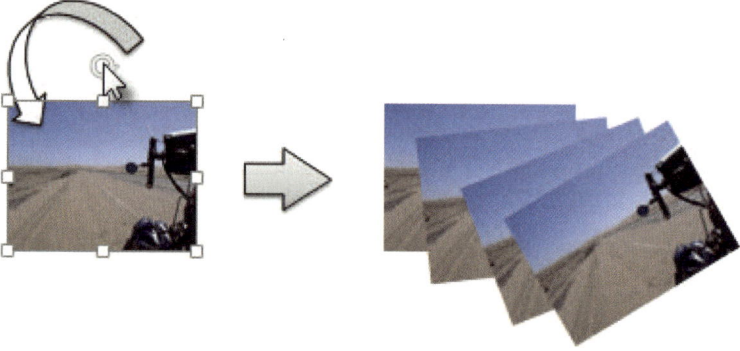

Wenn Sie ein Objekt um 90 Grad oder einen bestimmten Winkel drehen oder wenn Sie es vertikal oder horizontal kippen möchten, gehen Sie so vor:

1. Doppelklicken Sie auf das Objekt und wählen Sie auf der Registerkarte *BILD-TOOLS*, Unterregisterkarte *FORMAT*, den Befehl *Anordnen/Drehen*.

> **HINWEIS** Diese Vorgehensweise gilt für Bilder. Haben Sie dagegen eine Form markiert, heißt die oberste Registerkartenebene *ZEICHENTOOLS*.

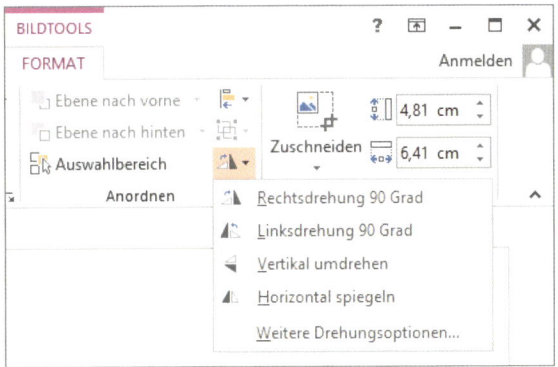

2. Für eine Vorschau *zeigen*, zum Zuweisen *klicken* Sie auf den gewünschten Befehl.

3. Für einen exakten frei wählbaren Winkel, zum Beispiel 333 Grad, wählen Sie *Weitere Drehungsoptionen*.

4. Im Aufgabenbereich *Grafik formatieren/Größe und Eigenschaften/GRÖSSE* (bzw. *Form formatieren/FORMOPTIONEN/Größe und Eigenschaften/GRÖSSE*) tippen Sie den Wert in das Feld *Drehung* ein oder wählen ihn mit den Pfeilsymbolen. (Um eine Drehung zu entfernen, setzen Sie den Wert auf null.)

 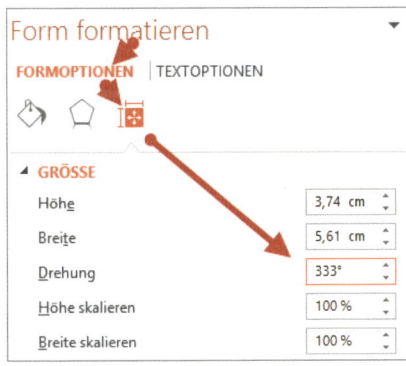

157

Eine Form millimetergenau skalieren

Solange Sie nach Augenmaß arbeiten dürfen, spielen Millimeter keine Rolle. Wenn es aber auf Feinheiten ankommt, gehen Sie so vor:

1. Doppelklicken Sie auf die Form, um im Menüband die Registerkarte ZEICHENTOOLS/FORMAT einzublenden.

2. Tippen Sie die gewünschten Werte in die beiden Drehfelder und drücken abschließend ⏎ oder klicken neben die Folie.

TIPP Um mehrere Formen in *einem* Arbeitsgang zu skalieren, markieren Sie zuerst die Formen und doppelklicken anschließend auf *eine* der markierten Formen. Ab dann geht's weiter mit Schritt 2.

Objekte ausblenden

Wenn Sie Objekte weder anzeigen noch löschen möchten, blenden Sie diese aus.

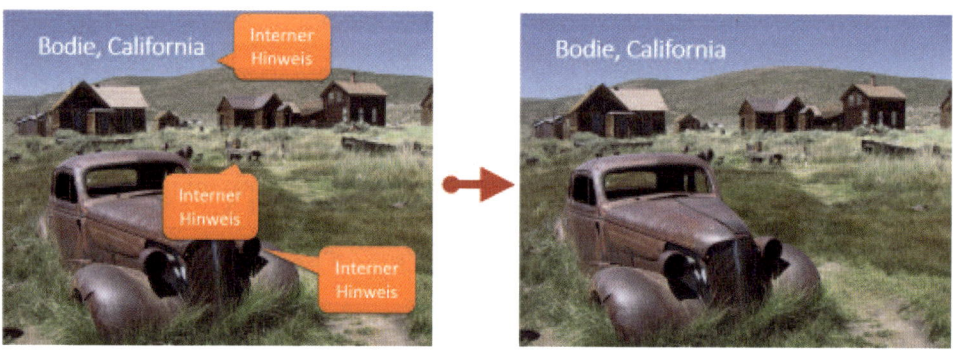

So geht's:

1. Wählen Sie den Befehl *START/Zeichnung/Anordnen/Auswahlbereich*. Der Aufgabenbereich *Auswahl* erscheint.

2. Klicken Sie auf das jeweilige Symbol *Sichtbarkeit* (stilisiertes Auge, in der Abbildung ganz rechts), um Objekte auszublenden bzw. ausgeblendete Objekte wieder anzuzeigen.

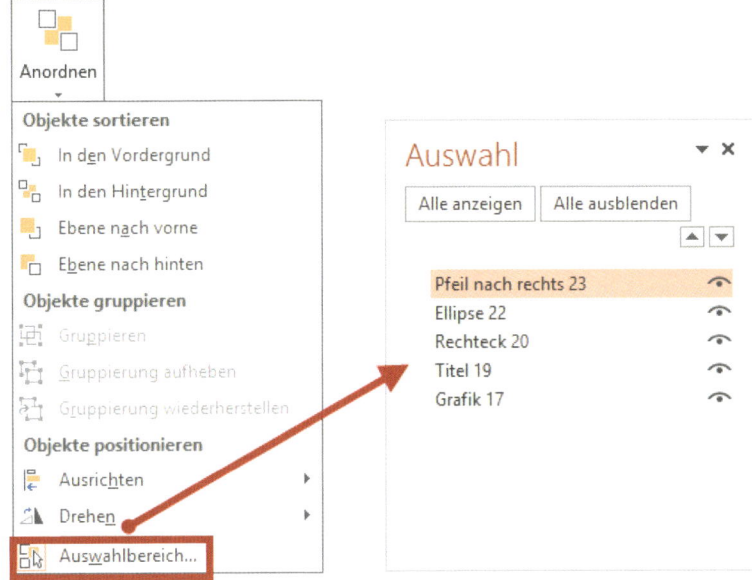

Folien nach Word exportieren

Wenn Sie ein optisch ansprechendes Handout erstellen oder die Folien mit zusätzlichem Hintergrundmaterial anreichern möchten, sollten Sie statt der in PowerPoint eingebauten Handzettelfunktion einen Export der Folien nach Word in Betracht ziehen. In Word polieren Sie dann schmucklose Handzettel zu ansprechenden Präsentationsunterlagen auf.

Präsentationsunterlagen für Word erstellen

So geht's:

1. Wählen Sie *DATEI/Exportieren/Handzettel erstellen*.
2. Klicken Sie im rechten Fensterbereich erneut auf *Handzettel erstellen*.

3. Im Dialogfeld *An Microsoft Word senden* wählen Sie die gewünschte Variante aus.

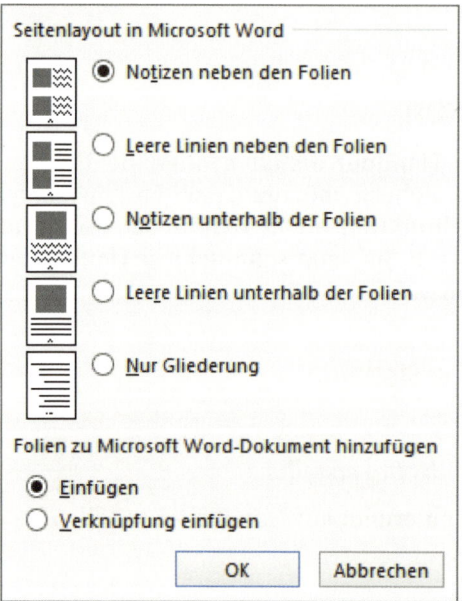

4. Sobald Sie Ihre Wahl getroffen und mit *OK* bestätigt haben, schaufelt PowerPoint die Folien in ein neues Word-Dokument.

Führungslinien: Positionierungs- und Orientierungshilfe

Führungslinien (in PowerPoint auch stellenweise Zeichnungslinien genannt) sind zwei gestrichelte Linien, die eine Art Fadenkreuz auf der Folie bilden. Per Voreinstellung sind sie ausgeblendet. Mit [Alt]+[F9] blenden Sie diese bei Bedarf ein bzw. aus. Die Linien sind magnetisch. Sobald Sie Objekte mit der Maus nahe genug an sie heranziehen, docken sie an der Linie an.

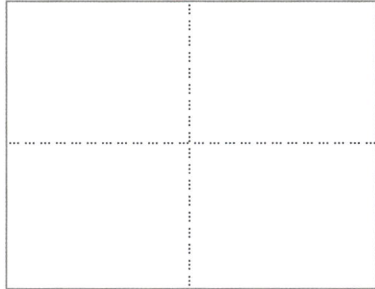

Das anfängliche Fadenkreuz ergibt natürlich nur Sinn, wenn Sie die Führungslinien zum Positionieren jederzeit verschieben können. Dieses *Verschieben* funktioniert durch Ziehen bei gedrückt gehaltener linker Maustaste.

Aber nicht nur das, Sie können neben der Magnetfunktion mit den anfänglichen lediglich zwei Führungslinien auch ein komplettes Gestaltungsraster mit vielen Führungslinien aufbauen. Zum *Kopieren* von Führungslinien halten Sie beim Ziehen [Strg] gedrückt.

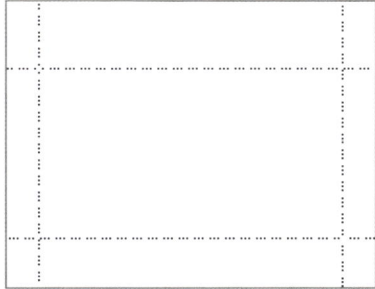

Abkürzungen und Tastenkombinationen im Überblick

Hier noch einmal die wichtigsten Abkürzungen in der Übersicht. Je schneller Sie diese verinnerlicht haben, desto leichter wird die Arbeit mit PowerPoint werden.

Aktion	Taste bzw. Tastenkombination
Letzte Aktion wiederholen	F4
Alle Objekte auf der Folie markieren	Strg+A
Zusammenhängende Objekte markieren	Rahmen um die Objekte ziehen
Nicht zusammenhängende Objekte markieren	⇧+Klicken auf Objekte
Objekt vertikal oder horizontal verschieben	⇧+Ziehen
Objekt kopieren	Strg+Ziehen
Objekt vertikal oder horizontal kopieren	Strg+⇧+Ziehen
Objekt duplizieren	Strg+D
Folie duplizieren (Ansicht *Foliensortierung*)	Strg+D
Folie duplizieren (*Normalansicht*)	Strg+⇧+D
Rastersprünge minimieren (Tastatur)	Strg+Pfeiltasten
Rastersprünge minimieren (Maus)	Alt+Ziehen
Kreis oder Quadrat zeichnen	⇧+Ellipse oder Rechteck zeichnen
Gerade Linie zeichnen (vertikal/horizontal)	⇧+Linie zeichnen
Gruppieren	Strg+⇧+G
Gruppierung aufheben	Strg+⇧+H
Form proportional skalieren (Fixpunkt Ecke)	⇧+Ziehen an Eckziehpunkt
Form proportional skalieren (Fixpunkt Mitte)	Strg+⇧+Ziehen an Eckziehpunkt
Verdeckte und unsichtbare Objekte aufspüren	Tab
Führungslinien ein- und ausblenden	Alt+F9
Textabsatz nach oben verschieben	Alt+⇧+↑
Textabsatz nach unten verschieben	Alt+⇧+↓
Präsentation mit erster Folie starten	F5
Präsentation mit aktueller Folie starten	⇧+F5

Tabelle 8.3 Diese Abkürzungen bringen Sie schneller ans Ziel

Die richtige Strategie

Auf den vorangehenden Seiten haben Sie eine Reihe von kleinen, aber mächtigen Helfern kennengelernt. Jetzt geht es darum, diese Werkzeuge zu kombinieren und strategisch einzusetzen. Mein Vorschlag: Basteln Sie die folgenden Beispiele nach. Auf diese Weise wiederholen und vertiefen Sie den Umgang mit den Werkzeugen und lernen dabei, strategisch vorzugehen.

Die richtige Strategie

In Rechtecken denken

Sparen Sie Zeit und verwenden Sie für den Rohentwurf von Folien nach Möglichkeit zunächst Platzhalter. Im zweiten Schritt ersetzen Sie die Platzhalter durch die endgültigen Objekte. Auch wenn man es zunächst nicht glauben mag – mit dieser Methode kommen Sie schneller ans Ziel. Es folgen zwei Beispiele zum Mitmachen.

Beispiel 1:

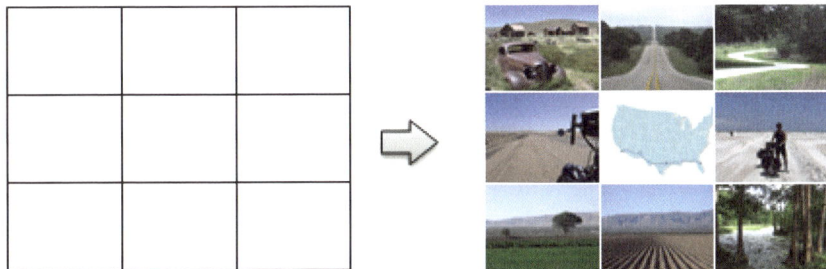

Aus neun Rechtecken werden neun Bilder. Warum nicht gleich die Bilder einfügen und anordnen? Weil es mit Rechtecken viel schneller geht. Versuchen Sie es …

So geht's:

1. Erstellen Sie *ein* Rechteck mit 3 cm Höhe und 4 cm Breite (siehe Seite 158).
2. Färben Sie die Formkontur weiß (siehe Seite 155).
3. Kopieren Sie das Rechteck acht Mal mit der Maus und kleben Sie es nach Art eines Schachbrettmusters aneinander (siehe Seite 145).
4. Bestücken Sie die Rechtecke mit Bildern (siehe Seite 175).

Beispiel 2:

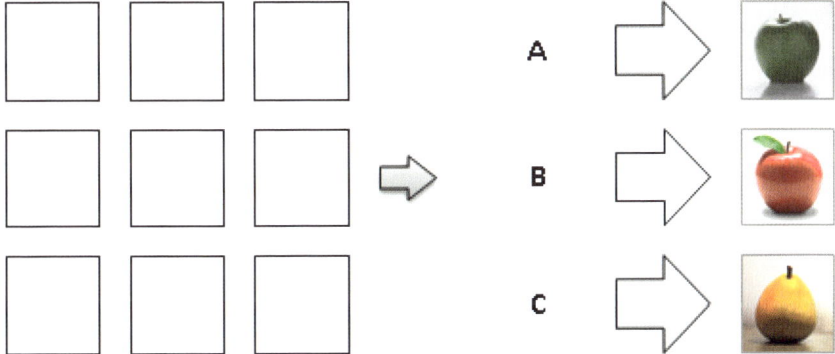

1. Erstellen Sie *ein* Quadrat (siehe Seite 143).

2. Duplizieren Sie das Quadrat zweimal nach rechts, um die oberen drei Quadrate zu erstellen, und duplizieren Sie diese drei Quadrate zweimal nach unten, um das links oben abgebildete Muster zu erzeugen (siehe Seite 145).
3. Tippen Sie in die drei linken Quadrate die Buchstaben **A**, **B** und **C** und wählen Sie für *Fülleffekt* und *Formkontur* die Variante *Keine Füllung* bzw. *Kein Rahmen* (siehe Seite 155).
4. Verwandeln Sie die drei mittleren Quadrate in Pfeile (siehe Seite 139).
5. Bestücken Sie die drei rechten Quadrate mit Bildern (siehe Seite 175) und formatieren Sie die Formkontur nach Belieben (siehe Seite 155).

Gruppieren als Wundermittel

Auf Seite 146 haben Sie es zwar schon einmal gelesen, aber man kann es nicht oft genug wiederholen: Gruppieren ist *hilfreich*, um zusammengesetzte Objekte zu verschieben, und absolut *unverzichtbar*, sobald es ums Skalieren geht.

Gruppieren hilft Ihnen auch dabei, unterschiedlich große Objekte exakt auf das gewünschte Maß passend anzuordnen. Mit etwas Übung benötigen Sie für das folgende Beispiel etwa 30 bis 50 Sekunden:

Ziel: Zwischen diese zwei schwarzen Linien sollen fünf gleich große Rechtecke exakt eingepasst werden.

Halt! Nicht rechnen, raten oder verzweifeln. Zeichnen Sie ohne Rücksicht auf das Maß *ein* kleines Rechteck, kopieren Sie es viermal und kleben Sie die Rechtecke aneinander.

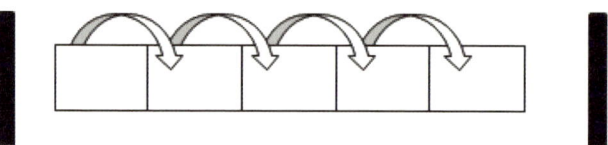

Gruppieren Sie die Rechtecke zu *einem* Objekt und docken Sie die *Gruppe* an den schwarzen Linien an. Fertig.

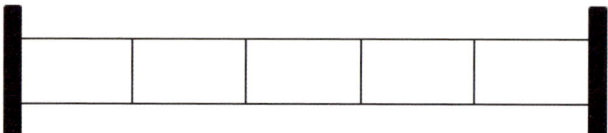

Für den Fall, dass die Rechtecke rechts überstehen, also in der Breite verringert werden müssen, gehen Sie genauso vor.

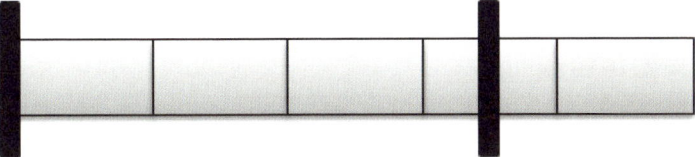

Gruppieren Sie die Rechtecke und passen Sie die Gruppe exakt ein.

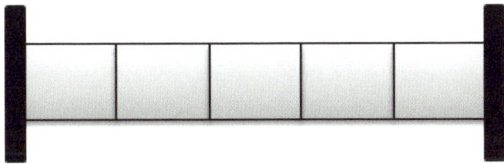

Vom Vordergrund zum Hintergrund

Überlegen Sie kurz: Wie würden Sie vorgehen, um dieses Bewertungsschema zu erstellen?

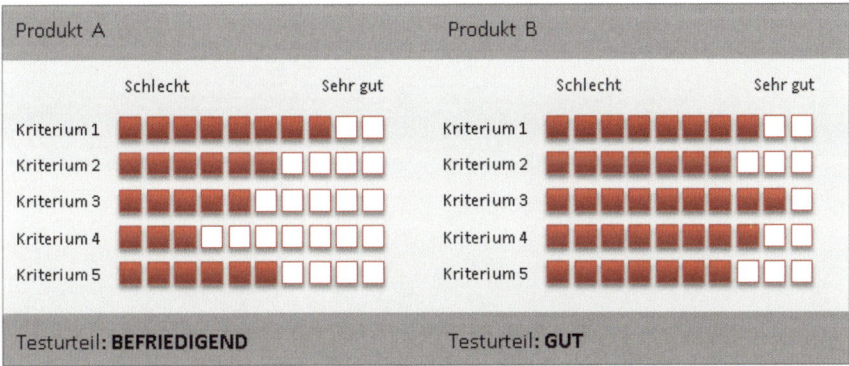

Das ist *mein* Vorschlag:

1. Beginnen Sie mit den Kästchen. Erstellen Sie *eines* und duplizieren Sie es neun Mal nach rechts, erstellen und positionieren Sie links davon das Textfeld **Kriterium 1** und gruppieren Sie abschließend alles.

2. Duplizieren Sie die Gruppe vier Mal nach unten, erstellen Sie die Textfelder **Schlecht** sowie **Sehr gut**, passen Sie die Nummern hinter (dem duplizierten

Textfeld) *Kriterium 1* an, färben Sie die Kästchen passend und gruppieren Sie abschließend alles.

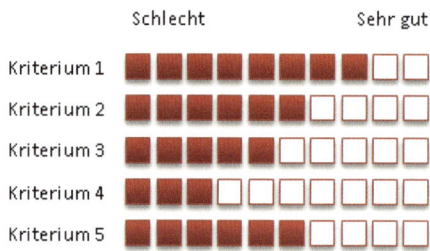

3. Kopieren Sie die Gruppe nach rechts, färben Sie die Kästchen der rechten Gruppe nach Bedarf ein und gruppieren Sie abschließend alles.

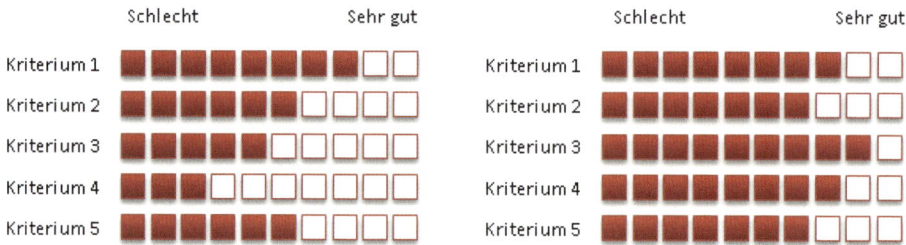

4. Der Vordergrund ist damit erledigt. Jetzt folgt die nächste Schicht. Zeichnen Sie ein hellgraues Rechteck genau **über** das bisherige Kunstwerk.

5. Verschieben Sie das Rechteck in den Hintergrund.

6. Zeichnen Sie das dunkelgraue (und etwas höhere Rechteck) über das bisherige Kunstwerk.

7. Verschieben Sie das dunkelgraue Rechteck in den Hintergrund und erstellen Sie abschließend die Textfelder **Produkt A**, **Produkt B** sowie die beiden Testurteile unterhalb der kleinen Kästchen.

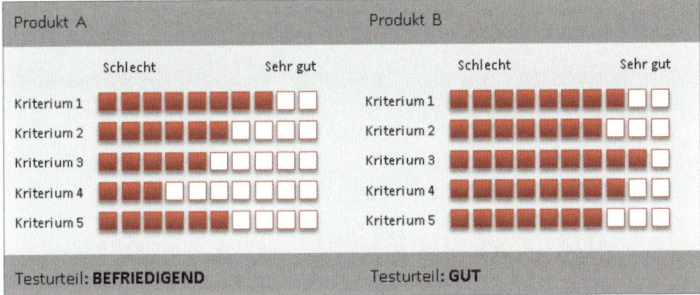

ONLINE Die zugehörige Beispieldatei *Bewertungsschema.pptx* finden Sie im Ordner *\Buch\Kap08*.

Das Rad nicht neu erfinden – Musterfolien sammeln

»Wer Ordnung hält, ist nur zu faul zum Suchen« oder »Ordnung brauchen nur Dumme. Ein Genie beherrscht das Chaos«. Was die Arbeit mit PowerPoint betrifft, so lautet mein Tipp für jeden PowerPoint-Anwender – egal ob Genie oder nicht: Werden Sie zum akribischen Sammler von Musterfolien!

Folienrohentwürfe mit Platzhaltern sind die bessere Wahl, aber zur Not nehmen Sie auch Folien mit ausformuliertem Inhalt, den Sie nach Bedarf ändern. Je größer Ihr Fundus an Musterfolien wird, desto weniger Arbeit werden Sie in Zukunft mit neuen Folien haben.

Meine Sammlung besteht mittlerweile aus mehr als 300 Musterfolien, aufgeteilt in zwölf Kategorien. Pro Kategorie gibt es eine eigene Präsentation mit passenden Musterfolien. Für jede neu zu erstellende Folie mache ich mich in der entsprechenden Kategoriepräsentation auf die Suche nach einer passenden Musterfolie und habe damit im Normalfall 80 % der Arbeit erledigt, bevor ich wirklich zu arbeiten beginne.

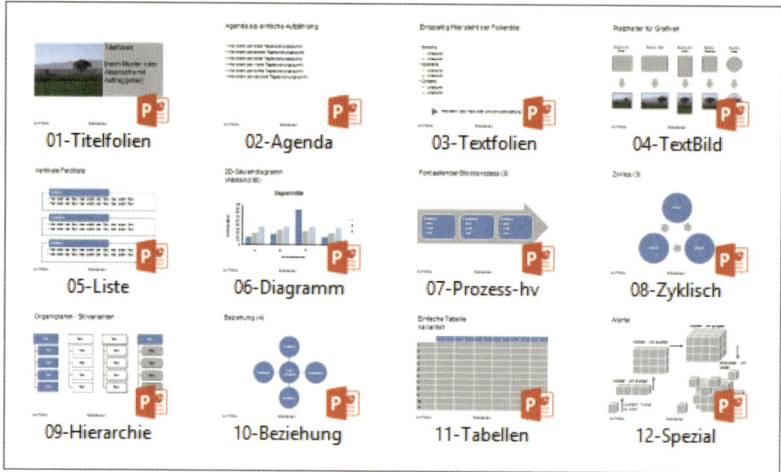

> **HINWEIS** Wie Sie einzelne Musterfolien aus solchen Sammlungen in die aktuelle Präsentation einfügen, können Sie jederzeit auf Seite 154 nachschlagen.

Mehr Übersicht durch Abschnitte

Abschnitte strukturieren eine Präsentation in… – sagen wir: Kapitel. Zum Beispiel sind einzelne Abschnitte für Produkte, Projektphasen oder Unternehmensbereiche denkbar.

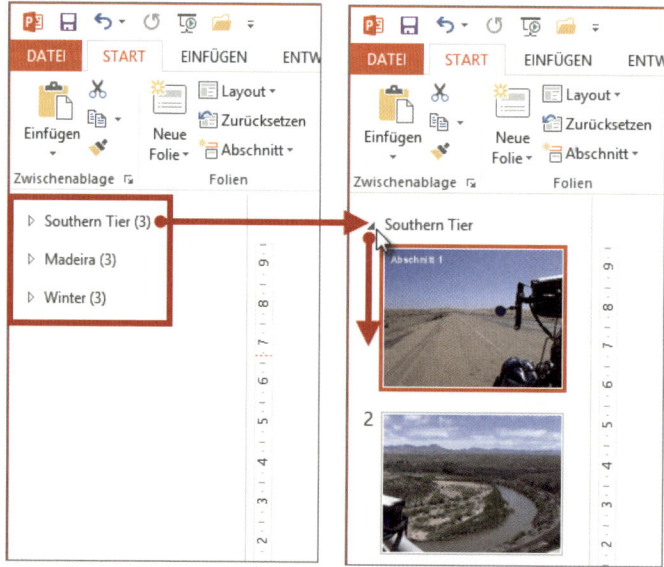

Abbildung 8.1 Links sehen Sie eingeklappte Abschnitte, rechts ist der obere Abschnitt ausgeklappt. Die Zahl in Klammern hinter dem Namen des Abschnitts gibt die Anzahl der Folien des jeweiligen Abschnitts an.

Ein Klick auf das kleine Dreieck links vom Abschnittsnamen erweitert die Ansicht auf die Miniaturfolien dieses Abschnitts. Der nächste Klick auf das Dreieck klappt den Abschnitt wieder ein.

Abschnitte samt allen zugehörigen Folien lassen sich bequem mit der Maus verschieben. Nehmen Sie dazu den Abschnitt mit Maus auf und ziehen Sie ihn bei gedrückt gehaltener linker Maustaste an die gewünschte Position. Ausgeklappte Abschnitte klappen nun automatisch ein und der Abschnittsname erscheint in oranger Schrift.

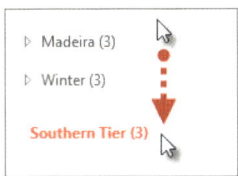

Zum Erzeugen von Abschnitten empfehle ich die Ansicht *Foliensortierung*:

1. Klicken Sie mit der rechten Maustaste vor diejenige Folie, welche die erste des nächsten Abschnitts werden soll.
2. Wählen Sie im Kontextmenü den Befehl *Abschnitt hinzufügen*.

3. Wiederholen Sie diesen Schritt so oft, bis Sie alle Abschnitte erzeugt haben.
4. Klicken Sie die Abschnittsnamen der Reihe nach mit der rechten Maustaste an und benennen Sie diese mit aussagekräftigen Titeln.

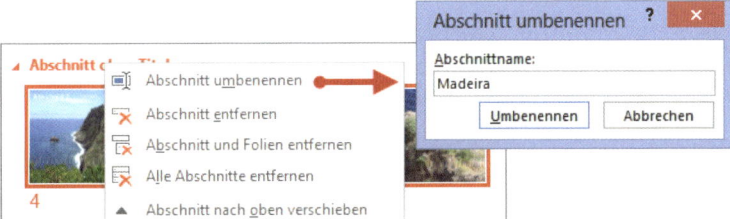

> **TIPP** Abschnitte lassen sich auch drucken:

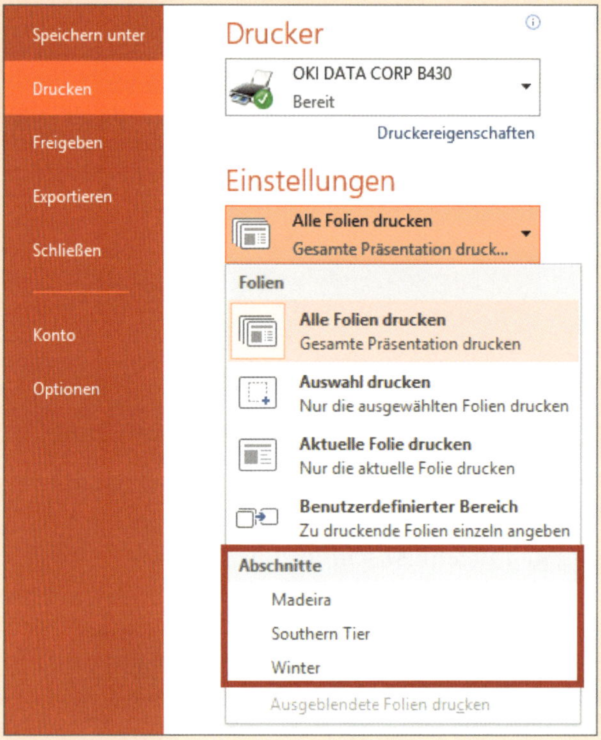

Bilder und Grafiken

Auf den folgenden Seiten erfahren Sie, wie Sie Bilder aus verschiedenen Datenquellen einfügen und bearbeiten.

Onlinegrafiken einfügen

Die ehemalige ClipArt-Sammlung wurde in Office 2013 erweitert und heißt jetzt *Onlinegrafiken*. Wenn Sie ein Folienlayout mit Multifunktionsplatzhalter nutzen, klicken Sie zum Einfügen einer Grafik auf das Symbol *Onlinegrafiken*.

Bei Folienlayouts ohne Platzhalter gehen Sie so vor:

1. Wählen Sie den Befehl *Einfügen/Onlinegrafiken*.
2. Tippen Sie einen Suchbegriff ein und drücken Sie ⏎, um die Suche zu starten.
3. Zum Einfügen doppelklicken Sie auf das gewünschte Bild.

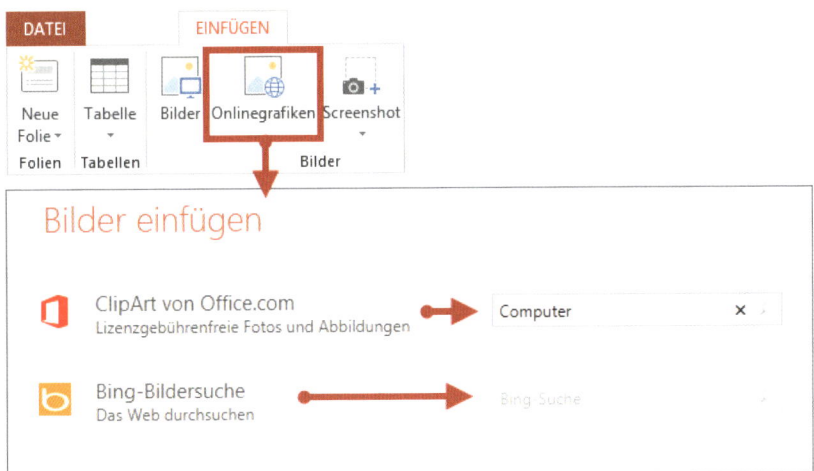

HINWEIS Für Detailinformationen klicken Sie auf ein Bild.

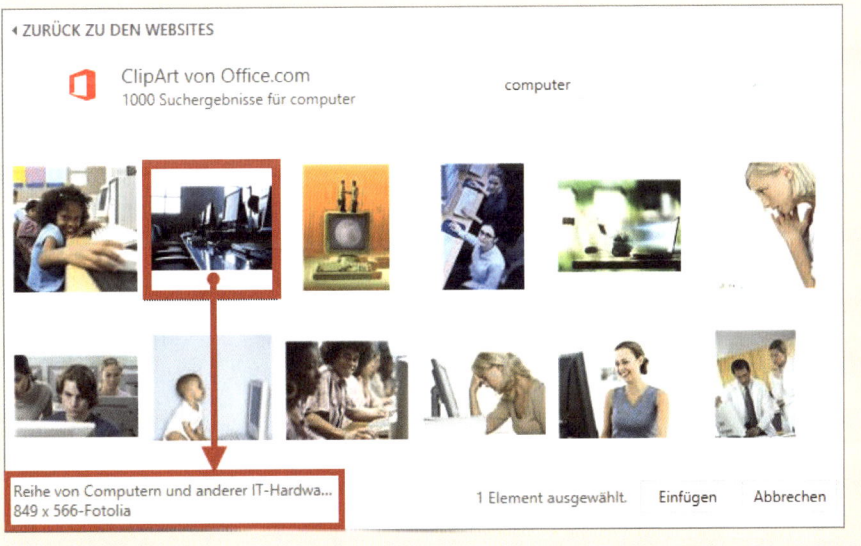

Bilder von Datenträgern einfügen

Viele Unternehmen stellen ihren Mitarbeitern Werbe- und Marketingmaterial als Grafikdateien zur Verfügung. Im privaten Umfeld spielen vor allem die Urlaubsbilder aus der Digitalkamera eine wichtige Rolle. So fügen Sie Grafikdateien von einem Datenträger ein:

1. Wählen Sie den Befehl *Einfügen/Bilder* und dann den Pfad zum Ordner mit den Bildern.

2. Um ein *einzelnes* Bild einzufügen, doppelklicken Sie darauf. Um *mehrere* Bilder einzufügen, markieren Sie die Bilder der Reihe nach durch Anklicken bei gedrückt gehaltener [Strg]-Taste und wählen abschließend *Einfügen*.

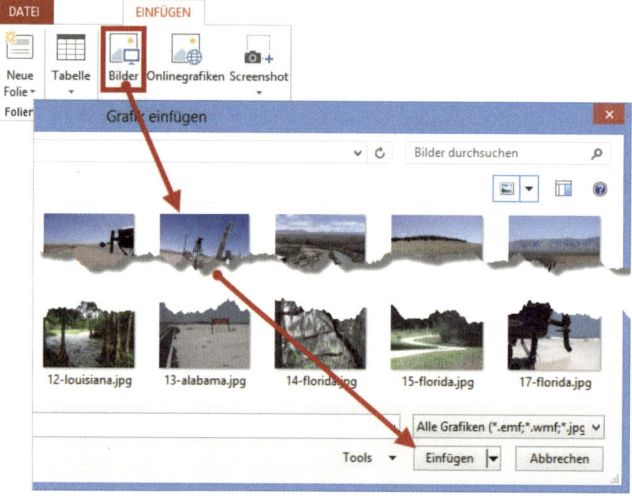

TIPP Alternativ zur eben gezeigten Methode können Sie Bilder auch aus dem Windows-Explorer direkt auf die Folie ziehen.

Bilder aus dem Internet einfügen

Achtung! Die Handgriffe sind leicht, aber schwerer kann das Urheberrecht wiegen. Bei einer etwaigen Verbreitung fremden Bildmaterials sollten daher unbedingt vorher urheberrechtliche Aspekte geklärt werden.

Bei der Variante »Zwischenablage« gehen Sie zum Einfügen folgendermaßen vor:

1. Klicken Sie das Bild im Webbrowser mit der rechten Maustaste an und wählen Sie im Kontextmenü den Befehl *Bild kopieren* (je nach Browser variieren Kontextmenüs und Befehle).
2. Wechseln Sie zu PowerPoint und fügen Sie das Bild mit Strg+V ein.

Die Variante »Speichern und Einfügen« funktioniert so:

1. Klicken Sie das Bild im Webbrowser mit der rechten Maustaste an, wählen Sie im Kontextmenü den Befehl *Bild speichern unter* (je nach Browser variieren Kontextmenüs und Befehle) und speichern Sie das Bild im gewünschten Ordner.
2. Fügen Sie das Bild (von Datenträger) ein.

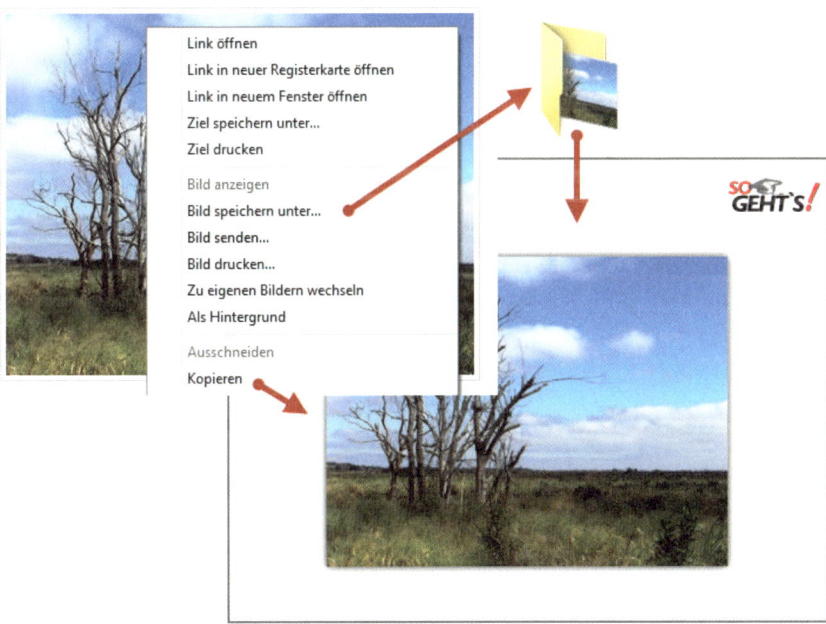

Neben den schon angesprochenen urheberrechtlichen Fragen sollten Sie noch berücksichtigen, dass viele Bilder für die Darstellung im Internet optimiert wurden, was sich sowohl bei der Anzeige in Präsentationen als auch beim Druck, insbesondere bei einer Vergrößerung der Bilder, negativ auswirken kann. Wenn Sie die Folien nicht nur projizieren, sondern auch drucken möchten, sollten Sie immer gleich einen Probeausdruck vornehmen.

Ein Bild als Folienhintergrund verwenden

PowerPoint erlaubt neben einfarbigen Hintergründen, Farbverläufen oder Mustern auch die Verwendung von Bildern als Folienhintergrund.

So geht's:

1. Wählen Sie den Befehl *ENTWURF/Hintergrund formatieren*, um den gleichnamigen Aufgabenbereich einzublenden.
2. Aktivieren Sie die Option *Bild- oder Texturfüllung* und klicken Sie auf die Schaltfläche *Datei*.
3. Suchen und doppelklicken Sie auf das gewünschte Bild.
4. Per Voreinstellung wird das Hintergrundbild nur für *die aktuelle Folie* übernommen. Wenn Sie es als Hintergrund für alle Folien verwenden möchten, klicken Sie unten im Aufgabenbereich auf die Schaltfläche *Für alle übernehmen*.

Bilder und Grafiken

TIPP Um ein Hintergrundbild wieder zu entfernen, wählen Sie unten rechts im Aufgabenbereich *Hintergrund formatieren* den Befehl *Hintergrund zurücksetzen*.

Formen mit einem Bild füllen

Formen lassen sich nicht nur mit einfarbigen Füllungen, Farbverläufen oder Mustern, sondern auch mit Bildern bestücken:

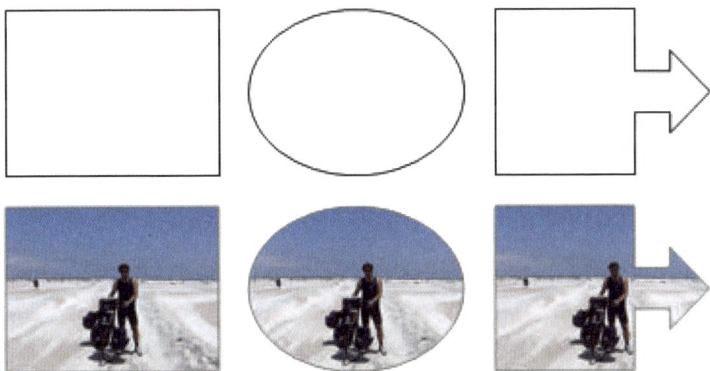

So geht's:

1. Doppelklicken Sie auf die Form, um im Menüband die Registerkarte *ZEICHENTOOLS/FORMAT* einzublenden.

175

2. Wählen Sie in der Gruppe *Zeichnung* den Befehl *Fülleffekt* und klicken Sie auf *Bild*.

3. Suchen und doppelklicken Sie auf das gewünschte Bild.

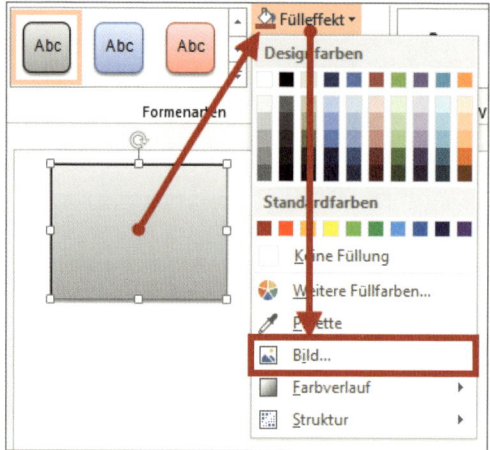

ACHTUNG Bilder passen sich dem Seitenverhältnis der Form an. Wenn die beiden Seitenverhältnisse nicht identisch sind, kommt es zu einer Stauchung oder Streckung wie hier:

Die Bildform ändern

Wenn Sie eine *Form* mit einem Bild bestückt haben, ändern Sie diese wie im Abschnitt »Eine Form in eine andere Form umwandeln« auf Seite 139 beschrieben. Handelt es sich jedoch bei dem umzuwandelnden Objekt nicht um eine Form, sondern um eine eigenständige Grafik, gehen Sie so vor:

1. Doppelklicken Sie auf das Bild, um die Bildtools einzublenden.

2. Klicken Sie auf den kleinen Pfeil unterhalb des *Zuschneiden*-Symbols und wählen Sie *Auf Form zuschneiden*.

3. Klicken Sie die gewünschte Form an.

Bilder und Grafiken

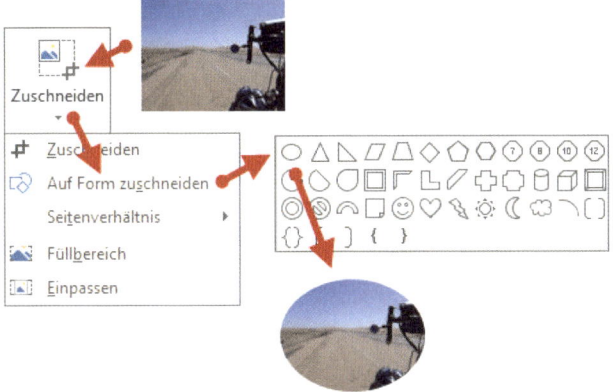

Ein Fotoalbum erstellen

Sobald Bilder die Hauptrolle in einer Präsentation spielen, schlägt die Stunde des Fotoalbums. Sie geben es in Auftrag, den Rest erledigt PowerPoint vollautomatisch und in wenigen Sekunden. So erstellen Sie ein Fotoalbum:

1. Wählen Sie den Befehl *EINFÜGEN/Fotoalbum*.
2. Klicken Sie auf die Schaltfläche *Datei/Datenträger* und wählen Sie den Ordner mit den Bilddateien.

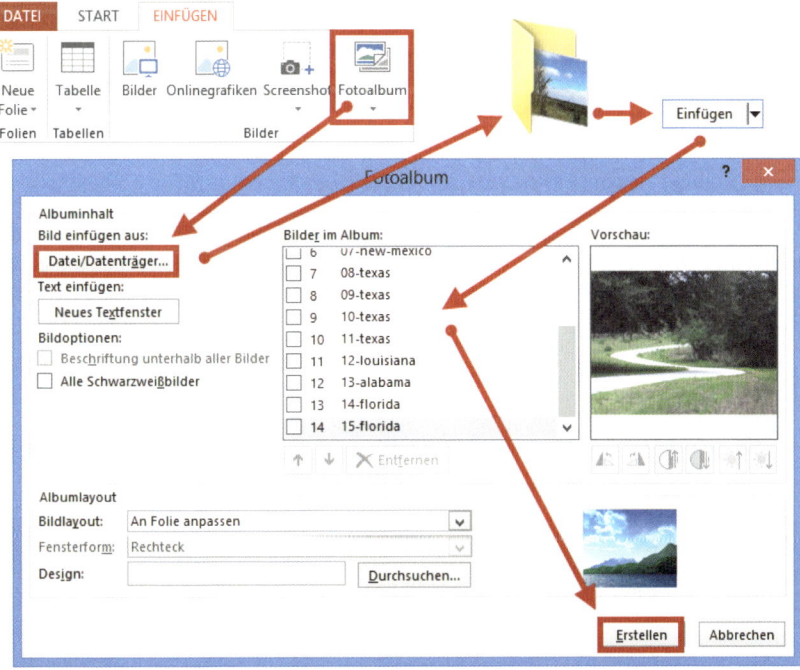

3. Markieren Sie die gewünschten Bilder und klicken Sie auf *Einfügen*.
4. Nach einem Klick auf *Erstellen* erzeugt PowerPoint das Fotoalbum. Ungefragt fügt PowerPoint eine Startfolie ein und versieht alle Folien mit schwarzer Hintergrundfarbe. Die Startfolie löschen Sie am besten und den schwarzen Folienhintergrund passen Sie bei Bedarf an (siehe Seite 174).

> **HINWEIS** PowerPoint 2013 erzeugt ein neues Fotoalbum per Voreinstellung im Format 16:9. Wenn Sie Bilder im 4:3-Format verwenden, müssen Sie nachbessern. Wählen Sie dazu auf der Registerkarte *ENTWURF* den Befehl *Foliengröße/Standard (4:3)/Maximieren*.

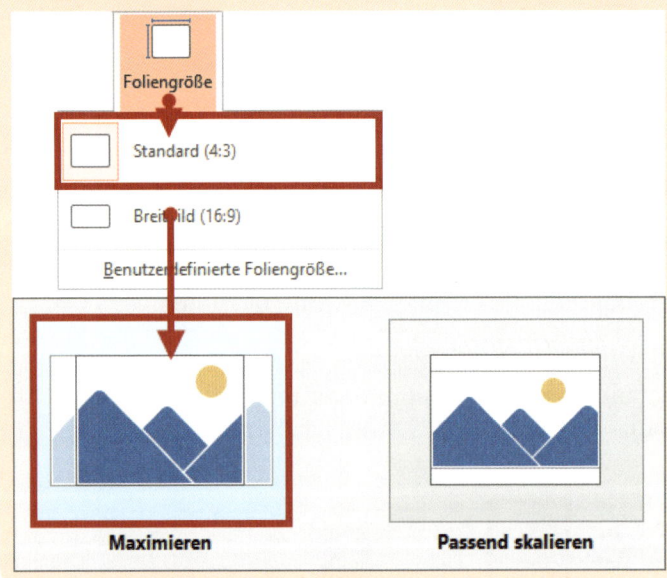

Ein Fotoalbum nachträglich ändern

Wenn Sie beim Erstellen eines neuen Albums alle Voreinstellungen übernehmen, fügt PowerPoint pro Folie nur genau *ein* Bild ein und skaliert es auf maximale Größe. Nachträgliche Änderungswünsche sind kein Problem. Ob Bildlayout, Fensterform oder Design – nach spätestens 30 Sekunden ist das Album neu gestaltet.

So geht's:

1. Klicken Sie auf der Registerkarte *EINFÜGEN* auf das kleine Dreieck unterhalb des Symbols *Fotoalbum* und wählen Sie *Fotoalbum bearbeiten*.

> **HINWEIS** Wenn der Befehl *Fotoalbum bearbeiten* deaktiviert ist, wurde die aktuelle Präsentation nicht mithilfe dieser Funktion erstellt und ist aus Sicht von PowerPoint damit kein echtes Fotoalbum.

2. Ändern Sie das *Albumlayout* wie gewünscht. Sobald Sie ein anderes als das voreingestellte *Bildlayout* wählen, dürfen Sie auch die *Fensterform* anpassen.

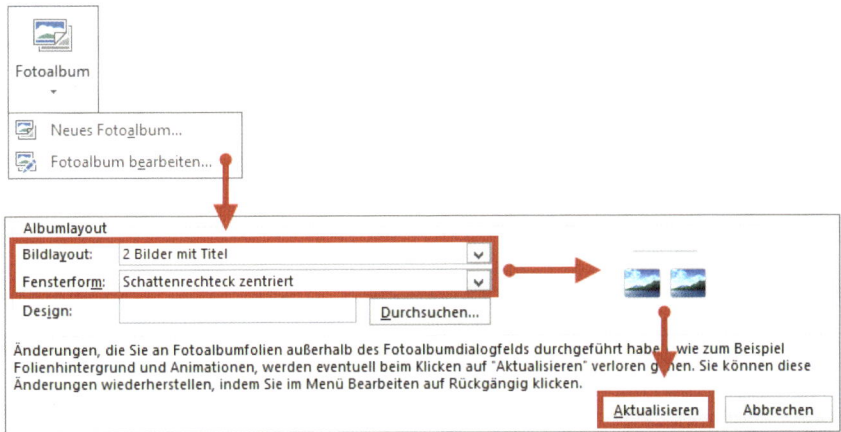

3. Mit einem Klick auf *Aktualisieren* schließen Sie die Aktion ab und PowerPoint gestaltet das Fotoalbum neu.

ONLINE Sehen Sie selbst, wie einfach das geht. Öffnen und ändern Sie die Beispieldatei *Fotoalbum.pptx* im Ordner \Buch\Kap08.

Bilder komprimieren

Grafikdateien sind Dickmacher, aber PowerPoint unterwirft Präsentationen per Voreinstellung einer Zwangsdiät und komprimiert Bilder beim Einfügen automatisch auf 220 ppi (Pixel pro Inch). Um diese Standardbildauflösung zu ändern, wählen Sie *DATEI/Optionen/Erweitert*.

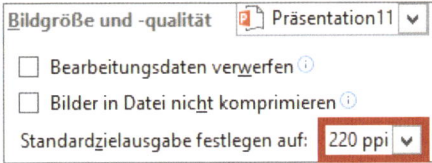

Standardbildauflösung nur mit gutem Grund ändern

Bei *Bildgröße und -qualität/Standardzielausgabe festlegen auf* stehen 220, 150 und 96 ppi zur Auswahl. Je niedriger der Wert, desto stärker die Komprimierung. Je stärker die Komprimierung, desto schlechter die Bildqualität. Als Faustregel gilt: Wenn Sie eine Präsentation nicht nur projizieren, sondern auch drucken möchten, sollten Sie bei der Voreinstellung von 220 ppi bleiben.

So komprimieren Sie eingefügte Bilder auf einen anderen als den voreingestellten Wert:

1. Doppelklicken Sie auf ein beliebiges Bild, um im Menüband die *BILDTOOLS* einzublenden und klicken Sie auf den Befehl *Bilder komprimieren*.
2. Wenn Sie nur das angeklickte Bild komprimieren möchten, belassen Sie das normalerweise aktivierte Kontrollkästchen *Nur für dieses Bild übernehmen*. Um *alle* Bilder der aktuellen Präsentation zu komprimieren, deaktivieren Sie es.
3. Wählen Sie die gewünschte *Zielausgabe* und klicken Sie auf *OK*.

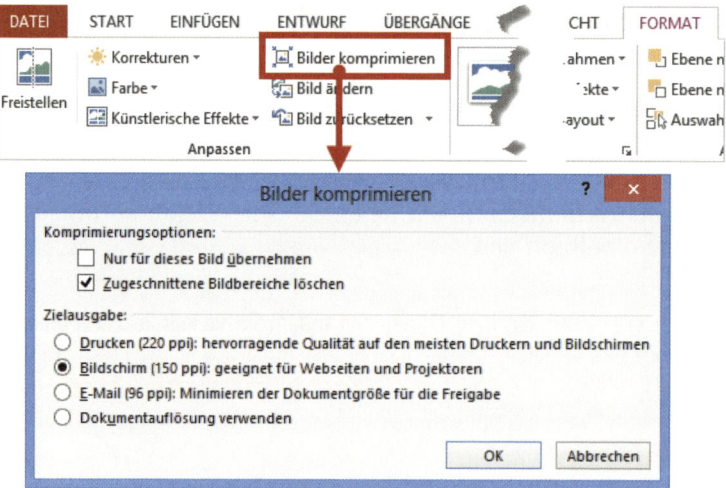

HINWEIS Bei der Option *Dokumentauflösung verwenden* greift PowerPoint auf die erwähnte Standardbildauflösung in *DATEI/Optionen/Erweitert/Bildgröße und -qualität/Standardzielausgabe festlegen auf* zurück.

Ein Objekt als Grafikdatei speichern

Wenn Sie ein Objekt auf einer Folie als eigenständige Grafikdatei speichern möchten, gehen Sie so vor:

1. Klicken Sie mit der rechten Maustaste auf das Objekt und wählen Sie im Kontextmenü den Befehl *Als Grafik speichern*.
2. Tippen Sie den Dateinamen ein, wählen Sie den gewünschten *Dateityp* (GIF, JPEG, PNG, TIFF, BMP, WMF oder EMF) und speichern Sie die Datei im gewünschten Ordner.

Bilder und Grafiken

Eine Folie als Grafikdatei speichern

Wenn Sie eine oder mehrere Folien einer Präsentation als eigenständige Grafikdatei speichern möchten, gehen Sie so vor:

1. Wählen Sie den Befehl *DATEI/Speichern unter/Computer/Durchsuchen*.
2. Wählen Sie Zielordner und *Dateityp* aus und klicken Sie auf *Speichern*.
3. Abschließend müssen Sie sich entscheiden: Sollen alle Folien oder nur diese eine Folie gespeichert werden?

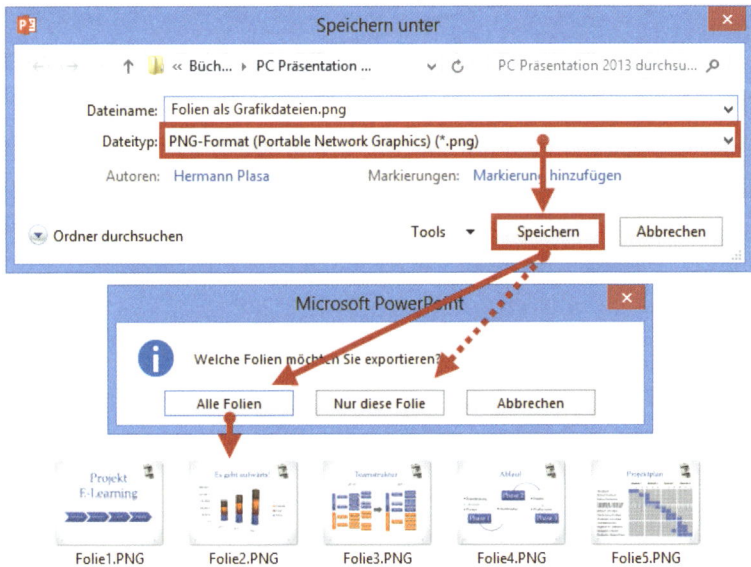

SmartArt-Grafiken erstellen

In Kapitel 3 haben Sie bereits eine Reihe von Beispielen für SmartArt-Grafiken gesehen, aber ich hatte Sie mit Details zur Erstellung und Bearbeitung auf später vertröstet. Jetzt ist es so weit. Hinter dem schönen, neudeutschen Begriff *SmartArt* verbergen sich in der Tat überraschend intelligente Schaubilder, mit deren Hilfe Sie Zeit und Nerven sparen. So erstellen Sie eine SmartArt-Grafik:

1. Wählen Sie den Befehl *EINFÜGEN/SmartArt*.
2. Wählen Sie die gewünschte SmartArt-Grafik aus und bestätigen Sie mit *OK*.

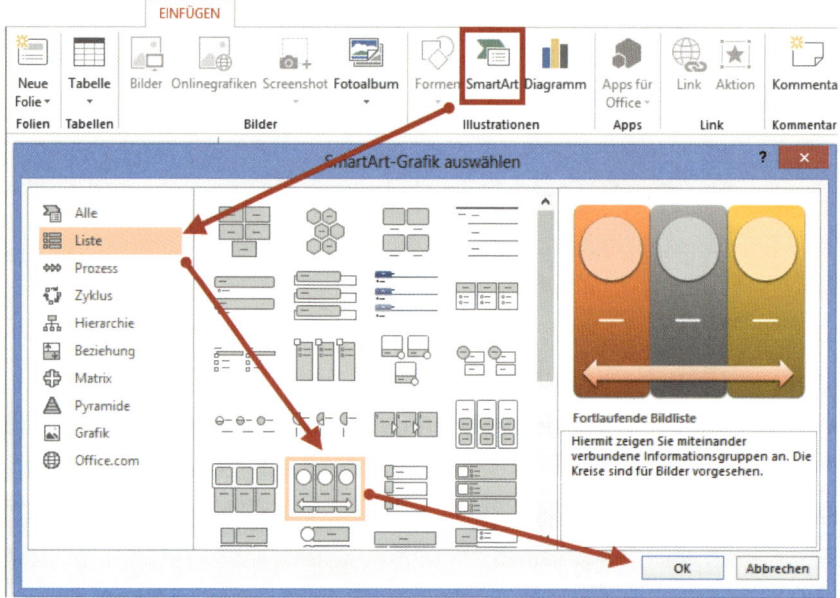

3. Die leere SmartArt-Grafik erscheint auf der Folie. Per Voreinstellung ist der Textbereich links von der SmartArt-Grafik geöffnet. Ist das nicht der Fall, öffnen Sie ihn mit einem Klick auf das Steuerelement »>« am linken Rand der SmartArt-Grafik.

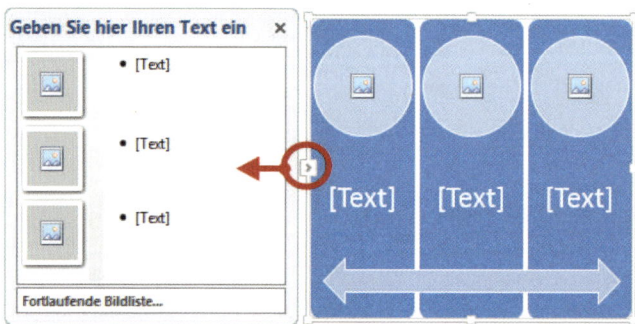

4. Um die Formen mit Text zu bestücken, könnten Sie den Text direkt in die Formen tippen. Ich empfehle Ihnen jedoch, im Textbereich zu arbeiten. SmartArt-Grafiken sind nichts anderes als gegliederte Aufzählungen, die PowerPoint in ein Schaubild umwandelt. Mit ⇥ rücken Sie einen Absatz nach rechts und mit ⇧+⇥ nach links ein.

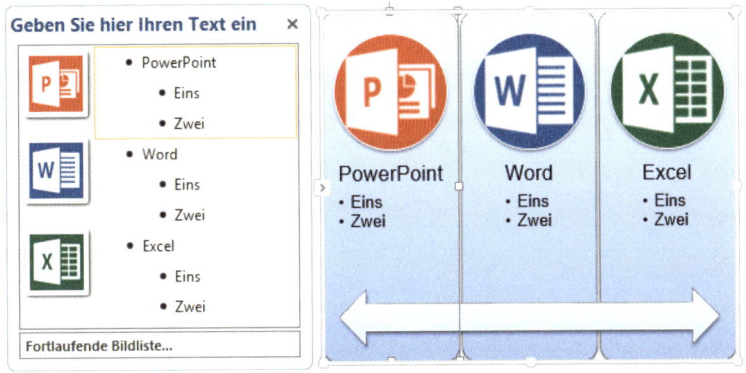

TIPP Alternativ zu ⇥ und ⇧+⇥ können Sie die Gliederungsebenen auch mithilfe der Befehle *Höher stufen* und *Tiefer stufen* auf der Registerkarte *SMARTART-TOOLS/ENTWURF* anpassen.

Wenn Sie den Textbereich nicht mehr benötigen, schließen Sie ihn.

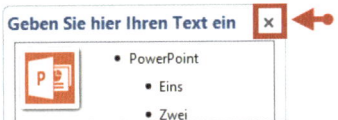

Um eine SmartArt-Grafik zu formatieren, wechseln Sie zur Registerkarte *FORMAT* der *SMARTART-TOOLS*. Dort finden Sie alles, was das Herz begehrt.

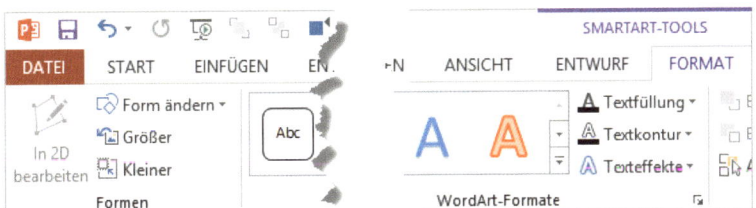

So wählen Sie ein anderes Layout für eine vorhandene SmartArt-Grafik:

1. Klicken Sie in die SmartArt-Grafik und wechseln Sie zur Registerkarte *ENTWURF* der *SMARTART-TOOLS*.
2. Wählen Sie das gewünschte Layout aus. Wenn Ihnen das Menüband nicht das passende Layout anbietet, öffnen Sie die Liste der verfügbaren Layouts.

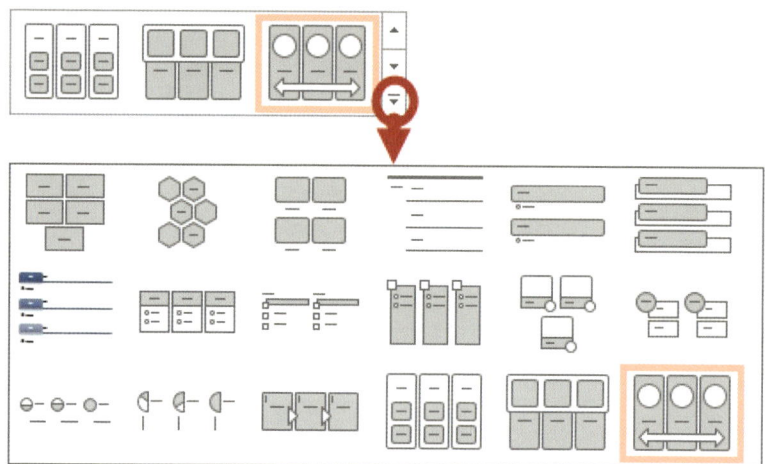

Werkzeuge zur Bildbearbeitung (Überblick)

Mit einem Doppelklick auf eine beliebige Grafik blenden Sie im Menüband die Registerkarte *BILDTOOLS/FORMAT* ein. Ganz links finden Sie die Werkzeuge zur Bildbearbeitung. Die meisten von ihnen verfügen über eine Vorschaufunktion.

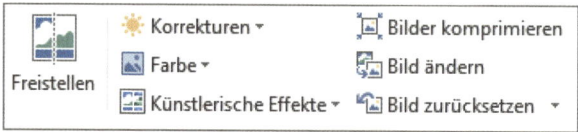

Werkzeug	Funktion
Freistellen	»Wegradieren« unerwünschter Bildbereiche
Korrekturen	Bild weichzeichnen (es wird dann mehr oder weniger unscharf) oder schärfer darstellen
Farbe	Farbsättigung bzw. Farbton (auch Graustufe) ändern oder komplett neu einfärben; transparente Farbe bestimmen
Künstlerische Effekte	Für Geschäftspräsentationen nur bedingt brauchbar
Bilder komprimieren	Details dazu finden Sie auf Seite 179
Bild ändern	Tauscht das aktuelle gegen ein anderes Bild aus
Bild zurücksetzen	Macht Anpassungen wieder rückgängig

Tabelle 8.1 Überblick über die wichtigsten Werkzeuge

Bildformatvorlagen und Bildeffekte

Mithilfe von speziellen Formatvorlagen und Effekten polieren Sie Grafiken mit wenigen Mausklicks auf Hochglanz.

So geht's:

1. Doppelklicken Sie auf das Bild, um im Menüband die Registerkarte BILD-TOOLS/FORMAT einzublenden.
2. Wählen Sie die gewünschte Variante. Ist nichts Passendes dabei, werfen Sie einen Blick in die Liste der *Bildeffekte*.

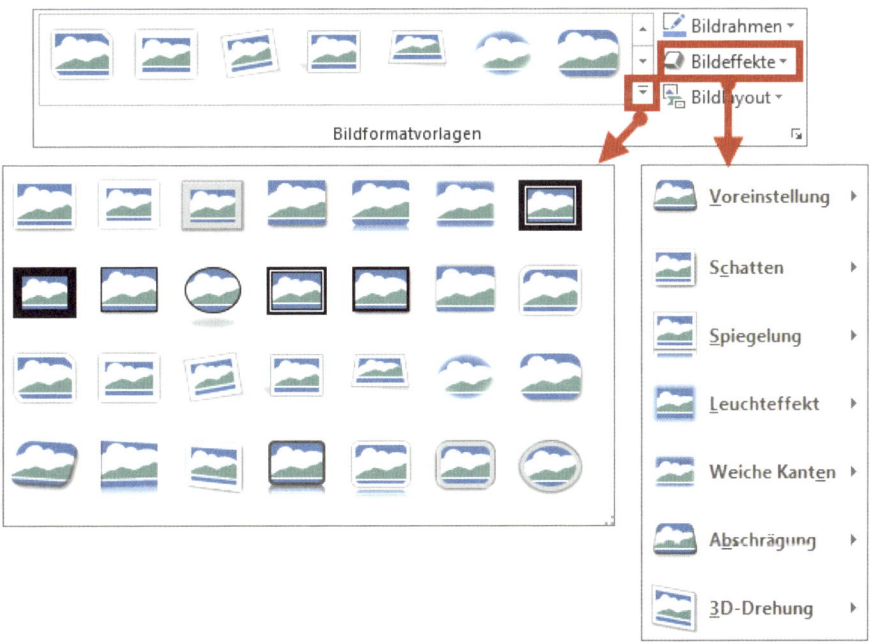

Ein Bild zuschneiden

Nach dem Zuschneiden eines Bilds ist vom Original nur noch ein Ausschnitt zu sehen.

So geht's:

1. Doppelklicken Sie auf das Bild, um die Registerkarte BILDTOOLS/FORMAT einzublenden, und klicken Sie auf den Befehl *Zuschneiden*. An den Seiten und Ecken des Bilds erscheinen schwarze Linien.
2. Mit der Maus schneiden Sie das Bild auf die gewünschten Maße zurecht.
3. Klicken Sie abschließend neben das Bild oder drücken Sie `Esc`.

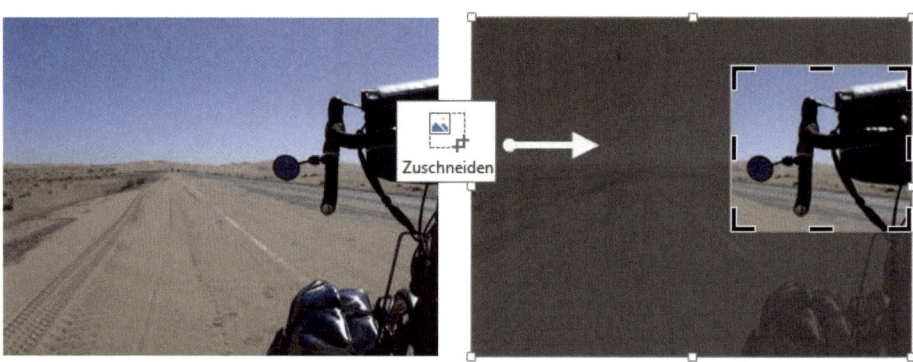

HINWEIS   Obwohl nur noch ein Ausschnitt des Bilds sichtbar ist, speichert PowerPoint dennoch die komplette Grafikdatei. Daraus folgt zweierlei: Erstens können Sie jederzeit erneut in den Zuschneidemodus wechseln und wieder mehr von der Grafik enthüllen. Zweitens nimmt das Bild nach wie vor den vollen Speicherplatz in Anspruch, selbst wenn nur noch ein winziges Stückchen davon zu sehen ist. Wird unter *DATEI/Optionen/Erweitert/Bildgröße und -qualität* jedoch das Kontrollkästchen *Bearbeitungsdaten verwerfen* aktiviert, werden nicht mehr sichtbare Bildbereiche und mit ihnen die überflüssigen Kalorien endgültig gelöscht. Weitere Möglichkeiten der Speicherplatzeinsparung bietet das Komprimieren von Bildern (siehe Seite 179).

Ein Bild skalieren

Wenn Augenmaß genügt, klicken Sie das Bild an und ziehen es mithilfe der Ziehpunkte auf die gewünschte Größe. Solange Sie einen der vier *Eck*-Ziehpunkte verwenden, vergrößert bzw. verkleinert PowerPoint das Bild automatisch proportional (das Seitenverhältnis, also das Verhältnis von Länge und Breite, bleibt folglich erhalten). Verwenden Sie dagegen die seitlichen Ziehpunkte, dann dehnen oder stauchen Sie die Grafik.

Bilder und Grafiken

Um ein Bild millimetergenau zu skalieren, gehen Sie so vor:

1. Doppelklicken Sie auf das Bild, um die Registerkarte BILDTOOLS/FORMAT einzublenden. Jetzt müssen Sie sich entscheiden: Entweder Sie ändern die Breite und PowerPoint berechnet automatisch die neue Höhe des Bilds – oder umgekehrt.

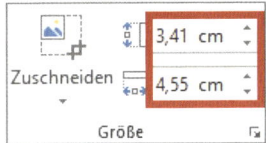

2. Klicken Sie in das entsprechende Feld und tippen Sie den gewünschten Wert ein.
3. Sobald Sie in das andere Feld klicken, berechnet PowerPoint automatisch dessen Wert und skaliert das Bild.

Den Bullaugeneffekt verwenden

Der Bullaugeneffekt ist ein relativ aufwendiges Mittel, um wechselnde Ausschnitte eines Bilds ins Zentrum der Aufmerksamkeit zu rücken. Voraussetzung ist ein *Bild als Folienhintergrund* (siehe Seite 174). Anschließend weisen Sie eine beliebige Form dazu an, statt einer Füllfarbe den Folienhintergrund anzuzeigen. Der Zuschauer sieht dann durch die Form hindurch auf den Folienhintergrund. Verschieben Sie die Form, wandert der Durchblick mit.

Ein Beispiel zum Mitmachen: Dieses U-Boot verfügt über drei Bullaugen, durch die Sie die Meereslandschaft hinter dem Boot sehen.

ONLINE Die Beispieldatei *Bullaugeneffekt.pptx* finden Sie im Ordner *\Buch\Kap08*.

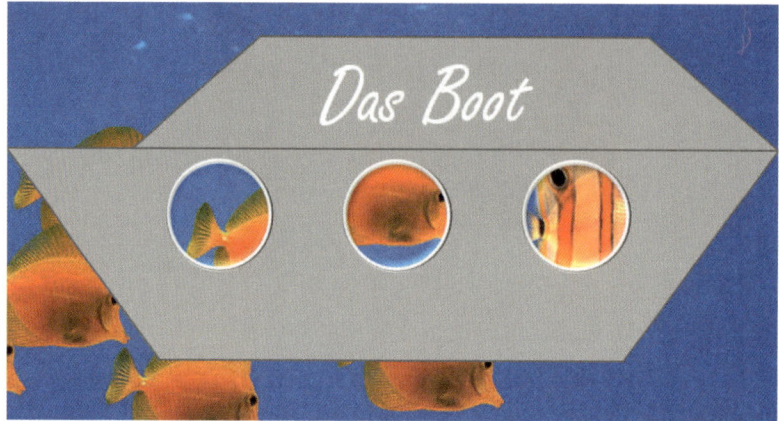

So geht's:

1. Verwenden Sie ein beliebiges Bild als Folienhintergrund.
2. Jetzt basteln Sie das Boot. Es besteht aus zwei Trapezoiden, von denen eines auf dem Kopf steht. Die Rolle der Bullaugen übernehmen drei Kreise.

3. Markieren Sie die Kreise und klicken Sie *einen* davon mit der rechten Maustaste an.
4. Wählen Sie im Kontextmenü den Befehl *Objekt formatieren* (bei nur einer markierten Form hieße der Befehl *Form formatieren*), um den Aufgabenbereich *Form formatieren* einzublenden.

5. Wählen Sie FORMOPTIONEN/Füllung und Linie/FÜLLUNG/Folienhintergrundfüllung.
6. Testen Sie das Ergebnis und verschieben Sie die Bullaugen.

Das (Hintergrund-)Bild des zweiten Beispiels ist in Graustufen gehalten, die mittels Bullaugeneffekt hervorgehobenen Stellen sind farbig. Sobald Sie den farbigen Bereich verschieben, wandert die Farbe mit.

So geht's:

1. Weisen Sie der Folie ein Bild als Folienhintergrund zu (siehe Seite 174).
2. Fügen Sie dasselbe Bild als Objekt *auf* der Folie ein (siehe Seite 172), skalieren Sie es auf Foliengröße und doppelklicken Sie darauf, um im Menüband die Registerkarte BILDTOOLS/FORMAT einzublenden.
3. Wählen Sie Graustufe statt Farbe (siehe Seite 184). Das Graustufenbild liegt jetzt deckungsgleich über dem farbigen Hintergrundbild.
4. Zeichnen Sie eine Ellipse, weisen Sie ihr den Bullaugeneffekt zu, und schon scheint der farbige Hintergrund durch.
5. Als i-Tüpfelchen doppelklicken Sie auf die Ellipse, um im Menüband die Registerkarte ZEICHENTOOLS/FORMAT einzublenden, klicken auf *Formeffekte* und wählen in der Kategorie *Weiche Kanten* die Variante *25 Punkt*.

> **TIPP** Sparen Sie Zeit durch Klonen: Wenn Sie mehrere Bullaugen benötigen, erstellen Sie zunächst nur eines, formatieren es nach allen Regeln der Kunst und kopieren diesen Prototyp nach Bedarf.

Farben mischen mit der Pipette

PowerPoint kann zwar schon seit ewigen Zeiten Farben mischen, aber das Problem lautet ja oft: »Wie mische ich eine Farbe exakt so wie eine andere, bestehende?« Die Pipette erledigt das für Sie. Angenommen, Sie möchten eine Form mit der Farbe der daneben befindlichen Grafik anmalen. So geht's:

1. Doppelklicken Sie auf die zu färbende Form, um im Menüband die Registerkarte ZEICHENTOOLS/FORMAT einzublenden.
2. Wählen Sie in der Befehlsgruppe *Formenarten* den Befehl *Fülleffekt/Pipette*.
3. Zeigen Sie zunächst mit dem zur Pipette gewordenen Mauszeiger auf eine Stelle mit dem gewünschten Farbton. Rechts oberhalb der Pipette erscheint nun ein Minivorschaufenster in Form eines Quadrats. Wenn die Farbe passt, klicken Sie.
4. Die Form ist neu eingefärbt.

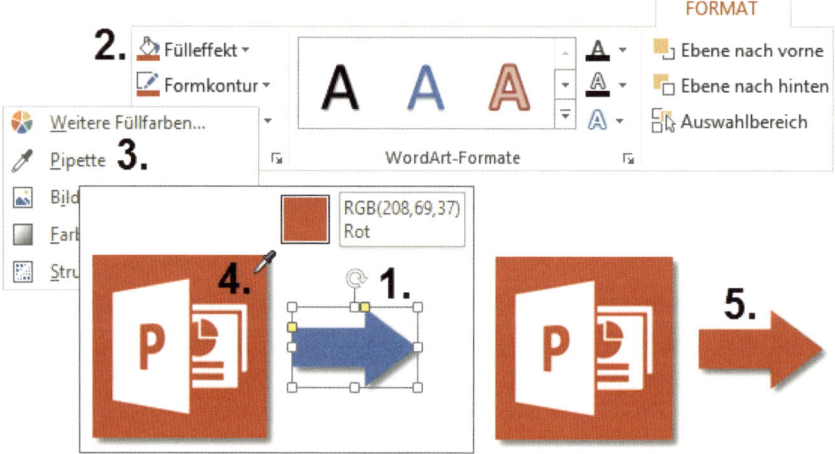

Tabellen

Für Arbeiten an Tabellen assistieren Ihnen die *TABELLENTOOLS* mit ihren beiden Registerkarten *ENTWURF* und *LAYOUT*. Sie erscheinen automatisch nach dem Erstellen einer neuen Tabelle bzw. sobald Sie in eine vorhandene Tabelle klicken.

Tabellen

Zellinhalte horizontal und vertikal ausrichten

Per Voreinstellung richtet PowerPoint Zellinhalte *Linksbündig/Oben* aus. So ändern Sie das:

1. Markieren Sie die Zellen, Zeilen oder Spalten, deren Inhalte Sie ausrichten möchten.
2. Klicken Sie auf der Registerkarte *TABELLENTOOLS/LAYOUT* die passenden Symbole an.

Tabellenformatvorlagen einsetzen

Mithilfe von Tabellenformatvorlagen formatieren Sie die gesamte Tabelle mit einem einzigen Klick. Die Vorlagen finden Sie auf der Registerkarte *TABELLEN-TOOLS/ENTWURF*. Für eine Vorschau zeigen Sie auf eine Vorlage, zum Zuweisen klicken Sie diese an. Ein Klick auf den kleinen Pfeil am rechten Rand der Befehlsgruppe *Tabellenformatvorlagen* öffnet die Gesamtliste aller Vorlagen.

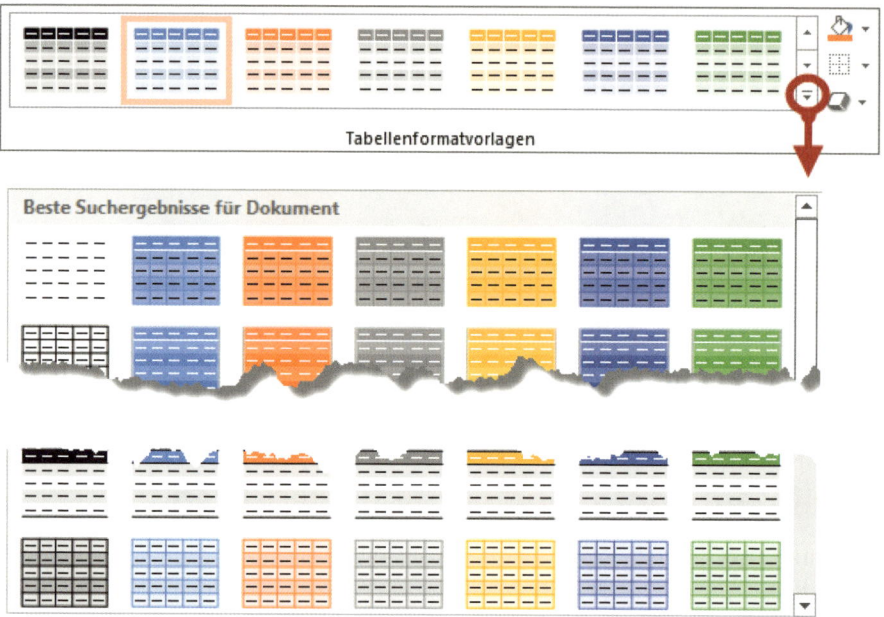

Zeilen und Spalten zentimetergenau skalieren

Die beiden Drehfelder der Befehlsgruppe *Zellengröße* auf der Registerkarte TABELLENTOOLS/ENTWURF zeigen die aktuelle Zeilenhöhe und Spaltenbreite an.

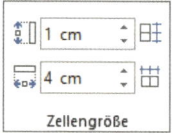

Mithilfe der kleinen Drehfeldpfeile ändern Sie die Höhe bzw. Breite von Zeilen und Spalten. Natürlich dürfen Sie die Werte auch in die Felder *tippen*.

> **ACHTUNG** Vorsicht Falle! PowerPoint wird sich gelegentlich weigern, die Zeilenhöhe auf das gewünschte Maß zu verkleinern. Das liegt daran, dass eine Zeile mindestens so hoch sein muss wie die aktuell eingestellte Schriftgröße. Erst wenn Sie für alle Zellen der betreffenden Zeile die Schriftgröße reduzieren, können Sie die Höhe auf das gewünschte Maß senken.

Eine Tabelle zentimetergenau skalieren

Wie groß ist eigentlich die Tabelle? Die Antwort auf diese Frage finden Sie auf der Registerkarte TABELLENTOOLS/*LAYOUT* nach einem Blick in die Befehlsgruppe *Tabellengröße*.

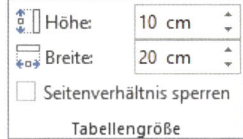

Zum Ändern tippen Sie den *ersten* Wert ein, klicken in das zweite Feld, tippen den *zweiten* Wert ein und klicken dann *neben* das Feld.

> **ACHTUNG** Vorsicht Falle! Wenn sich PowerPoint weigert, die Höhe der Tabelle unter ein bestimmtes Maß zu senken, müssen Sie analog zum Skalieren einzelner Zellen oder Zeilen zuerst die Schriftgröße der Zellinhalte reduzieren, bevor Sie die Tabelle unter die bislang gültige Mindestgröße skalieren können.

Einzelne Zeilen und Spalten einfügen und löschen

Die dafür passenden Befehle finden Sie auf der Registerkarte TABELLENTOOLS/LAYOUT. Klicken Sie in eine Zelle der Tabelle und wählen Sie den gewünschten Befehl aus.

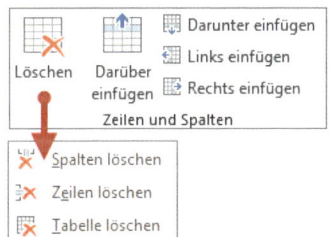

Alternativ können Sie auch die Minisymbolleiste einsetzen. Klicken Sie mit der rechten Maustaste in eine Zelle und wählen Sie den gewünschten Befehl aus.

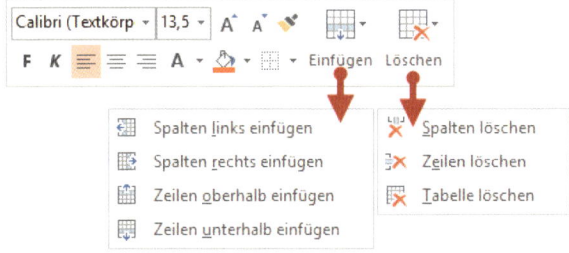

Tabellenoptionen

Die Optionen finden Sie ganz links auf der Registerkarte TABELLENTOOLS/ENTWURF. Durch Setzen und Entfernen der Häkchen ändern Sie das Erscheinungsbild der gesamten Tabelle mit wenigen Mausklicks. Das Setzen und Entfernen von Häkchen wirkt sich auf die Tabellenformatvorlagen aus.

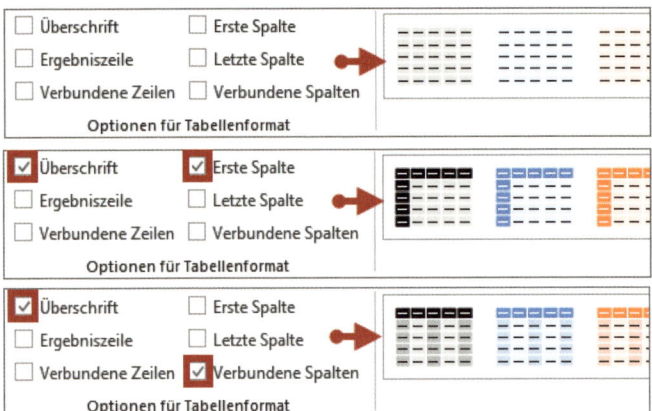

Füllfarben und Rahmenlinien

Um Füllfarben zu ändern, markieren Sie zuerst die Zellen, Zeilen oder Spalten und klicken dann auf der Registerkarte TABELLENTOOLS/ENTWURF auf den Pfeil neben dem Farbeimersymbol. Für eine Vorschau *zeigen*, zum Zuweisen *klicken* Sie auf die gewünschte Farbe.

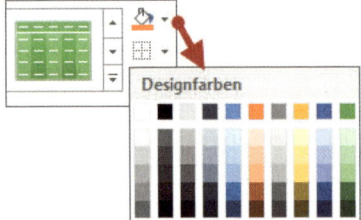

Bei den Rahmenlinien markieren Sie zunächst diejenigen Zellen, Zeilen oder Spalten, die Sie formatieren möchten. Ab jetzt kommt es auf die richtige Reihenfolge an:

1. Linienart wählen
2. Linienstärke wählen
3. Linienfarbe wählen
4. Geltungsbereich wählen

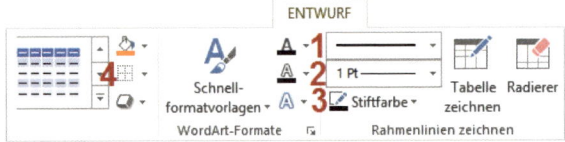

9
Diagramme, Animationen und Hyperlinks

Mit Diagrammen arbeiten	196
Animationen erstellen und bearbeiten	208
Mit Hyperlinks interaktiv präsentieren	225

In Kapitel 8 haben Sie eine Reihe von Tipps und Tricks kennengelernt, mit deren Hilfe Sie schnell und bequem ans Ziel gelangen. In diesem Kapitel erfahren Sie Wissenswertes zu Diagrammen, Animationen und Hyperlinks. Nach wie vor empfehle ich Ihnen, das Notebook oder den PC einzuschalten und alle Übungen auszuprobieren, die Sie noch nicht kennen.

Mit Diagrammen arbeiten

In Kapitel 4 haben Sie das kleine Einmaleins der Diagramme erlernt und wissen jetzt alles über die Botschaft von Zahlen, kennen die wichtigsten Zahlenvergleichstypen und finden auf Anhieb den passenden Diagrammtyp. Jetzt lernen Sie, wie Sie aus den Rohdaten anschauliche Diagramme erstellen und bearbeiten.

Ein Diagramm erstellen

Mit PowerPoint 2007 hat Excel das gute alte MS Graph abgelöst und die Alleinherrschaft über Diagramme übernommen. Ob Sie Diagramme in Excel oder in PowerPoint erstellen – die Werkzeuge sind dieselben und der Datenaustausch zwischen Excel und PowerPoint ist problemlos.

Beispiel Multifunktionsplatzhalter

Je nach Ausgangssituation führen unterschiedliche Wege zum Ziel. Im ersten Fall gehe ich davon aus, dass Sie ein Folienlayout mit Multifunktionsplatzhaltern gewählt haben.

1. Klicken Sie auf das Symbol *Diagramm einfügen*.
2. Per Doppelklick wählen Sie das gewünschte Diagramm aus.

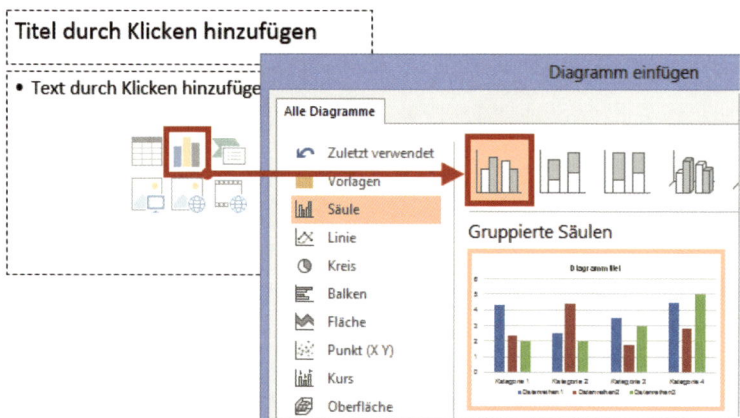

3. Das Diagramm erscheint auf der Folie, über dem Diagramm blendet Power-Point eine Datentabelle mit Beispieldaten ein.

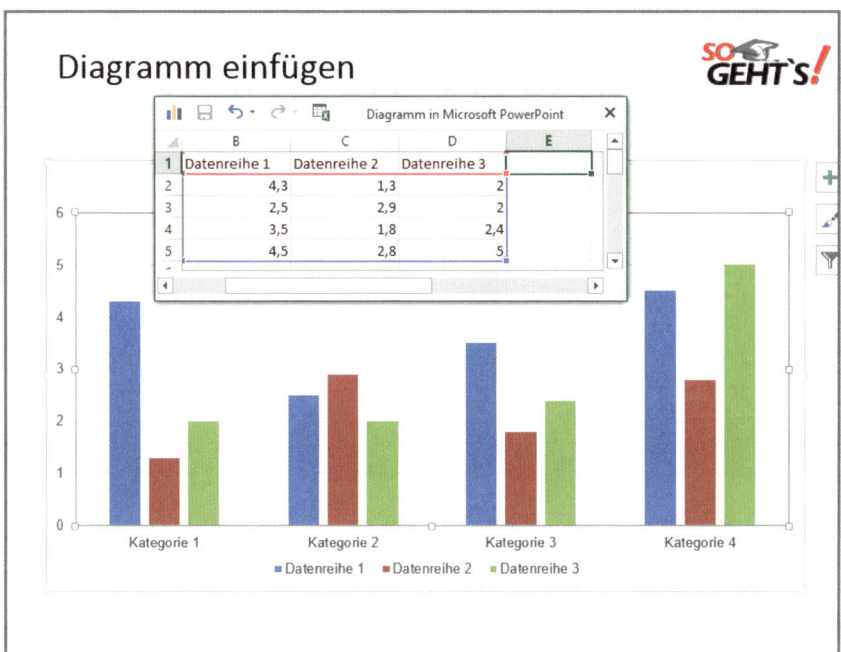

4. Sobald Sie die Beispieldaten ändern, passt sich das Diagramm automatisch an. Ein (blauer) Rahmen umgibt denjenigen Zellbereich des Datenblatts, der im Diagramm dargestellt wird. Wenn Sie diesen Bereich ändern möchten, klicken Sie auf die rechte untere Ecke des Rahmens und ziehen ihn mit gedrückt gehaltener Maustaste an die gewünschte Position.

5. Wenn Sie die Datentabelle nicht mehr benötigen, schließen Sie diese. PowerPoint speichert ohne Rückfrage das Datenblatt zusammen mit der Präsentationsdatei. Jetzt können Sie das Diagramm in PowerPoint bearbeiten. Und zwar mithilfe der *DIAGRAMMTOOLS*, bestehend aus den Registerkarten *ENTWURF* und *FORMAT*. Die *DIAGRAMMTOOLS* erscheinen im Menüband, sobald Sie in das Diagramm klicken.

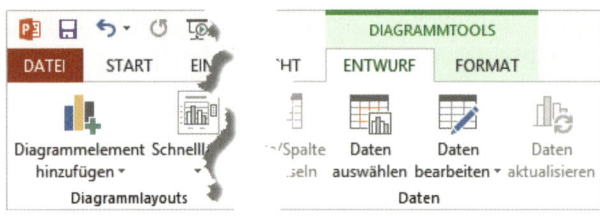

Datenquelle öffnen und bearbeiten

Um die Datenquelle zur Bearbeitung zu öffnen, wählen Sie auf der Registerkarte *DIAGRAMMTOOLS/ENTWURF* den Befehl *Daten bearbeiten*.

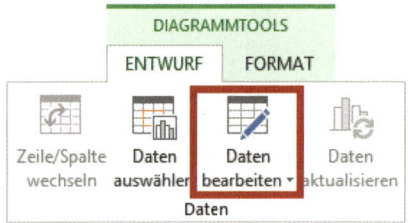

Wenn Sie einzelne Spalten oder Zeilen der Datenquelle *nicht* im Diagramm anzeigen möchten, blenden Sie diese aus. Klicken Sie dazu mit der rechten Maustaste auf den entsprechenden Spalten- oder Zeilenkopf und wählen Sie den Befehl *Ausblenden*. Um ausgeblendete Spalten oder Zeilen wieder einzublenden, markieren Sie die beiden Nachbarspalten bzw. Nachbarzeilen, klicken mit der rechten Maustaste in die Markierung und wählen den Befehl *Einblenden*.

Den Diagrammtyp ändern

Um den Diagrammtyp zu ändern, wählen Sie auf der Registerkarte *ENTWURF* der *DIAGRAMMTOOLS* den Befehl *Diagrammtyp ändern* und doppelklicken auf den gewünschten Diagrammtyp.

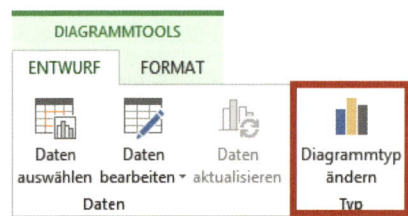

Diagrammformatvorlagen

Mithilfe der Vorlagen auf der Registerkarte *ENTWURF* der *DIAGRAMMTOOLS* formatieren Sie das komplette Diagramm mit einem einzigen Mausklick.

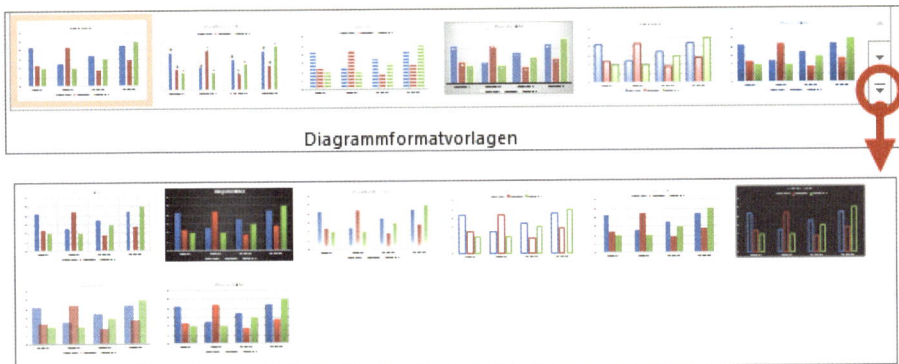

Diagrammelemente bearbeiten

Der lange Weg führt über die Registerkarte *FORMAT* der *DIAGRAMMTOOLS*. In der Auswahlliste aller Diagrammelemente (des jeweiligen Diagramms) – innerhalb der Registerkarte *FORMAT* ganz links zu finden – wählen Sie das gewünschte Element und klicken anschließend auf *Auswahl formatieren*.

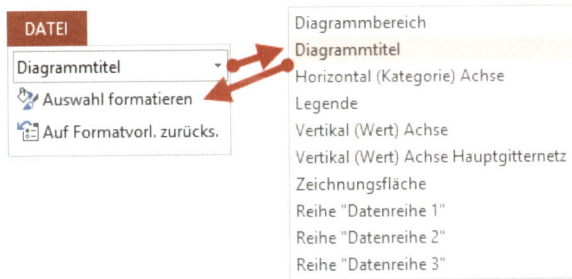

Wenn Sie die Abkürzung nehmen wollen, klicken Sie mit der rechten Maustaste auf das Diagrammelement, das Sie bearbeiten möchten. Im Kontextmenü wählen Sie den Befehl *<Diagrammelement> formatieren*.

Diagrammelemente hinzufügen/entfernen

Auch hier gibt es einen langen Weg und eine Abkürzung. Ersterer führt über die Registerkarte *ENTWURF* der *DIAGRAMMTOOLS*. Ganz links finden Sie die Liste mit allen Elementen, die Sie dem (aktuellen) Diagramm hinzufügen können.

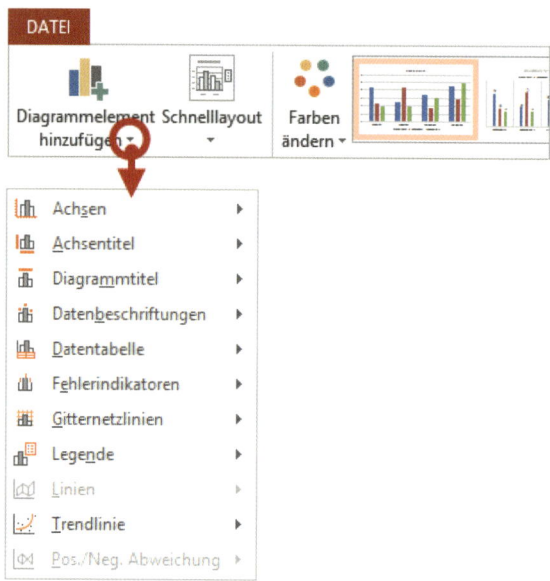

Der kürzere und von mir empfohlene Weg ist das unscheinbare »+«-Zeichen an der rechten oberen Ecke des Diagrammrahmens. Nach dem Anklicken erscheint eine Auswahlliste, in der Sie Diagrammelemente per Kontrollkästchen ein- bzw. ausblenden können.

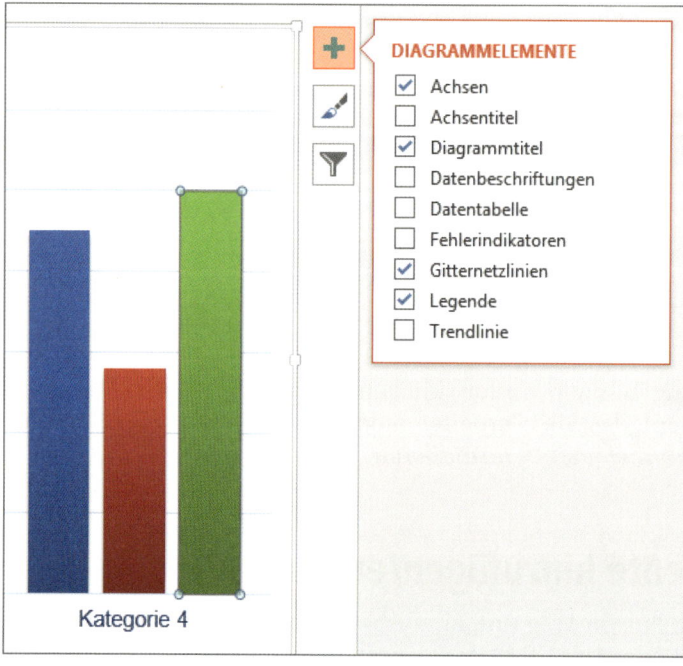

Diagrammelemente anpassen

Viele Wege führen nach Rom. Für das Anpassen von Diagrammelementen empfehle ich den Aufgabenbereich am rechten Fensterrand. Sie müssen sich in diesem Fall weder Registerkarten noch Befehle, noch Kontextmenüeinträge merken. Sie klicken einfach das gewünschte Diagrammelement an, und schon aktualisiert PowerPoint den Werkzeugkasten.

Ist der Aufgabenbereich ausgeblendet, klicken Sie ein beliebiges Diagrammelement mit der rechten Maustaste an und wählen im Kontextmenü den Befehl *<Diagrammelement> formatieren*. Solange es keinen zwingenden Grund gibt, den Aufgabenbereich wieder auszublenden, sollten Sie ihn eingeschaltet lassen. Auf diese Weise haben Sie immer diejenigen Werkzeuge in Klickweite, die für das jeweils ausgewählte Objekt zur Verfügung stehen.

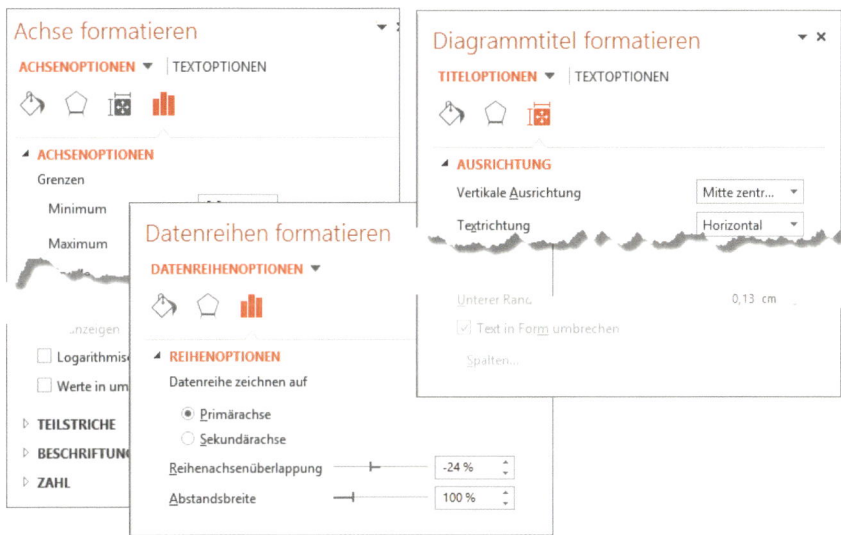

Datenpunkt oder Datenreihe anpassen?

Ein einzelner Wert, zum Beispiel eine Säule, entspricht einem *Datenpunkt*. Alle Werte einer Reihe, also alle gleichfarbigen Säulen, ergeben die *Datenreihe*. Im folgenden Beispiel soll die mittlere Datenreihe (alle roten Säulen) eine andere Farbe erhalten.

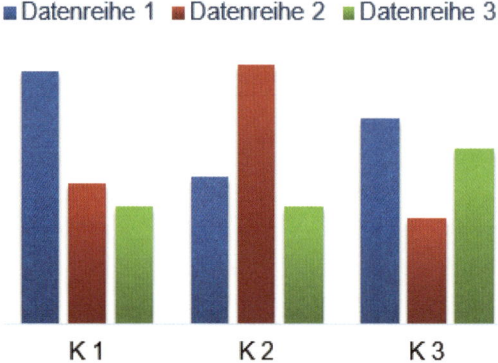

So geht's:

1. Klicken Sie auf eine beliebige Säule der Datenreihe, die Sie umfärben möchten. PowerPoint markiert automatisch *alle* Säulen dieser Datenreihe.

2. Wählen Sie im Aufgabenbereich *Datenreihen formatieren/Füllung und Linien/FÜLLUNG* die gewünschte Farbe.

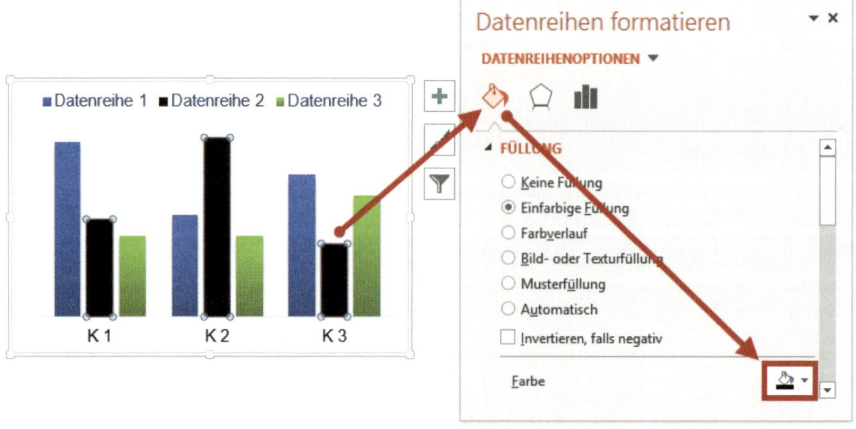

Wie färben Sie nun statt der gesamten Datenreihe nur eine einzelne Säule neu ein? Klicken Sie die Säule an, deren Farbe Sie ändern möchten: PowerPoint markiert grundsätzlich zunächst *alle* Säulen der Datenreihe. Klicken Sie nach einer kurzen Pause die Säule ein zweites Mal an. Jetzt ist nur noch diese eine Säule markiert. Die Pause ist entscheidend, weil sie den Unterschied zwischen einem Doppelklick und zwei Einfachklicks ausmacht. Nach zwei Einfachklicks schaltet PowerPoint vom Datenreihen- in den Datenpunktmodus. Jetzt geht's weiter wie beim Umfärben der Datenreihe beschrieben.

TIPP Zum Umfärben eines einzelnen Segments innerhalb eines Kreisdiagramms *müssen* Sie zuvor in den Datenpunktmodus schalten. Andernfalls erhalten *alle* Segmente die gleiche Farbe. Klicken Sie also mit der linken Maustaste das entsprechende Segment an, warten einen Moment und klicken es ein zweites Mal an. Jetzt ist nur noch dieses Segment markiert und Sie können es nach der oben beschriebenen Methode umfärben.

Achsen: Maximalwert und Hauptintervall anpassen

Per Voreinstellung bestimmt PowerPoint beide Werte automatisch. Im folgenden Beispiel soll der Maximalwert der Größenachse von 80.000 auf 100.000 und das Hauptintervall von 10.000 auf 20.000 geändert werden.

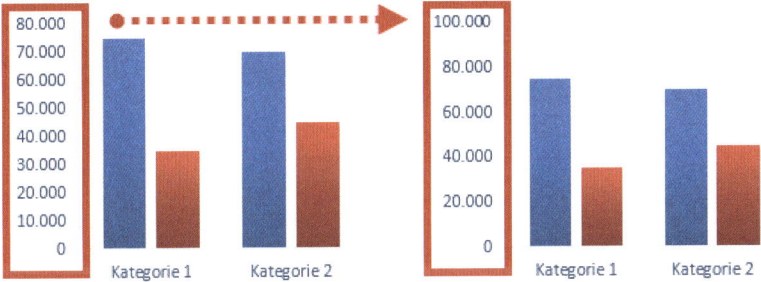

So geht's:

1. Klicken Sie mit der rechten Maustaste auf einen beliebigen Wert der Größenachse und wählen Sie im Kontextmenü den Befehl *Achse formatieren*.
2. Im Aufgabenbereich *Achse formatieren/ACHSENOPTIONEN* tippen Sie die gewünschten Werte ein.

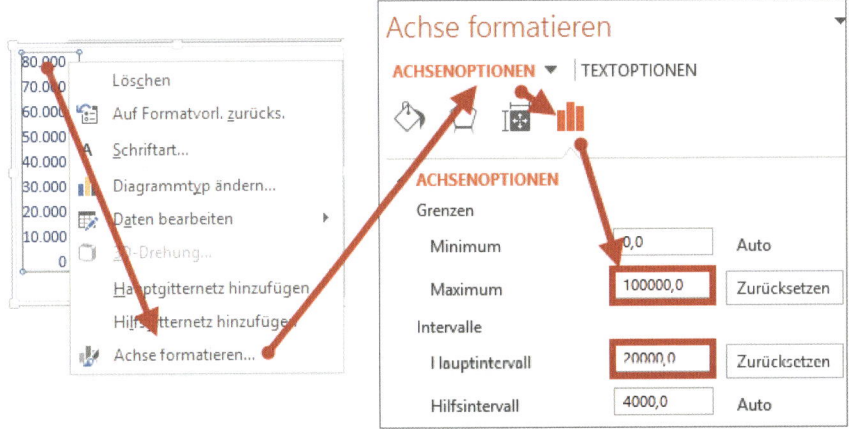

ACHTUNG Vorsicht! Ein eingetippter Maximalwert ist in Stein gemeißelt. Übersteigt ein Wert der Datentabelle irgendwann einmal diesen Maximalwert, passt PowerPoint die Skalierung nicht mehr an. Erst wenn Sie durch Klicken auf *Zurücksetzen* wieder zur automatischen Skalierung umschalten oder einen neuen passenden Maximalwert festlegen, wird das Diagramm wieder in sinnvoller Weise – also ohne dass etwa Säulen oben abgeschnitten sind – angezeigt.

Zahlenformat für Achsen anpassen

Per Voreinstellung übernimmt PowerPoint das Zahlenformat der Datentabelle. Um das im Diagramm angezeigte Zahlenformat ohne Eingriff in die Datentabelle zu ändern, gehen Sie so vor:

1. Klicken Sie mit der rechten Maustaste auf einen beliebigen Wert der Größenachse und wählen Sie im Kontextmenü den Befehl *Achse formatieren*.

2. Im Aufgabenbereich *Achse formatieren/ACHSENOPTIONEN* wählen Sie unter *Zahl* im Listenfeld *Rubrik* das gewünschte Format.

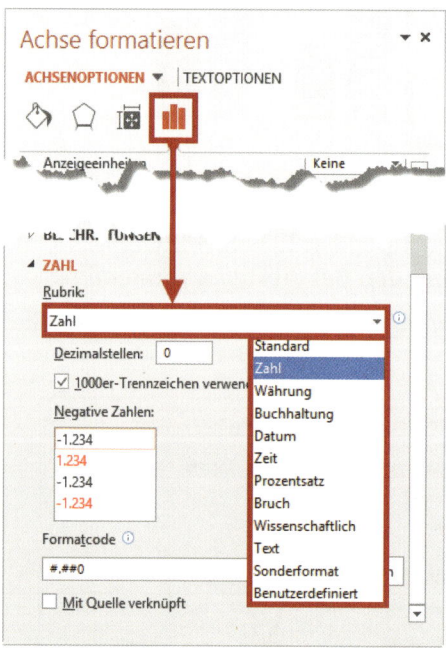

Verbindungslinien einblenden

Verbindungslinien gibt es nur bei gestapelten, zweidimensionalen Säulen- oder Balkendiagrammen. Sie erleichtern es dem Auge des Betrachters, die Entwicklung der einzelnen Datenreihen zu verfolgen.

Mit Diagrammen arbeiten

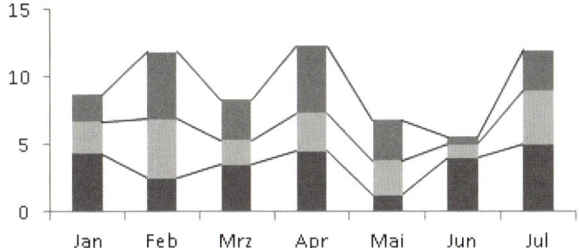

Zum Einfügen wählen Sie auf der Registerkarte *ENTWURF* der *DIAGRAMM-TOOLS* den Befehl *Diagrammelement hinzufügen/Linien/Verbindungslinien*.

Sich überlappende Säulen verwenden

Per Voreinstellung stehen Säulen nebeneinander. Überlappende Säulen verstärken den Vergleichscharakter.

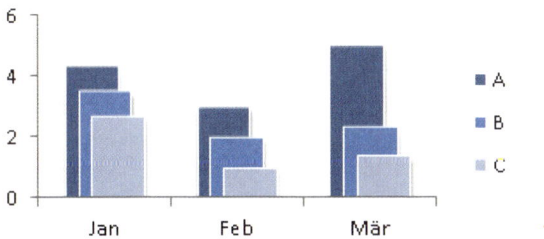

So geht's:

1. Klicken Sie mit der rechten Maustaste auf eine beliebige Säule und wählen Sie im Kontextmenü den Befehl *Datenreihen formatieren*.
2. Im Aufgabenbereich *Datenreihen formatieren/DATENREIHENOPTIONEN/ Datenreihenoptionen/REIHENOPTIONEN* wählen Sie im Drehfeld *Reihenachsenüberlappung* den gewünschten Wert.

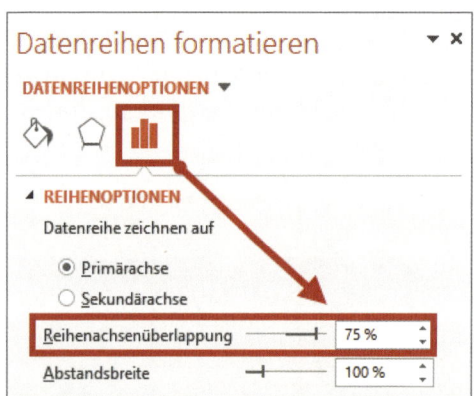

HINWEIS Der Überlappungseffekt hat jedoch einen entscheidenden Nachteil: Er funktioniert nur bei absteigenden Werten zufriedenstellend. Steigen die Werte an, verdecken die großen Säulen im Vordergrund die kleinen Säulen im Hintergrund.

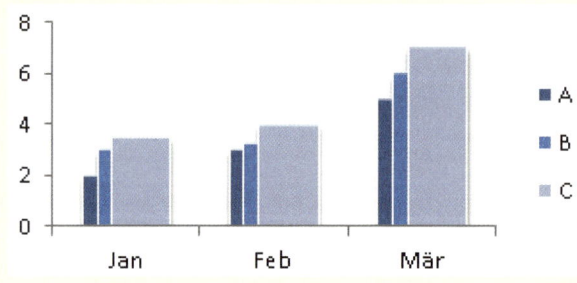

Kategorien in umgekehrter Reihenfolge anordnen

Balkendiagramme veranschaulichen eine Rangfolge. Dabei gilt die Grundregel: »Von oben nach unten werden die Balken immer kürzer«. Also erfassen Sie in der Datentabelle die Werte von oben nach unten absteigend, erstellen anschließend das Diagramm und … haben ein Problem: PowerPoint dreht die Reihenfolge um.

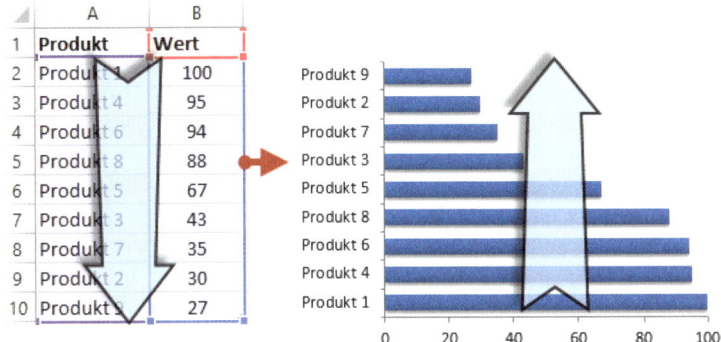

Was nun? Die Tabelle umsortieren oder gar die Werte neu erfassen? Nein, Sie ordnen im Diagramm die Kategorien in umgekehrter Reihenfolge an. So geht's:

1. Klicken Sie einen beliebigen Eintrag der Rubrikenachse mit der rechten Maustaste an und wählen Sie im Kontextmenü den Befehl *Achse formatieren*.

2. Schalten Sie im Aufgabenbereich *Achse formatieren* unter ACHSENOPTIONEN/Achsenoptionen/ACHSENOPTIONEN das Kontrollkästchen *Kategorien in umgekehrter Reihenfolge* sowie die Option *Horizontale Achse schneidet/Bei größter Rubrik* ein.

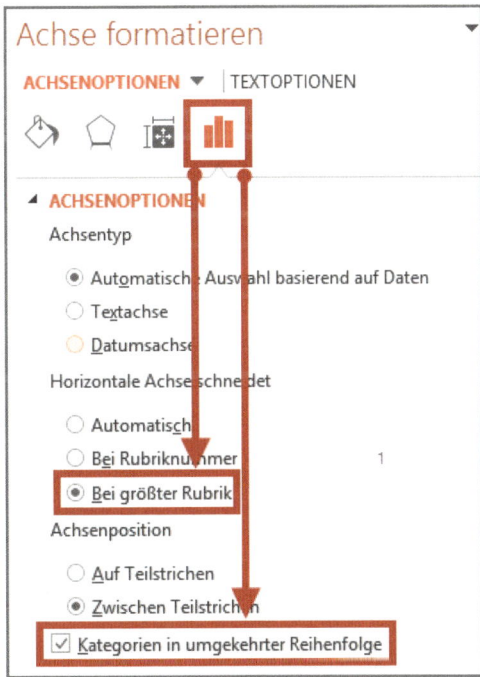

Animationen erstellen und bearbeiten

In diesem Abschnitt erfahren Sie, welche Animationseffekte PowerPoint zur Verfügung stellt und wie Sie Effekte zuweisen, bearbeiten bzw. bei Bedarf wieder entfernen.

Folienübergänge

Per Voreinstellung erscheinen die Folien im Präsentationsmodus ohne Übergang. Mithilfe der Registerkarte *ÜBERGÄNGE* ändern Sie das.

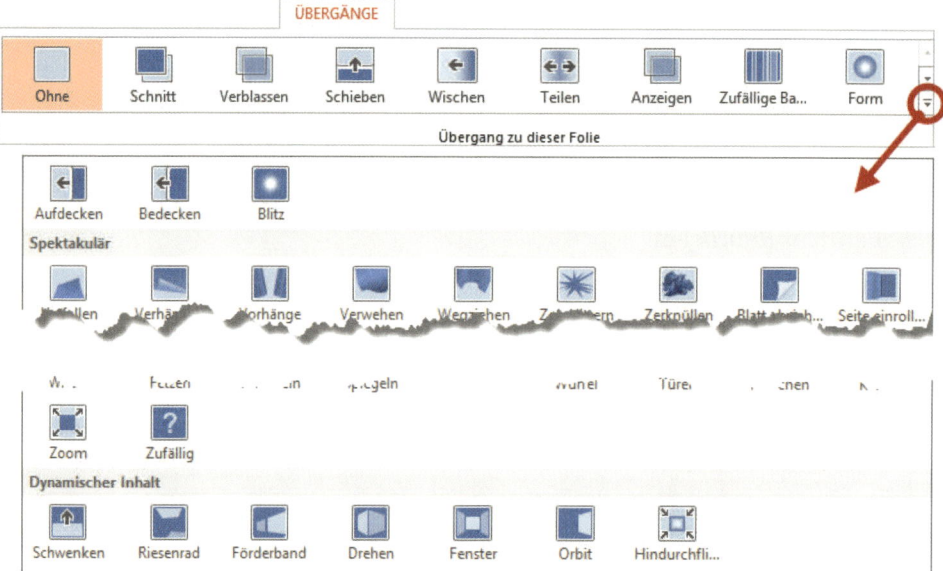

Zum Zuweisen klicken Sie den gewünschten Übergangseffekt an. Per Voreinstellung weist PowerPoint den Folienübergang nur der aktuellen Folie zu. Um mehreren Folien denselben Effekt zuzuweisen, markieren Sie zunächst die entsprechenden Folien, zum Beispiel durch Anklicken bei gedrückt gehaltener [Strg]-Taste, und wählen dann den gewünschten Übergangseffekt aus. Sollen *alle* Folien denselben Effekt erhalten, weisen Sie ihn zunächst einer beliebigen Folie zu und wählen dann *Für alle übernehmen*.

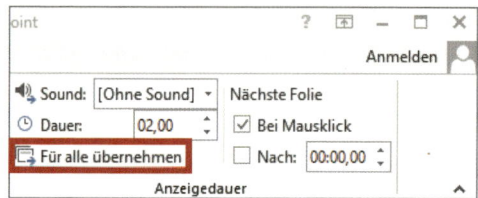

Wenn Sie wissen möchten, welche Folie welchen Übergangseffekt hat, klicken Sie die Minifolie an und werfen einen Blick auf die Registerkarte ÜBERGÄNGE: Der jeweilige Übergangseffekt ist auf der Registerkarte farblich hervorgehoben.

Um einen Folienübergang zu entfernen, markieren Sie die Folie(n) und wählen *Ohne*.

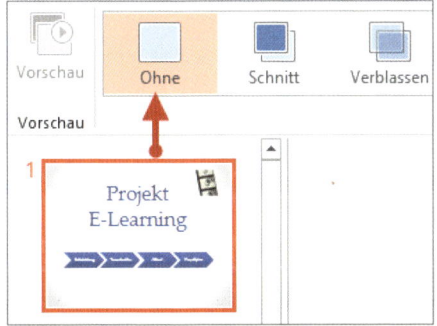

TIPP Für viele Übergangseffekte hat PowerPoint verschiedene Varianten in petto:

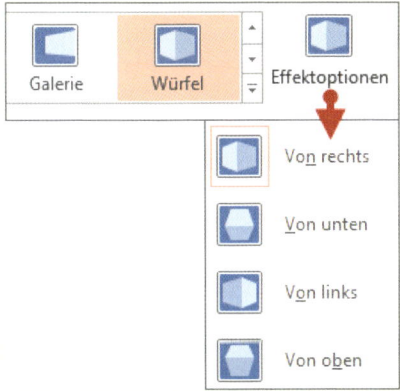

Animationseffekte

Auf der Registerkarte *ANIMATIONEN* finden Sie alle Werkzeuge zum Erstellen, Ändern und Verwalten von Animationseffekten.

PowerPoint stellt vier Animationstypen zur Verfügung:

1. *Eingang*: Objekt erscheint
2. *Betont*: Objekt verändert sich
3. *Ausgang*: Objekt verschwindet
4. *Animationspfade*: Objekt bewegt sich

> **HINWEIS** Objekte zu betonen, ist im Prinzip eine feine Sache, weil dies die Aufmerksamkeit des Betrachters auf sich zieht und damit auf einen Punkt bündelt. Soweit zur Theorie. Für professionelle Geschäftspräsentationen eignen sich meiner Meinung nach jedoch nur wenige der eher verspielten Effekte.

Animationseffekt zuweisen

So unterschiedlich die Animationen auch sein mögen, zum Einfügen gehen Sie immer denselben Weg:

1. Klicken Sie das zu animierende Objekt an und wählen Sie auf der Registerkarte *ANIMATIONEN* den Befehl *Animation hinzufügen*.
2. Wählen Sie den gewünschten Effekt direkt aus der Lise oder klicken Sie je nach Effekttyp entweder auf *Weitere Eingangseffekte*, *Weitere Hervorhebungseffekte*, *Weitere Ausgangseffekte* oder *Weitere Animationspfade*.

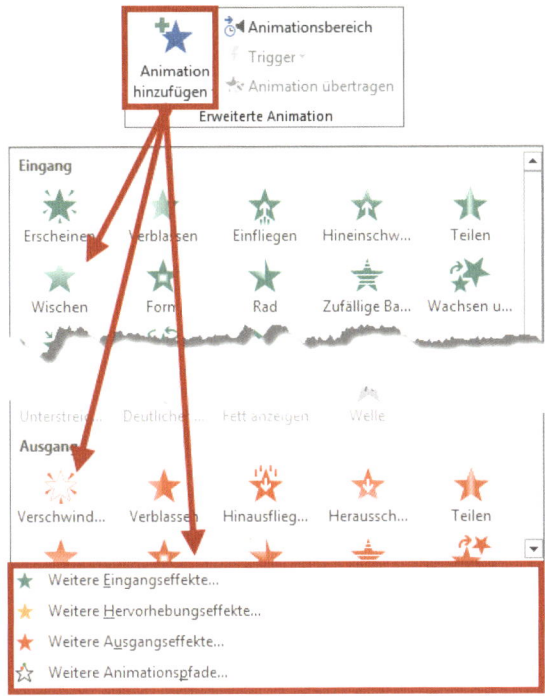

Spezialfall »Animationspfad«

Mit den Animationspfaden verhält es sich meiner Meinung nach ähnlich wie mit den Hervorhebungseffekten. Gut gemeint, aber für professionelle Geschäftspräsentationen sind sie nur selten bzw. nur in geringer Dosis hilfreich.

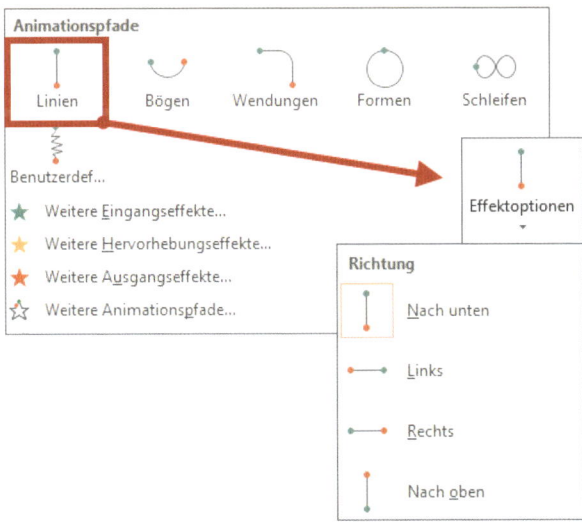

Ein grünes Dreieck markiert den Beginn, ein rotes das Ende des Animationspfads (1). Sobald Sie den Pfad selbst, vorzugsweise das rote Dreieck am Ende des Pfads anklicken, liefert PowerPoint eine leicht abgedimmte Vorschau der exakten Zielposition des Objekts (2). Aus dem roten Dreieck ist ein roter Punkt geworden. Zum Anpassen der Zielposition des Objekts ziehen Sie diesen roten Punkt an die gewünschte Zielposition (3).

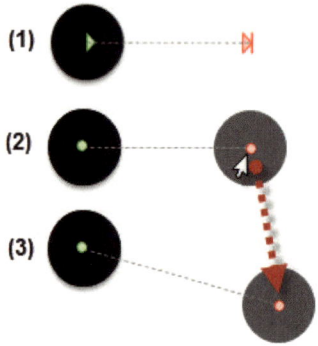

HINWEIS PowerPoint zeigt Animationspfade nur auf der Registerkarte *ANIMATIONEN* an.

ONLINE Die Beispieldateien *Animationspfad.pptx* und *Billard.pptx* finden Sie im Ordner *\Buch\Kap09*.

Effekte kombinieren

Selbstverständlich können Sie einem einzigen Objekt *mehrere* Effekte zuweisen: Es erscheint aus dem Nichts, verändert anschließend seine Farbe, wandert danach an eine andere Position und verschwindet schließlich wieder von der Bildfläche.

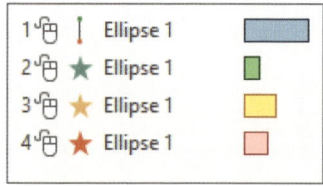

ONLINE Die Beispieldatei *EffekteKombinieren.ppsx* finden Sie im Ordner *\Buch\Kap09*.

Der Animationsbereich

Für das Feintuning von Animationen gibt es einen eigenen Aufgabenbereich. Zum Einblenden wählen Sie *ANIMATIONEN/Animationsbereich*.

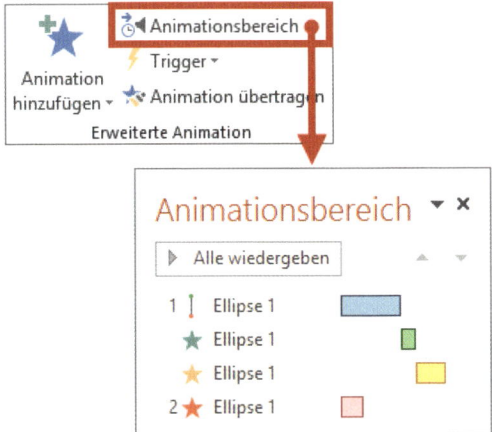

Der Animationsbereich listet alle Animationen der aktuellen Folie auf. Farbige Balken veranschaulichen den Animationstyp, Beginn, Ende und Dauer der einzelnen Effekte.

ACHTUNG   Per Voreinstellung ist der Animationsbereich etwas zu schmal (rechte Abbildung) und zeigt die Startartsymbole nicht an. Verbreitern Sie den Animationsbereich deshalb bei gedrückt gehaltener linker Maustaste so weit, bis die Symbole erscheinen.

Eine SmartArt-Grafik animieren

Per Voreinstellung animiert PowerPoint eine SmartArt-Grafik als Ganzes. So ändern Sie das:

1. Klicken Sie in die SmartArt-Grafik und weisen Sie ihr den gewünschten Effekt zu.

2. Klicken Sie mit der rechten Maustaste auf den Effekt, wählen Sie im Kontextmenü den Befehl *Effektoptionen* und wechseln Sie im nächsten Dialogfeld zur Registerkarte *SmartArt-Animation*.

3. Wählen Sie die gewünschte Variante. Anzahl und Art der Varianten hängen von der jeweiligen SmartArt-Grafik ab.

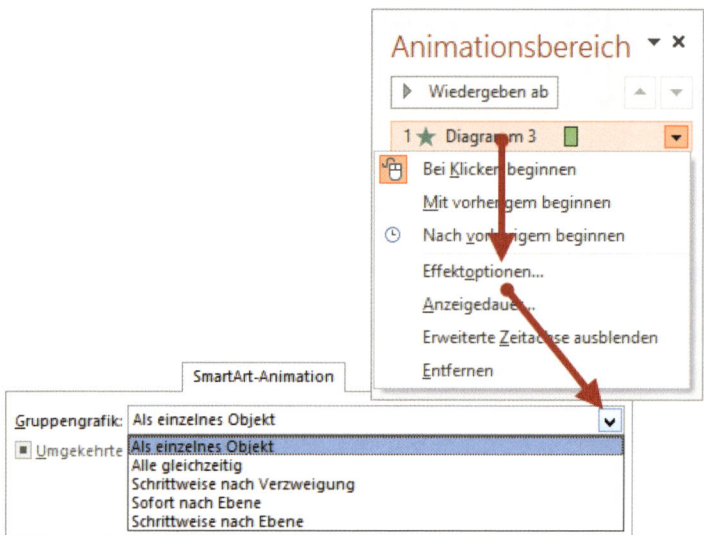

Lassen Sie sich nicht davon irritieren, dass SmartArt-Grafiken im Animationsbereich als *Diagramm* gelistet werden.

Diagramm animieren

Per Voreinstellung animiert PowerPoint ein Diagramm als Ganzes. So ändern Sie das:

1. Klicken Sie in das Diagramm und weisen Sie diesem den gewünschten Effekt zu.

2. Klicken Sie im *Animationsbereich* mit der rechten Maustaste auf den Effekt, wählen Sie im Kontextmenü den Befehl *Effektoptionen* und wechseln Sie im nächsten Dialogfeld auf die Registerkarte *Diagrammanimation*.

3. Wählen Sie die gewünschte Variante. Anzahl und Art der Varianten hängen vom Typ des jeweiligen Diagramms ab.

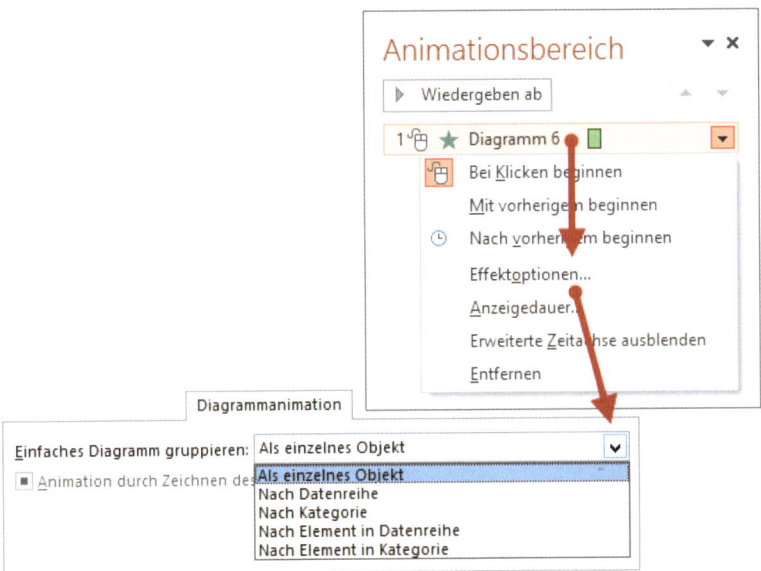

Animationsvorschau und Präsentationsmodus

Die *AutoVorschau* ist per Voreinstellung aktiviert. Sobald Sie einem Objekt einen Animationseffekt zuweisen, liefert PowerPoint eine Vorschau dieses Effekts. Um alle Effekte einer Folie in der Vorschau abzuspielen, wählen Sie auf der Registerkarte *ANIMATIONEN* den Befehl *Vorschau*.

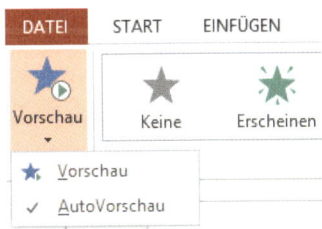

Zum Deaktivieren entfernen Sie das Häkchen vor *AutoVorschau*. Denken Sie auch an den umgekehrten Fall, sollte die AutoVorschau einmal nicht funktionieren. Prüfen Sie in diesem Fall, ob das Häkchen gesetzt ist.

Die Vorschau liefert nur einen ersten Eindruck! Sie sollten Animationen immer auch im Präsentationsmodus – also unter Originalbedingungen – testen. Drücken Sie dazu ⇧+F5, um die aktuelle Folie im Präsentationsmodus zu zeigen, bzw. F5, wenn PowerPoint mit Folie Nr. 1 beginnen soll.

Aktion	Taste
Einen Schritt vorwärts	`Bild↓`
Einen Schritt rückwärts	`Bild↑`
Zur ersten Folie	`Pos1`
Zur letzten Folie	`Ende`
Präsentationsmodus beenden	`Esc`

Tabelle 9.1 So navigieren Sie im Präsentationsmodus

Effekte automatisch auslösen

Per Voreinstellung werden Animationen *manuell* gestartet: entweder per Mausklick oder über die Tastatur. Um den Auslösemechanismus zu automatisieren, klicken Sie das Objekt auf der Folie an und wählen auf der Registerkarte *ANIMATIONEN*, Gruppe *Anzeigedauer*, die gewünschte Startart aus.

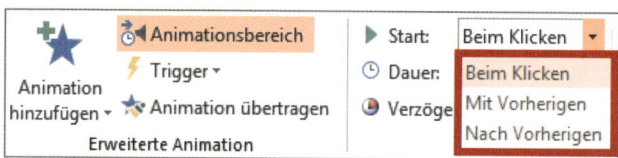

Mit Vorherigen bedeutet, dass der Animationseffekt automatisch und gleichzeitig mit dem vorangehenden Effekt ausgelöst wird. *Nach Vorherigen* löst den Effekt ebenfalls automatisch, aber erst nach Beendigung des vorangehenden Effekts aus.

> **TIPP** Alternativ zu der eben beschriebenen Variante klicken Sie im *Animationsbereich* den Effekt mit der rechten Maustaste an und wählen im Kontextmenü die gewünschte Startart aus.

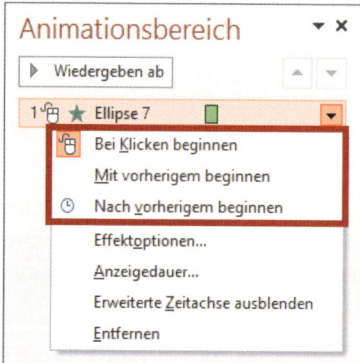

Wenn Sie mit einem einzigen Klick einen Dominoeffekt auslösen möchten, erzeugen Sie eine Animationskette. Für den ersten Effekt der Kette belassen Sie die Voreinstellung *Bei Klicken beginnen*, für die folgenden Effekte wählen Sie *Nach vorherigem beginnen*.

Um Animationseffekte *gleichzeitig* auszulösen, wählen Sie die Startart *Mit vorherigem beginnen*. Auch hier belassen Sie für den ersten Effekt die Voreinstellung *Bei Klicken beginnen*.

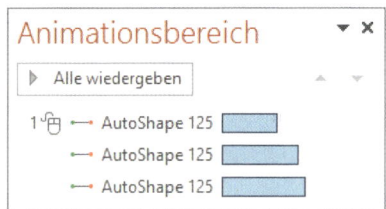

ONLINE   Die Beispieldateien *Domino.pptx* und *Gleichzeitig.pptx* finden Sie im Ordner *\Buch\Kap09*.

Trigger als Auslöser für Effekte verwenden

Triggern bedeutet Auslösen eines Effekts durch Klicken auf ein beliebiges Objekt: das Triggerobjekt. Mithilfe von Triggern können Sie nicht nur die Reihenfolge von Effekten nach Belieben steuern, sondern auch darüber entscheiden, ob Effekte überhaupt zum Einsatz kommen oder einfach übersprungen werden. Im folgenden Beispiel soll nach einem Klick auf den Produktnamen das entsprechende Bild erscheinen.

So geht's:

1. Weisen Sie zunächst den Bildern die gewünschten Eingangseffekte zu.
2. Klicken Sie im *Animationsbereich* den ersten Effekt mit der rechten Maustaste an und wählen Sie im Kontextmenü den Befehl *Effektoptionen/Anzeigedauer/Trigger*.
3. Wählen Sie die Option *Effekt starten beim Klicken auf* und klicken Sie das gewünschte Triggerobjekt in der Liste an.

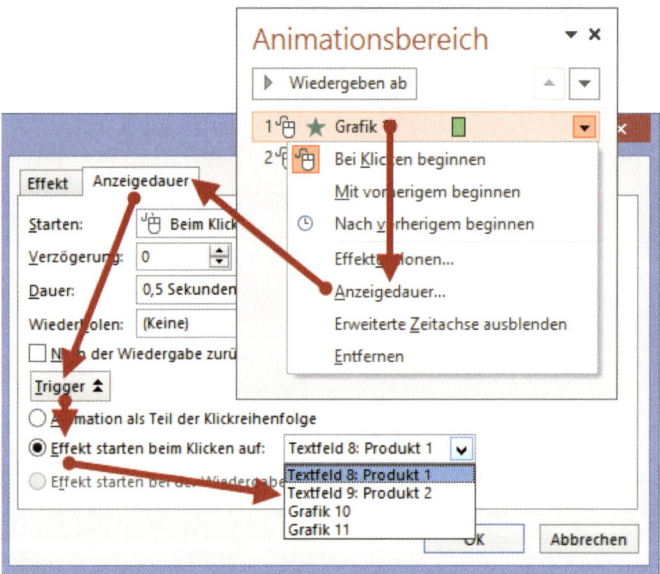

ONLINE Die Beispieldatei *Trigger.pptx* finden Sie im Ordner *\Buch\Kap09*.

Die Geschwindigkeit von Effekten anpassen

Die meisten Effekte sind in verschiedenen Geschwindigkeitsstufen verfügbar. Zum Bremsen oder Beschleunigen dürfen Sie wählen. Entweder Sie verwenden das Drehfeld auf der Registerkarte ANIMATIONEN, Gruppe *Anzeigedauer*, wo Sie die gewünschte Dauer wahlweise eintippen bzw. die Drehfeldpfeile anklicken. Oder Sie ziehen im Animationsbereich den farbigen Balken bei gedrückt gehaltener linker Maustaste auf die gewünschte Länge. Zielen Sie dabei exakt auf den Anfang bzw. das Ende des Balkens. Erst wenn der in der folgenden Abbildung sichtbare Doppelpfeil erscheint, haben Sie die *Dauer* auch wirklich im Visier. Während des Ziehens zeigt Ihnen PowerPoint in einem kleinen Fenster die jeweilige Zeit exakt an.

Animationen erstellen und bearbeiten

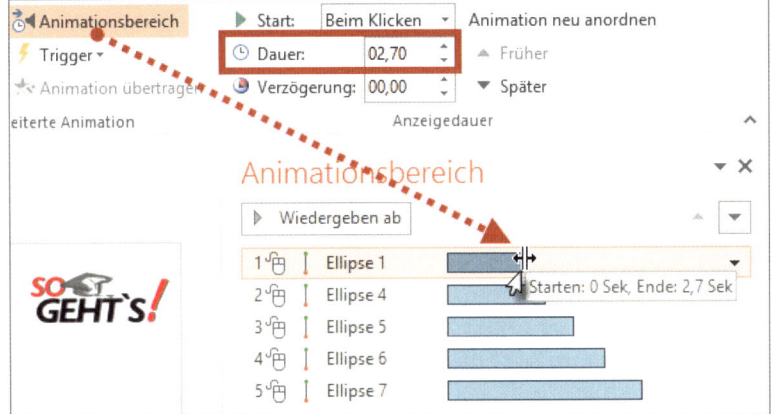

Effektoptionen

Die meisten Effekte gibt es in verschiedenen Geschmacksrichtungen. Zum Anpassen klicken Sie das Objekt auf der Folie an und wählen auf der Registerkarte *ANIMATIONEN*, Gruppe *Animation*, die gewünschte Variante.

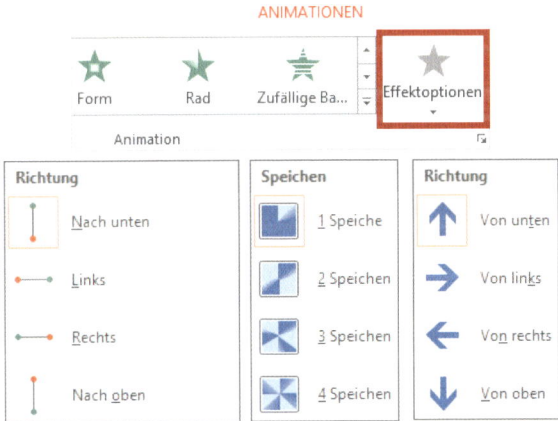

Bleibt das Symbol *Effektoptionen* deaktiviert (grau abgeblendet), haben Sie einen Effekt erwischt, für den es keine Varianten gibt.

Die Animationsreihenfolge ändern

Die Animationsreihenfolge entspricht der Reihenfolge, in der Sie die Objekte animieren. Zum Ändern ziehen Sie den Effekt im Animationsbereich bei gedrückt gehaltener linker Maustaste an die gewünschte Position.

Wenn Sie nicht sicher sind, welcher Effekt zu welchem Objekt gehört, klicken Sie das Objekt auf der Folie an. PowerPoint markiert nun automatisch den zugehörigen Effekt in der Animationsliste.

Animationseffekte löschen oder ändern

Zum Löschen eines Effekts klicken Sie ihn im *Animationsbereich* an und drücken [Entf]. Zum Ändern eines Effekts öffnen Sie auf der Registerkarte *ANIMATIONEN*, Gruppe *Animation*, die Auswahlliste und wählen den gewünschten Animationseffekt aus. Dabei spielt es keine Rolle, welchen Effekttyp (*Eingang*, *Betont*, *Ausgang* oder *Animationspfade*) Sie wählen – PowerPoint ersetzt den bisherigen durch den neuen Animationseffekt.

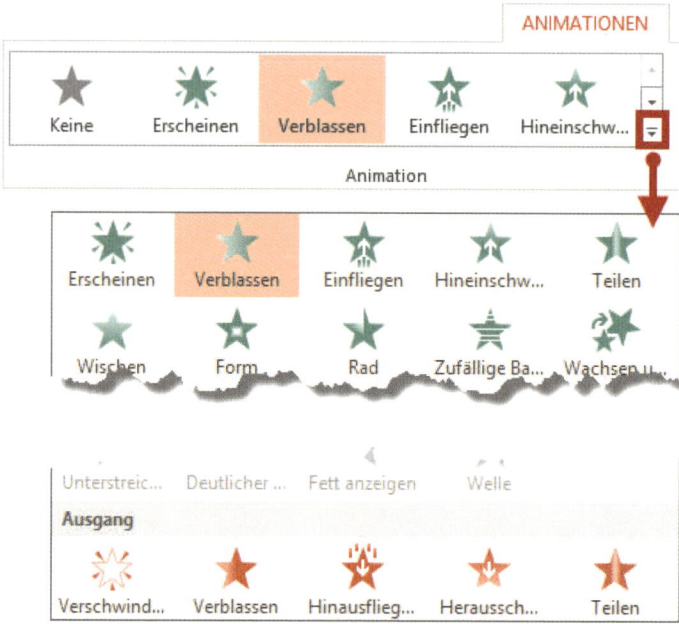

Animationseffekt kopieren

So übertragen Sie Animationseffekte von einem Objekt auf ein anderes:

1. Klicken Sie das Objekt an, dessen Animationseffekt Sie auf ein anderes Objekt übertragen möchten.
2. Wählen Sie *ANIMATIONEN/Erweiterte Animation/Animation übertragen* und klicken Sie das Zielobjekt an.

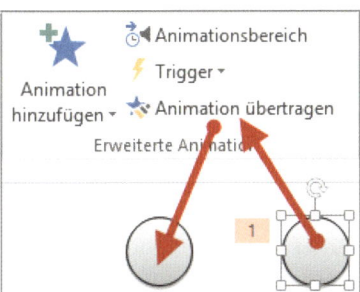

Enthält das Quellobjekt mehrere Animationseffekte, werden alle Effekte übertragen.

Animationseffekte vorübergehend abschalten

Animationseffekte machen das schnelle Blättern von Folie zu Folie im Präsentationsmodus zum Klickmarathon. Legen Sie bei Bedarf die Animationen vorübergehend lahm. Wählen Sie dazu auf der Registerkarte *BILDSCHIRMPRÄSENTATION* den Befehl *Bildschirmpräsentation einrichten* und aktivieren Sie das Kontrollkästchen *Präsentation ohne Animation*.

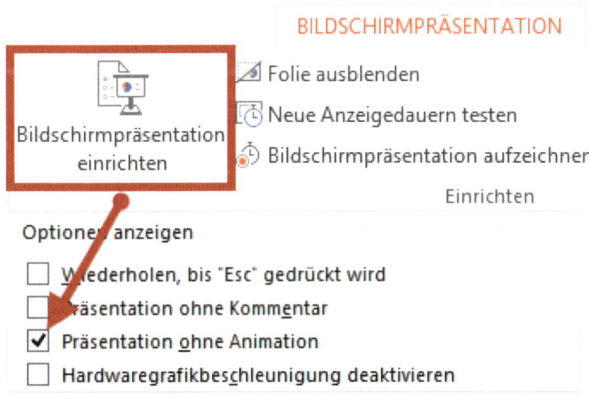

Denken Sie auch an den umgekehrten Fall, wenn Animationen unerklärlicherweise aus der Präsentation »verschwunden« sind. Werfen Sie einen kurzen Blick in dieses Dialogfeld; vielleicht ist ja das Häkchen gesetzt.

Eine Präsentation automatisch ablaufen lassen

Automatisch ablaufende Präsentationen sind begrenzt empfehlenswert, wenn man sie bei einem Vortrag mit eigenen Worten kommentiert. Eine einzige Frage aus dem Publikum und schon kann man ganz leicht aus dem Takt geraten. Solche Präsentationen eignen sich aber dafür hervorragend fürs Internet, die Empfangshalle oder während Messen. So automatisieren Sie den Ablauf:

1. Wählen Sie auf der Registerkarte *BILDSCHIRMPRÄSENTATION* den Befehl *Bildschirmpräsentation aufzeichnen/Aufzeichnung starten*. PowerPoint wechselt in den Präsentationsmodus und beginnt die Aufzeichnung. Links oben erscheint das Dialogfeld *Wird aufgezeichnet*.

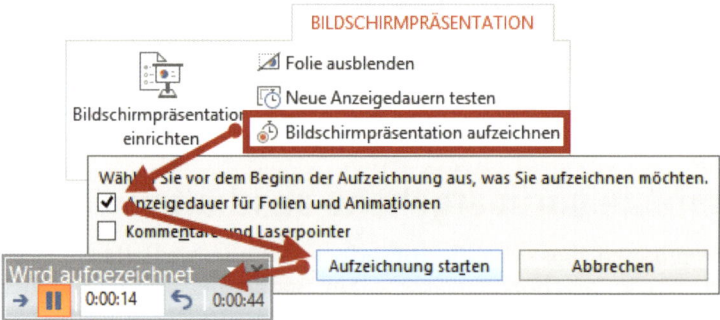

2. Klicken Sie sich in exakt der Geschwindigkeit durch die Präsentation, in der diese später ohne Ihr Zutun ablaufen soll (mit Esc können Sie die Aufzeichnung bei Bedarf vorzeitig abbrechen).

3. Nach dem letzten Klick erscheint ein Hinweisfenster mit der Gesamtdauer und der Frage, ob Sie mit dieser Zeit einverstanden sind oder nicht. Wenn alles passt, bestätigen Sie mit *Ja*. Wenn nicht, beginnen Sie wieder mit Schritt 1.

Sobald Sie in Zukunft den Präsentationsmodus starten, läuft die Bildschirmpräsentation automatisch von der ersten bis zur letzten Folie ab.

Um die Aufzeichnungsdauer von Folien zu prüfen oder anzupassen, klicken Sie in der Ansicht *Foliensortierung* auf die Registerkarte *ÜBERGÄNGE*.

Animationen erstellen und bearbeiten

TIPP Autopilot oder Steuerknüppel? Mithilfe eines unscheinbaren Häkchens auf der Registerkarte BILDSCHIRMPRÄSENTATION entscheiden Sie, ob der Autopilot übernimmt oder ob Sie trotz aufgezeichneter Anzeigedauer die Präsentation doch lieber von Hand steuern. Die aufgezeichneten Zeiten gehen nicht verloren, wenn Sie auf manuelle Steuerung umschalten. Das ist sehr praktisch für Präsentationen, die etwa auf der Messe automatisch ablaufen sollen, beim Kunden jedoch live präsentiert werden.

Eine Präsentation als Endlosschleife ablaufen lassen

Wenn die Präsentation nach der letzten Folie wieder von vorne beginnen soll, wählen Sie auf der Registerkarte BILDSCHIRMPRÄSENTATION den Befehl *Bildschirmpräsentation einrichten* und aktivieren das Kontrollkästchen *Wiederholen, bis „Esc" gedrückt wird*.

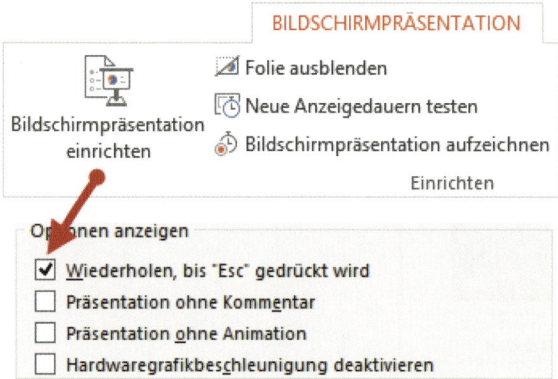

Solange das Kontrollkästchen aktiviert ist, wird PowerPoint nach der letzten Folie immer wieder mit der ersten Folie beginnen. Falls Sie automatische Einblendezeiten festgelegt haben, läuft die Präsentation ohne Ihr Zutun nach dem Start als Endlosschleife und dreht sich bis zum Sankt Nimmerleinstag im Kreis. Es sei denn, jemand erbarmt sich und drückt [Esc] oder zieht den Stecker.

Der Kioskmodus als Navigationshilfe

Der Kioskmodus kommt vorzugsweise bei Messen und Veranstaltungen zum Einsatz, wo sich die Besucher zwar selbstständig durch die Folien klicken dürfen, ansonsten aber nichts mit der Präsentation anstellen sollen. Im Kioskmodus sind nur noch Klicks auf Hyperlinkobjekte und Trigger erlaubt. Woraus folgt: Ohne Hyperlinks (siehe Seite 225) oder Trigger (siehe Seite 217) ist der Kioskmodus so brauchbar wie eine Fernbedienung ohne Batterie.

Um den Kioskmodus einzuschalten, klicken Sie auf der Registerkarte *BILDSCHIRMPRÄSENTATION* auf *Bildschirmpräsentation einrichten* und wählen die Option *Ansicht an einem Kiosk (volle Größe)*. PowerPoint aktiviert dabei ungefragt auch die Endlosschleife (siehe Seite 223).

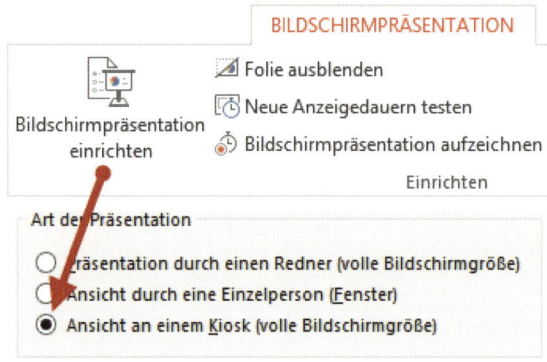

ONLINE Die Beispieldateien *Grabsteine.ppsx* und *Fragebogen.ppsx* finden Sie im Ordner *\Buch\Kap09*.

Mit Hyperlinks interaktiv präsentieren

Im Normalfall ist eine Präsentation wie eine Bahnstrecke: Unterbrochen von kurzen Aufenthalten geht es immer nur in eine Richtung. Hyperlinks verwandeln Schienen in ein Netz und sorgen für Abzweigungen und Querverbindungen. Obwohl Sie während der Präsentation zwischen mehreren Programmen, diversen Präsentationen und dem Internet hin- und herwechseln, bleibt das Gesamtkunstwerk aus Sicht Ihres Publikums eine zusammenhängende Präsentation.

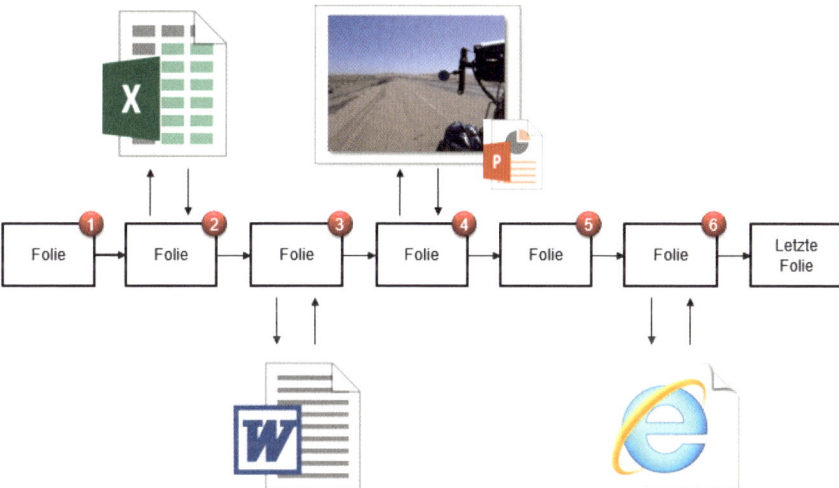

Hyperlinks funktionieren nur im Präsentationsmodus. Bis auf die ärgerliche Ausnahme »Gruppierung« können Sie jedem Objekt einen Hyperlink zuweisen. Ein Klick auf das Objekt löst anschließend die von Ihnen festgelegte Hyperlinkaktion aus. Ein solches Objekt, dem ein Hyperlink zugewiesen werden soll bzw. zugewiesen wurde, nenne ich im Folgenden *Hyperlinkobjekt*.

Beispiel 1: Hyperlinks ins Internet

Während der Präsentation mal eben zur Homepage des Unternehmens oder des Kunden wechseln? So geht's:

1. Klicken Sie das Hyperlinkobjekt mit der rechten Maustaste an und wählen Sie im Kontextmenü den Befehl *Hyperlink*.

2. Im Dialogfeld *Link einfügen* wählen Sie *Datei oder Webseite* und tippen die URL (Internetadresse) in das Feld *Adresse* ein. Längere Adressen kopieren Sie am besten aus dem Browser in die Zwischenablage und fügen sie hier mit [Strg]+[V] ein.

3. Testen Sie den Hyperlink im Präsentationsmodus. Um vom Browser zur Präsentation zurückzukehren, minimieren oder schließen Sie das Browserfenster.

Benutzerdefinierte QuickInfo

Sobald Sie im Präsentationsmodus auf einen Hyperlink zeigen, verwandelt sich der Mauszeiger in eine kleine Hand mit einem Hinweisfenster, in dem das Hyperlinkziel erscheint.

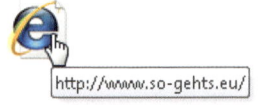

So erstellen Sie eine benutzerdefinierte QuickInfo:

1. Klicken Sie das Hyperlinkobjekt mit der rechten Maustaste an und wählen Sie im Kontextmenü den Befehl *Hyperlink bearbeiten*.
2. Klicken Sie im Dialogfeld *Hyperlink bearbeiten* auf die Schaltfläche *QuickInfo* und tippen Sie den gewünschten Text ein.

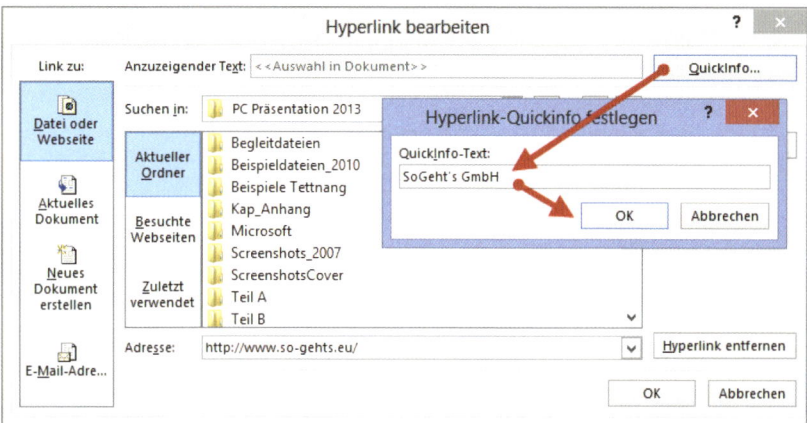

3. Testen Sie das Ergebnis im Präsentationsmodus.

TIPP »Nichts«, also *keine* QuickInfo, gibt es leider nicht. Aber wenn Sie nur ein Leerzeichen eintippen, verpassen Sie der Hand zumindest einen textlosen Ärmel.

Beispiel 2: Hyperlinks zu Excel

Diagramme veranschaulichen Kerninformationen, Details gehören ins Handout. Getreu diesem Motto folgend haben Sie die Diagramme auf Ihren Folien auf Diät gesetzt. Aus Erfahrung wissen Sie jedoch, dass Ihr Publikum während der Präsentation gelegentlich wissen möchte, welche Zahlen denn nun im Detail hinter all den bunten Säulen, Balken oder Kreissegmenten stecken. Sorgen Sie für diesen Fall vor und erstellen Sie Hyperlinks zu den jeweiligen Arbeitsmappen. So geht's:

1. Klicken Sie das Hyperlinkobjekt mit der rechen Maustaste an und wählen Sie im Kontextmenü den Befehl *Hyperlink*.

TIPP Falls Sie das Diagramm selbst als Hyperlinkobjekt verwenden möchten, versagt die rechte Maustaste leider. In diesem Fall klicken Sie zuerst in das Diagramm und wählen anschließend auf der Registerkarte *EINFÜGEN* den Befehl *Link*.

2. Im Dialogfeld *Link einfügen* wählen Sie *Datei oder Webseite*, markieren die gewünschte Datei und klicken abschließend auf *OK*.

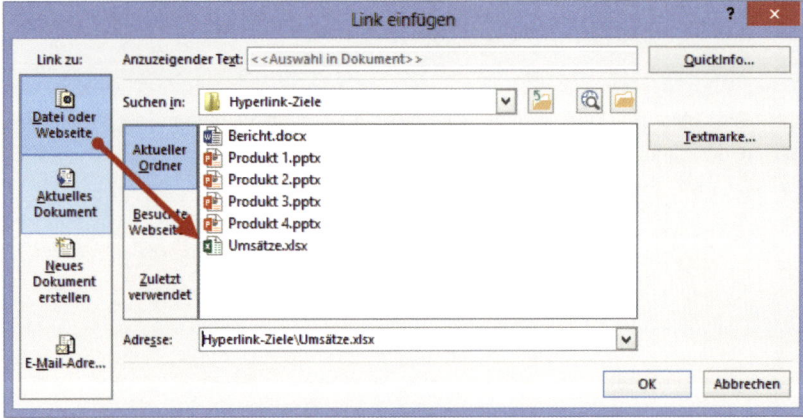

TIPP Minimieren des Programmfensters von Excel ist der sicherste Rückweg zur Präsentation.

Beispiel 3: Hyperlinks in andere Präsentationen

Nehmen wir an, Sie möchten Ihren Kunden mehrere Produkte vorstellen. Für jedes Produkt gibt es zwar schon eine eigene Präsentation, aber Sie möchten alle vier Produkte in einer durchgehenden Gesamtpräsentation vorstellen, dabei aber die Reihenfolge der Produkte variabel halten.

Für dieses Szenario empfehle ich eine Datei *Start.pptx* als »Dashboard« (Sie können natürlich statt *Start.pptx* auch einen anderen Dateinamen verwenden). Diese Datei *Start.pptx* enthält nur eine einzige Folie. Auf ihr werden Hyperlinkobjekte zu den einzelnen Produktpräsentationen untergebracht.

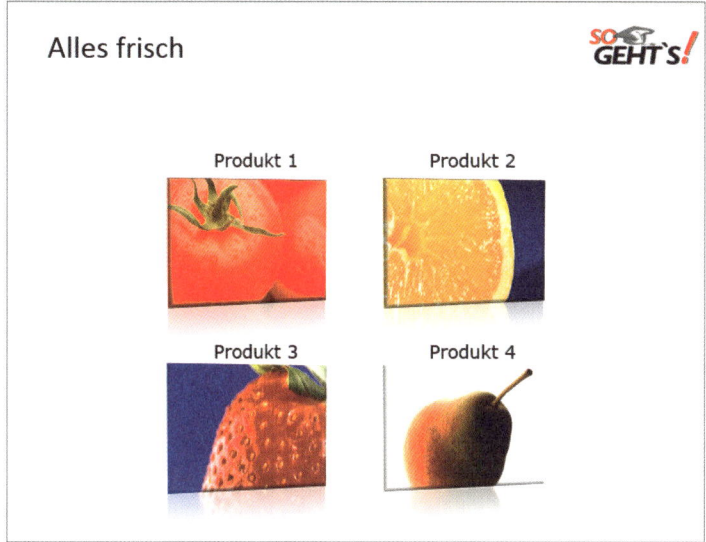

Erstellen Sie also die Datei *Start.pptx* und weisen Sie den Hyperlinkobjekten der Reihe nach die Links zu den Produktpräsentationen zu.

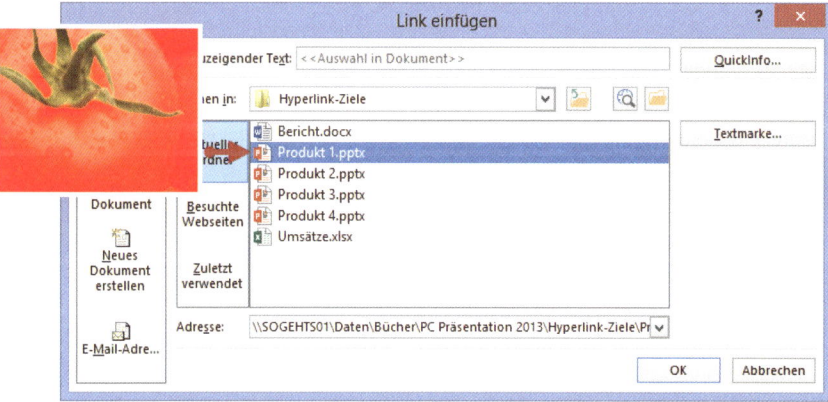

Testen Sie das Ergebnis im Präsentationsmodus. Im Idealfall startet der Klick auf ein Produktfoto die zugehörige Präsentation, und nach dem Ende der letzten Produktfolie kehrt PowerPoint automatisch wieder zur Datei *Start.pptx* zurück. Dass insgesamt fünf Präsentationen zum Einsatz kommen, ist für das Publikum nicht zu erkennen.

ACHTUNG Stolperstein »Schwarze Folie«: Per Voreinstellung erscheint im Präsentationsmodus nach der letzten Folie einer jeden (Produkt-)Präsentation eine schwarze Folie mit dem irritierenden Hinweis: *Ende der Bildschirmpräsentation. Zum Beenden klicken.* PowerPoint weiß natürlich nicht, dass das Ende einer Produktpräsentation noch lange nicht das Ende der Gesamtpräsentation bedeutet und wird diese Meldung zur Belustigung Ihres Publikums brav nach jeder Produktpräsentation einblenden. So schalten Sie diese Meldung ab:

1. Wählen Sie DATEI/Optionen/Erweitert.
2. Deaktivieren Sie das Kontrollkästchen Mit schwarzer Folie beenden.

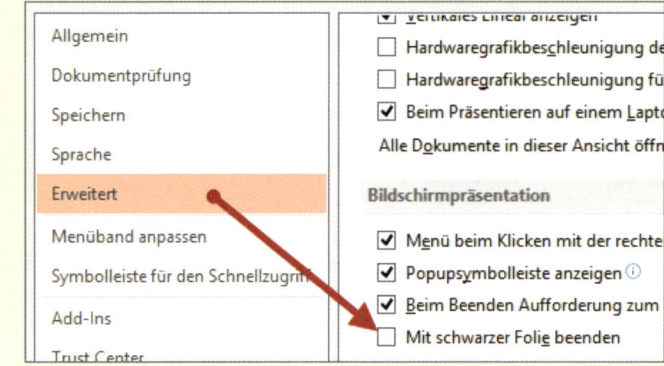

ONLINE Die Beispieldatei *Start.pptx* und die zugehörigen Präsentationen *Produkt 1.pptx* bis *Produkt 4.pptx* finden Sie im Ordner *Buch\Kap09*.

Beispiel 4: Symbole zum Blättern – Interaktive Schaltflächen

PowerPoint stellt in der Auswahlliste der Formen auch *Interaktive Schaltflächen* zur Verfügung, die bereits mit Hyperlinks vorbelegt sind.

So geht's:

1. Fügen Sie die gewünschten Schaltflächen im *Folienmaster* ein und übernehmen Sie die vorbelegten Hyperlinks.
2. Formatieren, skalieren und positionieren Sie die *Interaktiven Schaltflächen* nach Belieben und testen Sie das Ergebnis im Präsentationsmodus.

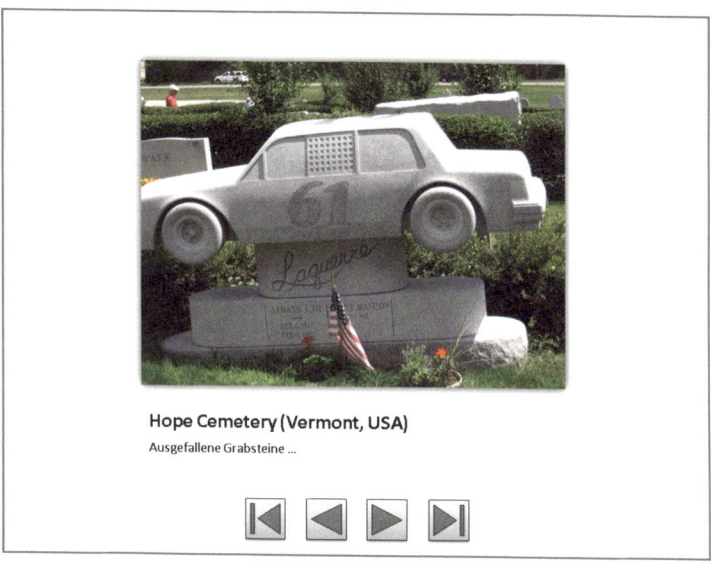

ONLINE   Die Beispieldatei *Navigation.pptx* finden Sie im Ordner *Buch\Kap09*.

Beispiel 5: Interaktives Inhaltsverzeichnis

In diesem Beispiel wechselt PowerPoint nach einem Klick auf eines der Bilder (Hyperlinkobjekte) am linken Folienrand zur entsprechenden Folie.

So geht's:

1. Fügen Sie die Hyperlinkobjekte im *Folienmaster* ein.
2. Erstellen Sie für jedes Bild den Hyperlink zur entsprechenden Folie.

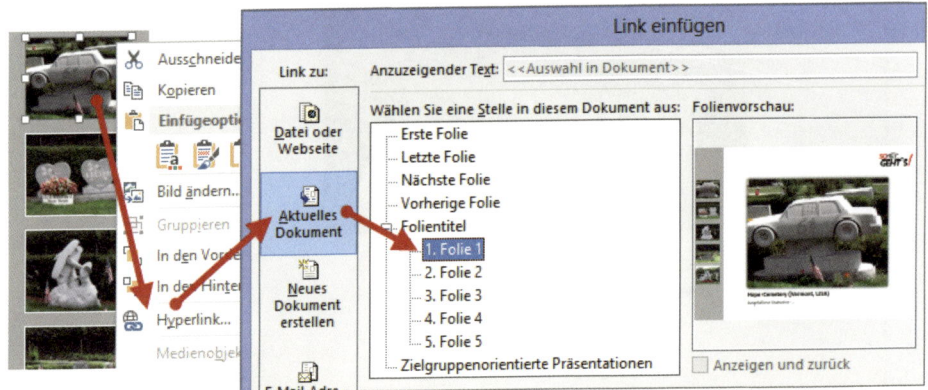

> **ONLINE** Die Beispieldatei *Inhaltsverzeichnis.pptx* finden Sie im Ordner *\Buch\Kap09*.

»All in One«: Die »Benutzerdefinierte Präsentation«

Eine zielgruppenorientierte Präsentation ist eine eigenständige Präsentation innerhalb einer Präsentation. Der Aufwand lohnt sich erfahrungsgemäß nur für umfangreiche und häufig genutzte Präsentationen, die sich nicht oder nur selten ändern.

So geht's:

1. Wählen Sie auf der Registerkarte *BILDSCHIRMPRÄSENTATION* den Befehl *Benutzerdefinierte Bildschirmpräsentation/Zielgruppenorientierte Präsentationen* und klicken Sie auf *Neu*.
2. Tippen Sie einen Namen für die zielgruppenorientierte Präsentation ein, aktivieren Sie die Kontrollkästchen für die zugehörigen Folien und klicken Sie auf die Schaltfläche *Hinzufügen*.
3. Mit einem Klick auf *OK* beenden Sie die Aktion. Analog erzeugen Sie nun die restlichen zielgruppenorientierten Präsentationen.

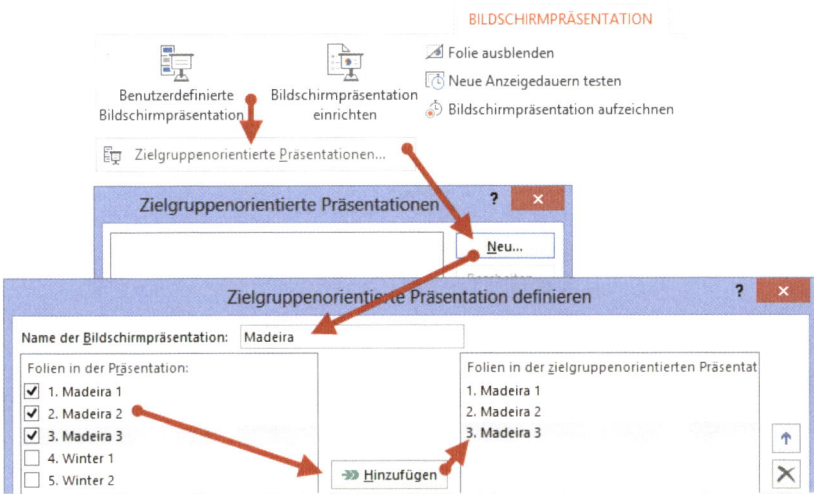

Um eine zielgruppenorientierte Präsentation zu starten, wählen Sie die gewünschte Präsentation auf der Registerkarte BILDSCHIRMPRÄSENTATION/ Benutzerdefinierte Bildschirmpräsentation aus.

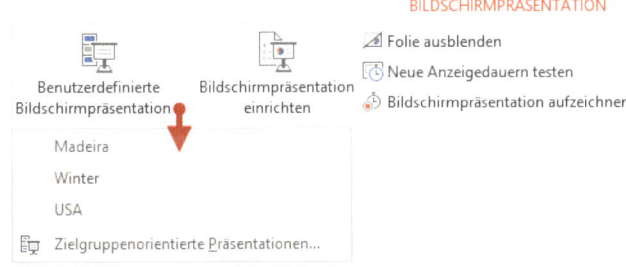

ONLINE Die Beispieldatei *Zielgruppenorientiert-Einzeln.pptx* finden Sie im Ordner *\Buch\Kap09*.

Benutzerdefinierte Präsentation per Hyperlink starten

Solange Sie nur genau *eine* zielgruppenorientierte Präsentation vorführen, starten Sie diese am besten nach der eben gezeigten Methode. Sobald Sie jedoch mehrere dieser benutzerdefinierten Präsentationen innerhalb einer Präsentation einsetzen, empfiehlt sich eine Startfolie mit Hyperlinks zu den einzelnen zielgruppenorientierten Präsentationen. Ein Klick auf das Hyperlinkobjekt, zum Beispiel ein Bild, startet die jeweilige zielgruppenorientierte Präsentation.

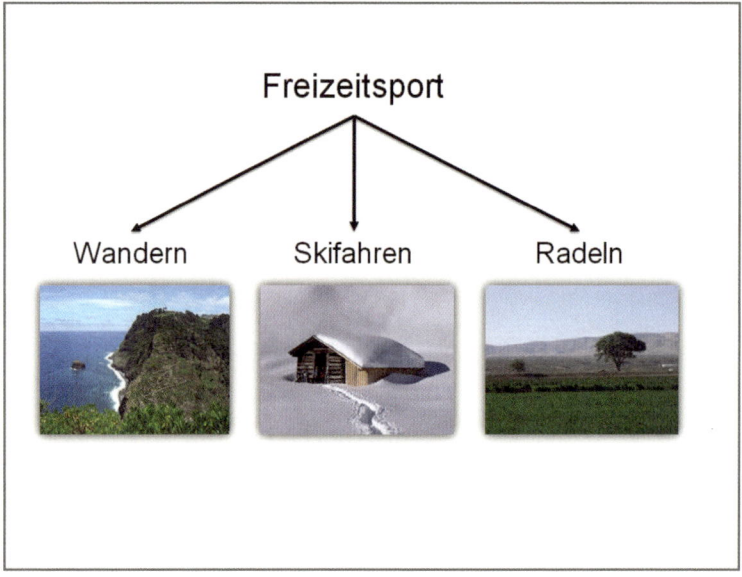

So geht's:

1. Erstellen Sie eine neue Folie, am besten zu Beginn der Präsentation.
2. Erstellen Sie für jede zielgruppenorientierte Präsentation ein entsprechendes Hyperlinkobjekt. In diesem Beispiel übernehmen die drei Bilder aus der obigen Abbildung diese Funktion.
3. Weisen Sie den Bildern der Reihe nach die Hyperlinks zu. Achtung! Aktivieren Sie unbedingt das Kontrollkästchen *Anzeigen und zurück*! Nur dann wechselt PowerPoint nach der letzten Folie einer zielgruppenorientierten Präsentation automatisch zur Startfolie zurück. Bei deaktiviertem Kontrollkästchen wird dagegen die Präsentation beendet.

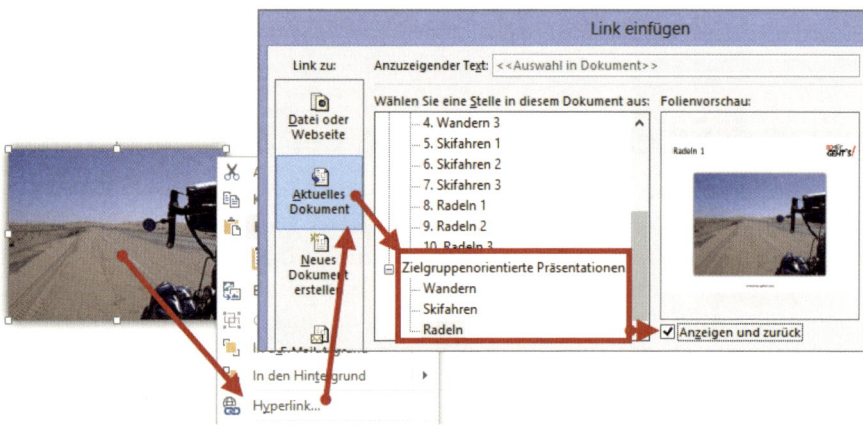

4. Wechseln Sie in den Präsentationsmodus und testen Sie das Ergebnis.

ONLINE Die Beispieldatei *Zielgruppenorientiert-Hyperlink.ppsx* finden Sie im Ordner \Buch\Kap09.

Hyperlinks – Risiken und Nebenwirkungen im Überblick

So bequem Hyperlinks auch sein mögen, sie bergen leider ein beachtliches Risikopotenzial:

- Internetadresse (URL) falsch eingetippt, nicht mehr gültig oder im Augenblick nicht erreichbar
- Pfad oder Dateiname der Zieldatei nicht (mehr) korrekt
- Netzwerkverbindung nicht (mehr) vorhanden
- Fehlende Zugriffsberechtigung zum Ziellaufwerk oder Zielverzeichnis
- Zieldatei hat Kennwortschutz
- Zielprogramm öffnet nicht im Vollbildmodus
- Endlosschleife in Zielpräsentation aktiviert
- Eichhörnchensyndrom – Sie haben die Hyperlinkobjekte zu gut versteckt und finden diese nicht mehr
- Orientierungsprobleme – Zu viele Hyperlinks erschweren den Überblick und irgendwann wissen Sie nicht mehr, wo es welche Links gibt und welche Aktionen diese auslösen

Stolpersteine bei Hyperlinks auf andere Präsentationen

Gleich und Gleich gesellt sich gern. PowerPoint und PowerPoint verstehen sich im Prinzip recht gut. Es sei denn, jemand hat (mindestens) eine dieser Fallen gelegt:

Stolperstein 1: Das Kontrollkästchen *Mit schwarzer Folie beenden* ist aktiviert (*DATEI/Optionen/Erweitert*).

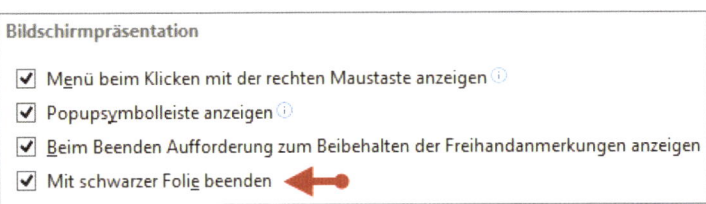

Diese Option ist computer- und nicht dateibezogen, gilt also für alle Präsentationen des jeweiligen Computers. Falls Sie Ihre Präsentationen auf verschiedenen Computern vorführen, müssen Sie diese Option auf jedem Computer erneut deaktivieren.

Stolperstein 2: Das Kontrollkästchen *Wiederholen, bis* ⌈Esc⌉ *gedrückt wird* (Endlosschleife) ist aktiviert (*BILDSCHIRMPRÄSENTATION/Bildschirmpräsentation einrichten*).

```
Optionen anzeigen
☑ Wiederholen, bis "Esc" gedrückt wird  ←
☐ Präsentation ohne Kommentar
☐ Präsentation ohne Animation
☐ Hardwaregrafikbeschleunigung deaktivieren
```

Im Unterschied zur eben erwähnten schwarzen Folie ist die Endlosschleife datei- und nicht computerbezogen. Ist sie in einer Zielpräsentation aktiviert, wird Ihnen nach der letzten Folie dieser Präsentation der Rückweg in die Ausgangspräsentation verwehrt und PowerPoint dreht stattdessen eine Ehrenrunde nach der anderen. Mit ⌈Esc⌉ landen Sie zwar wieder in der Ausgangspräsentation, aber das Deaktivieren ist auf Dauer der professionellere Weg.

Stolpersteine bei Hyperlinks zu anderen Dateien

Fremde Dateien gehören zu anderen Programmen. Diese können abstürzen, Dateien nicht finden, Kennwörter anfordern, einen verkleinerten Fenstermodus starten, die falsche Stelle im Dokument oder der Tabelle zeigen oder all die anderen lustigen Dinge unternehmen, die in der täglichen Arbeit mit dem PC für so viel Freude sorgen.

Der Hinweg zu anderen Dateien ist das *erste*, der Rückweg das *zweite* Hindernis. Zurückblättern zur Präsentation mit ⌈Alt⌉+⌈↹⌉? Je nach Anzahl aktiver Fenster blättern Sie vor den Augen des Publikums eine Weile im Kreis. Fenster der anderen Datei schließen? Tja, das ist auch so eine Sache. Womöglich will das Programm auf einmal wissen, ob Sie Änderungen speichern möchten. Gemäß Murphy's Law klicken Sie dann reflexartig auf JA, weil Sie denken: »*JA, bloß schnell weg!*« und schon öffnet sich der gierige Schlund des nächsten Dialogfelds. Meine Empfehlung: Minimieren Sie einfach das Fenster der Zieldatei.

Stolpersteine bei Hyperlinks ins Internet

Testen Sie Hyperlinks ins Internet nach Möglichkeit vor Beginn der Präsentation. Das hindert den Browser zwar nicht daran, die Seite bei jedem Klick auf das Hyperlinkobjekt erneut zu laden, aber das Wissen um eine funktionierende Internetverbindung senkt Ihren Blutdruck.

In Unternehmensnetzwerken sind bestimmte URLs gesperrt oder für den Zugang zum Internet ist eine Authentifizierung erforderlich. Erkundigen Sie sich rechtzeitig nach derartigen Zugangsbeschränkungen.

10

Multimedia

Audio 238
Video 244

Multimedia ist komplex. Einschränkungen, Probleme, Risiken und Nebenwirkungen lauern an jeder Ecke. Außerdem sind die brandaktuellen Informationen von heute aufgrund der rasanten technischen Entwicklung schon morgen wieder Schnee von gestern. Auf den folgenden Seiten erfahren Sie kurz und knapp das Wichtigste zu Audio und Video in PowerPoint 2013.

Beachten Sie das Copyright

Wenn Ton oder Bild urheberrechtlich geschützt sind, dürfen Sie nur für private Zwecke damit machen, was Sie wollen. Sonst nicht. Bevor Sie sich als Mitarbeiter eines Unternehmens unnötigen Ärger einhandeln, sprechen Sie lieber mit Ihrer Rechtsabteilung.

PowerPoint hat in Sachen Multimedia von Version zu Version dazugelernt. Weil die Arbeit mit Multimedia jedoch immer voller Überraschungen stecken kann, geht Probieren immer über Studieren. Was Videos betrifft: Windows Media Player gehört zur Bordausrüstung von Microsoft-Betriebssystemen. Wenn Sie bei Bedarf auch noch den Adobe Flash Player sowie den Apple QuickTime Player nachinstallieren, werden Sie bei Videos auf wenig Hindernisse stoßen.

> **WICHTIG** Seit PowerPoint 2010 werden Audio- und Videodateien per Voreinstellung in die Präsentation eingebettet und nicht mehr nur verknüpft. Das leidige Problem »Unbekannt verzogen« ist damit aus der Welt. Die Kehrseite der Medaille: Dateigrößen wachsen schlagartig ins Unermessliche.

Audio

PowerPoint 2013 schluckt die Audiodateiformate ADTS, AIFF, AU, MID/MIDI, MP3, MP4, WAV, WMA.

Audiodatei von Datenträger einfügen

So fügen Sie eine Audiodatei von einem Datenträger in die aktuelle Folie ein:

1. Wählen Sie auf der Registerkarte *EINFÜGEN*, Gruppe *Medien*, den Befehl *Audio/Audio auf meinem Computer*.
2. Suchen und doppelklicken Sie die gewünschte Audiodatei.

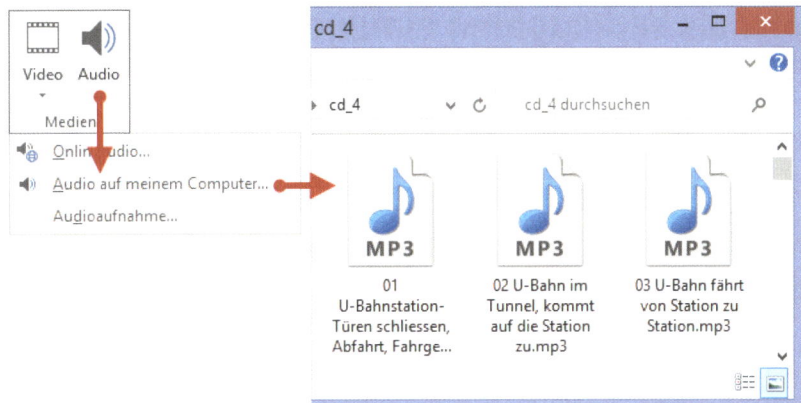

Auf der Folie erscheint ein Lautsprechersymbol samt Steuerungsleiste. Die Leiste verschwindet, wenn Sie neben den Lautsprecher klicken, und erscheint wieder, sobald Sie auf den Lautsprecher klicken. Um die Audiodatei in der Normalansicht zum Test abzuspielen, klicken Sie auf das große Dreiecksymbol (*Wiedergabe*).

Das Lautsprechersymbol wird nun markiert und das Wiedergabesymbol ist zum Pausensymbol geworden.

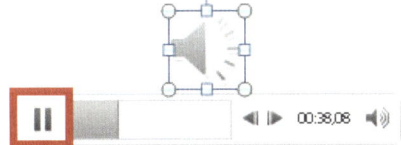

Wenn Sie in die Zeitskala klicken (das Rechteck im linken Bereich der Steuerungsleiste), spielt PowerPoint die Audiodatei ab der Klickposition.

Das Lautsprechersymbol ist auch im Präsentationsmodus zu sehen und die Steuerungsleiste erscheint, sobald Sie darauf zeigen.

Audiodatei als Verknüpfung einfügen

Wie anfangs bereits kurz angeschnitten, bettet PowerPoint Audiodateien ein. Anders formuliert: Die Audiodatei wird von der Präsentationsdatei einverleibt. Der Vorteil besteht darin, dass eingebettete – im Gegensatz zu verknüpften – Dateien als blinder Passagier immer mit an Bord sind. Der Nachteil dieser uneingeschränkten Verfügbarkeit ist eine rapide Gewichtszunahme der Präsentationsdatei.

Sie können eine Präsentationsdatei auf Diät setzen, wenn Sie Audiodateien als verknüpftes Objekt einfügen. Gehen Sie dabei zunächst genauso vor wie beim Einbetten. Statt des Doppelklicks auf die gewünschte Audiodatei klicken Sie diese jedoch zunächst nur an, um sie zu markieren. Dann klicken Sie auf den kleinen Pfeil neben der Schaltfläche *Einfügen* und wählen *Verknüpfung mit Datei*.

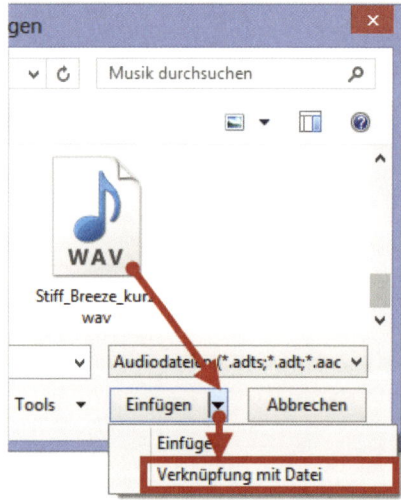

ACHTUNG Unbekannt verzogen? Verknüpfte Dateien werden im Gegensatz zu eingebetteten Dateien nicht in der Präsentation gespeichert. PowerPoint notiert sich lediglich die Adresse der verknüpften Datei. Zum Abspielen sucht PowerPoint die Datei an dieser Adresse. Wird es nicht fündig, herrscht Stille. Gehen Sie auf Nummer sicher und gründen Sie eine Wohngemeinschaft: Kopieren Sie die Audiodatei(en) **vor dem Verknüpfen** in denselben Ordner, in dem auch die Präsentationsdatei gespeichert ist.

Audiodatei zum Teil der Klickreihenfolge machen

Eingefügte Audiodateien erscheinen im Animationsbereich. Enthält die Folie bereits andere Animationseffekte, reiht sich die neu eingefügte Audiodatei brav am Ende ein. Wie Sie bereits gelernt haben, müssen Sie per Voreinstellung im

Präsentationsmodus zum Abspielen einer Audiodatei das Symbol *Wiedergabe* anklicken. Um den Audioeffekt zum Teil der Klickreihenfolge zu machen, ziehen Sie den Effekt einfach an die gewünschte Position. PowerPoint spielt die Audiodatei nun wie jeden anderen Effekt ab, sobald er im Rahmen der Klick-Choreographie an der Reihe ist.

HINWEIS *Klickreihenfolge* klingt zwar nach Mausaktion, aber die beiden automatischen Effektauslösemechanismen *Mit Vorherigen* und *Nach Vorherigen* funktionieren selbstverständlich auch bei Audioeffekten.

Audiodatei per Triggerobjekt abspielen

Audiodateien lassen sich wie jeder andere Animationseffekt auf Wunsch auch durch den Klick auf ein beliebiges Triggerobjekt starten. Werfen Sie im Zweifelsfall noch einmal einen kurzen Blick auf Kapitel 9, Abschnitt »Trigger als Auslöser für Effekte verwenden«.

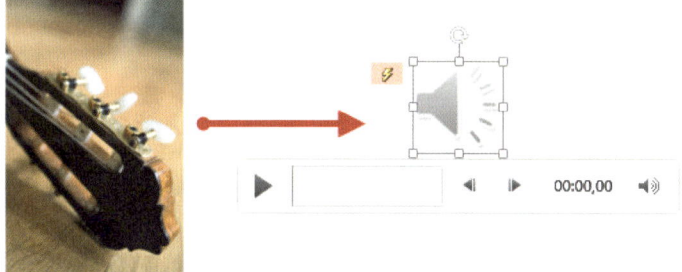

Audiodatei ab bestimmtem Zeitpunkt abspielen

Wenn Sie eine Audiodatei nicht von Beginn an abspielen möchten, klicken Sie im *Animationsbereich* mit der rechten Maustaste auf den Effekt, wählen im Kontextmenü den Befehl *Effektoptionen* und legen den gewünschten Startzeitpunkt im Format *mm:ss* fest.

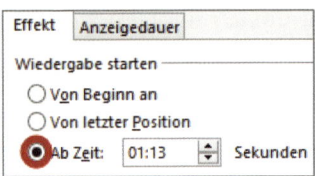

Audiodatei über mehrere Folien hinweg abspielen

Um eine Audiodatei über Foliengrenzen hinweg abzuspielen, klicken Sie im *Animationsbereich* mit der rechten Maustaste auf den Effekt, wählen im Kontextmenü den Befehl *Effektoptionen* und legen die gewünschte Folienanzahl fest.

Audiodatei ein- und ausblenden

Eine Einblendedauer von drei Sekunden bedeutet beispielsweise, dass erst drei Sekunden nach dem Start die normale Lautstärke erreicht ist. Eine Ausblendedauer von fünf Sekunden hat zur Wirkung, dass PowerPoint fünf Sekunden vor dem Ende der Audiodatei die Lautstärke langsam auf null herunterfährt. So geht's:

1. Klicken Sie das Lautsprechersymbol auf der Folie an, um die *AUDIOTOOLS* einzublenden.
2. Auf der Registerkarte *WIEDERGABE* wählen Sie in der Befehlsgruppe *Bearbeiten* die gewünschte Dauer.

Audiodatei kürzen (beschneiden)

Der offizielle Begriff *Beschneiden* ist eine etwas unglückliche Wortwahl, aber die Funktion selbst ist höchst praktisch, wenn Sie nur einen Ausschnitt einer Audiodatei benötigen. So kürzen Sie Audiodateien:
1. Klicken Sie das Lautsprechersymbol auf der Folie an, um im Menüband die *AUDIOTOOLS* einzublenden.

2. Auf der Registerkarte WIEDERGABE klicken Sie in der Befehlsgruppe *Bearbeiten* auf *Audio beschneiden* und legen die gewünschte Start- und Endzeit fest.

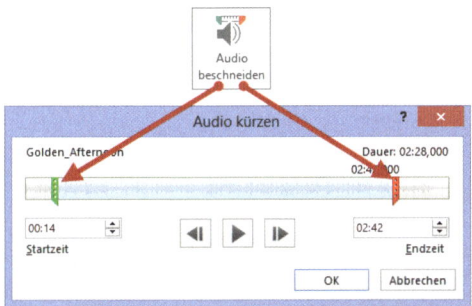

Audiosymbol während der Präsentation ausblenden

Um das Lautsprechersymbol samt Steuerungsleiste im Präsentationsmodus zu verbergen, klicken Sie das Lautsprechersymbol auf der Folie an, um im Menüband die *AUDIOTOOLS* einzublenden, und aktivieren auf der Registerkarte WIEDERGABE in der Befehlsgruppe *Audiooptionen* das Kontrollkästchen *Bei Präsentation ausblenden*.

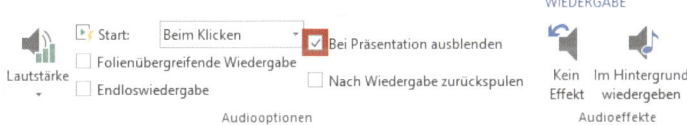

Bild statt Audiosymbol

Wenn Ihnen das Audiosymbol auf der Folie nicht gefällt, klicken Sie es mit der rechten Maustaste an, wählen *Bild ändern*, suchen das gewünschte Bild und doppelklicken darauf.

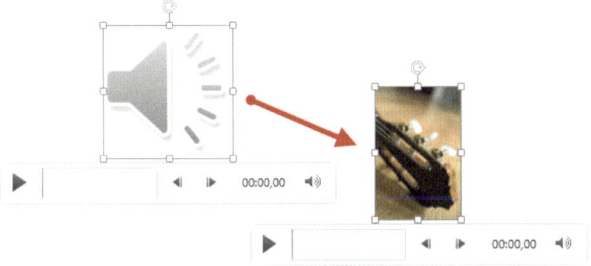

Video

PowerPoint 2013 kommt mit allen gängigen Videoformaten zurecht, z.B. WMV, AVI, MOV, MP4, MPEG, MPG, SWF. Trotz aller Verbesserung gibt es keine Garantien im Multimedia-Dschungel.

Videodatei von Datenträger einfügen

So fügen Sie eine Videodatei von einem Datenträger in die aktuelle Folie ein:

1. Wählen Sie auf der Registerkarte *EINFÜGEN*, Gruppe *Medien*, den Befehl *Video/Video auf meinem Computer*.
2. Suchen und doppelklicken Sie auf die gewünschte Videodatei.

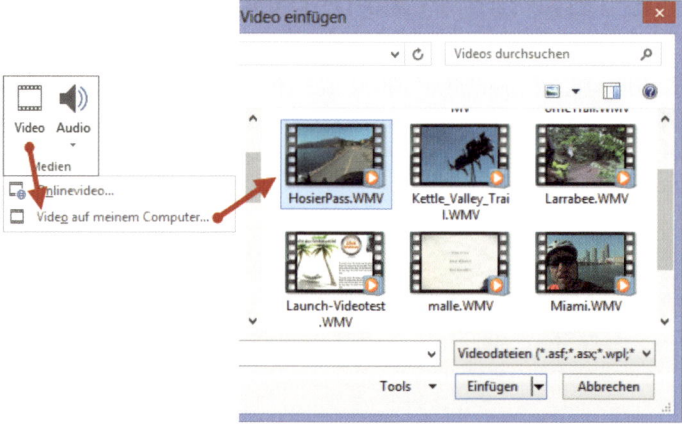

3. Skalieren Sie das Video bei Bedarf auf die gewünschte Größe.

HINWEIS Per Voreinstellung *bettet* PowerPoint Videos ein. Anders formuliert: Videos werden von der Präsentationsdatei einverleibt. Der Vorteil besteht darin, dass eingebettete – im Gegensatz zu verknüpften – Dateien als blinder Passagier immer mit an Bord sind. Der Nachteil dieser ständigen Verfügbarkeit ist wie bei den Audiodateien die rapide Gewichtszunahme der Präsentationsdatei.

Video als Verknüpfung einfügen

Sie können eine Präsentationsdatei auf Diät setzen, wenn Sie Videodateien nicht einbetten, sondern als verknüpfte Objekte einfügen. Gehen Sie zunächst genauso vor wie beim Einbetten. Statt des Doppelklicks auf die gewünschte Videodatei klicken Sie diese jedoch nur einmal an, um sie zu markieren. Dann klicken Sie auf den kleinen Pfeil neben der Schaltfläche *Einfügen* und wählen *Verknüpfung mit Datei*.

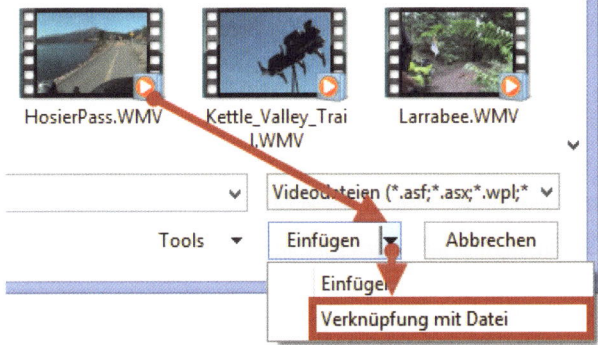

ACHTUNG Unbekannt verzogen? Verknüpfte Dateien werden im Gegensatz zu eingebetteten Dateien nicht in der Präsentation gespeichert. PowerPoint notiert sich lediglich die Adresse der verknüpften Datei. Zum Abspielen sucht PowerPoint die Datei an dieser Adresse. Wird es nicht fündig, bleibt es dunkel. Gehen Sie auf Nummer sicher und gründen Sie eine Wohngemeinschaft: Kopieren Sie die Videodatei(en) **vor dem Verknüpfen** in denselben Ordner, in dem auch die Präsentationsdatei gespeichert ist.

Video im Vollbildmodus abspielen

Um das Video während der Bildschirmpräsentation im Vollbildmodus abzuspielen, klicken Sie es auf der Folie an, um im Menüband die *VIDEOTOOLS* einzublenden, und aktivieren Sie anschließend auf der Registerkarte *VIDEOTOOLS/ WIEDERGABE* das Kontrollkästchen *Wiedergabe im Vollbildmodus*.

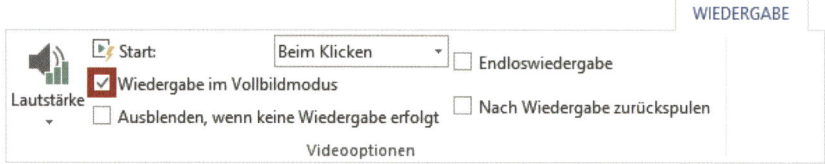

Video zum Teil der Klickreihenfolge machen

PowerPoint listet eingefügte Videos im Animationsbereich auf. Enthält die Folie bereits andere Animationseffekte, reiht sich das neu eingefügte Video am Ende ein. Per Voreinstellung müssen Sie im Präsentationsmodus zum Abspielen des Videos in der Steuerungsleiste das Symbol *Wiedergabe* anklicken. Sobald Sie aber im Animationsbereich den Videoeffekt zwischen zwei andere Effekte ziehen, wird das Video zum Teil der Klickreihenfolge. Im Klartext: PowerPoint spielt das Video nun wie jeden anderen Effekt ab, sobald es im Rahmen der Klick-Choreographie an die Reihe kommt.

> **HINWEIS** *Klickreihenfolge* klingt zwar nach Mausaktion, aber die beiden automatischen Effektauslösemechanismen *Mit Vorherigen* und *Nach Vorherigen* funktionieren selbstverständlich auch bei Videos.

Video per Trigger abspielen

Videos lassen sich wie jeder andere Animationseffekt auf Wunsch auch durch den Klick auf ein beliebiges Triggerobjekt starten. Werfen Sie im Zweifelsfall noch einmal einen kurzen Blick auf Kapitel 9, Abschnitt »Trigger als Auslöser für Effekte verwenden«.

Video nur im Präsentationsmodus anzeigen

Per Voreinstellung ist das Video (bzw. das Startbild des Videos) auch dann im Präsentationsmodus sichtbar, wenn es *nicht* abgespielt wird. Wenn es nur während des Abspielens angezeigt, sonst aber unsichtbar sein soll, klicken Sie es auf der Folie an, um die *VIDEOTOOLS* einzublenden und aktivieren auf der Registerkarte *WIEDERGABE* das Kontrollkästchen *Ausblenden, wenn keine Wiedergabe erfolgt*.

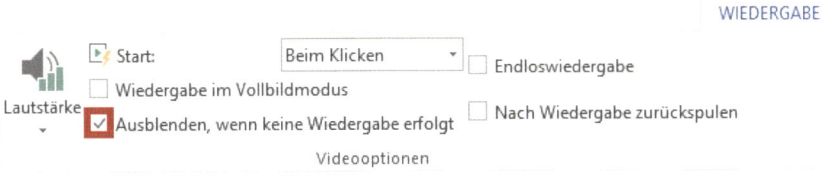

Video kürzen

Wenn Sie nur einen bestimmten Ausschnitt des Videos abspielen möchten, klicken Sie das Video auf der Folie an, um die *VIDEOTOOLS* einzublenden. Auf der Registerkarte *WIEDERGABE* wählen Sie *Video kürzen* und legen die gewünschte Start- und Endzeit fest.

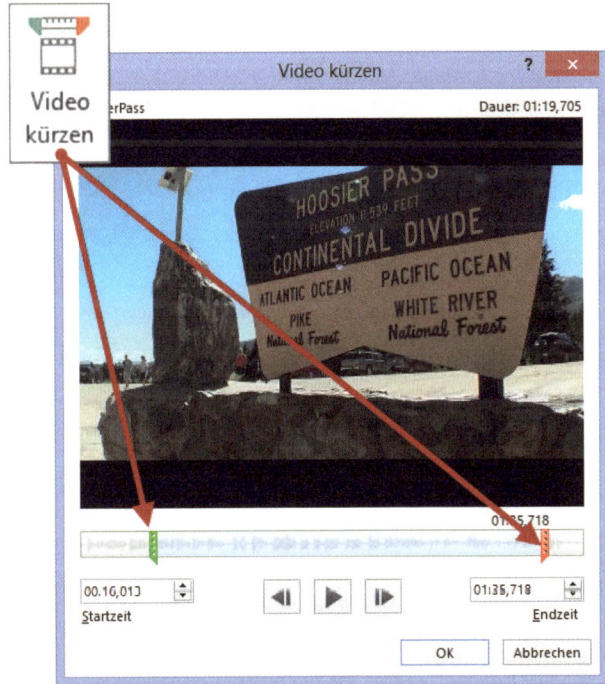

Sprungmarken hinzufügen

Mithilfe von Sprungmarken steuern Sie bestimmte Stellen des Videos per Mausklick an. Wenn Sie zum Beispiel mehrere kurze Ausschnitte eines längeren Videos zeigen möchten, fügen Sie zu Beginn dieser Ausschnitte Sprungmarken ein. Während der Präsentation müssen Sie das Video dann nicht vorspulen, sondern klicken einfach auf die nächste Sprungmarke. So geht's:

1. Klicken Sie das Video auf der Folie an, um im Menüband die *VIDEOTOOLS* einzublenden.

2. Klicken Sie in der Zeitskala der Steuerungsleiste an die Stelle, an der Sie eine Sprungmarke setzen möchten. Alternativ zum etwas ungenauen Klicken können Sie den Film auch an der gewünschten Stelle stoppen oder die gewünschte Position mithilfe der Tastenkombinationen [Alt]+[⇧]+[→] bzw. [Alt]+[⇧]+[←] in Intervallen von 0,25 Sekunden exakt ansteuern.

3. Auf der Registerkarte *WIEDERGABE* wählen Sie in der Befehlsgruppe *Sprungmarken* den Befehl *Sprungmarke hinzufügen.* Sprungmarken erscheinen als gelbe Punkte in der Zeitskala der Steuerungsleiste.

> **HINWEIS** Um eine Sprungmarke wieder zu entfernen, klicken Sie diese an und wählen *Sprungmarke entfernen.*
>
>

Video formatieren

Die Registerkarte *VIDEOTOOLS/FORMAT* liefert viele Werkzeuge zum Formatieren von Videos. Bedenken Sie jedoch: Der Grat zwischen optischem Feintuning und sinnfreier Spielerei ist schmal.

Onlinevideo einfügen

Wie der Name bereits andeutet, geht es hier nicht mehr um Videodateien, die Sie von einem Datenträger in die Folie einbetten, sondern um Internetvideos, die während der Präsentation abgespielt werden. Voraussetzung dafür ist eine funktionierende Internetverbindung während der Präsentation.

So geht's:

1. Wählen Sie auf der Registerkarte *EINFÜGEN*, Gruppe *Medien*, den Befehl *Video/Onlinevideo*.
2. Geben Sie einen (möglichst präzisen) Suchbegriff ein und drücken Sie ⏎.
3. Klicken Sie auf das gewünschte Video und bestätigen Sie mit einem Klick auf die Schaltfläche *Einfügen*.

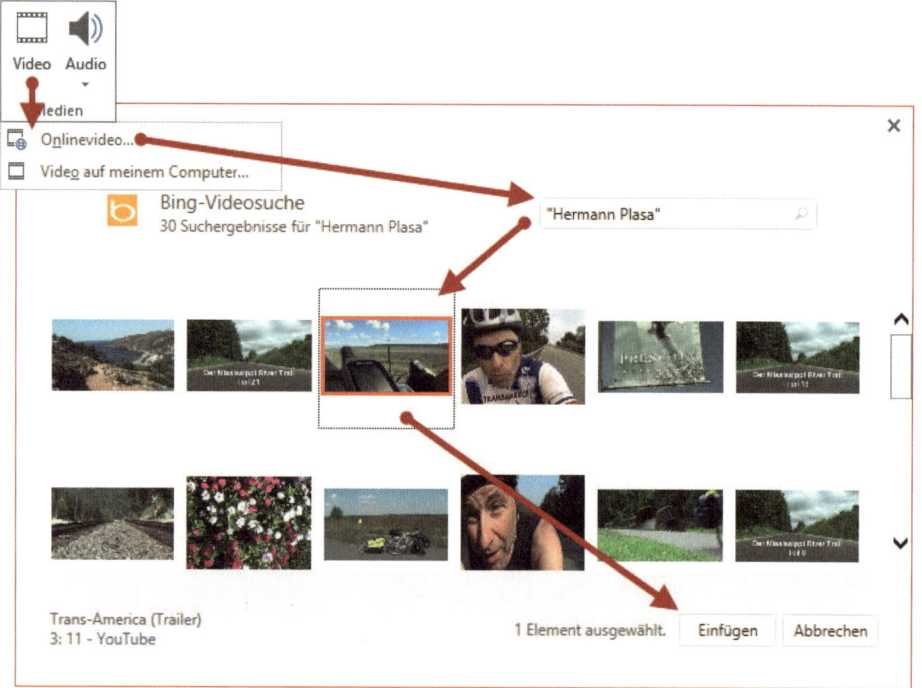

Ignorieren Sie die meist schlechte Qualität des Startbilds bzw. eventuell gedehnte oder gestauchte Startbilder nach dem Einfügen. Beim Abspielen passt es (meistens). Testen Sie das Video im Präsentations- oder Lesemodus.

11

Das Wichtigste zum Masterkonzept

Der Folienmaster	252
Goldene Regeln für das Erstellen neuer Folien	266

Stellen Sie sich ein mehrstöckiges Haus mit vielen Zimmern vor. Es ist Winter und die Zimmer sind kalt. Um das zu ändern, könnte man durch die Gänge und Etagen laufen und die Heizung in jedem Raum ein wenig höher stellen. Aber warum umständlich, wenn es auch einfach geht? Im Keller befindet sich die Zentralheizung. Dort drehen Sie *einen* Regler auf und augenblicklich wird es in *allen* Zimmern wärmer.

Faustregel für den Folienmaster

Für PowerPoint leitet sich aus dieser Heizungsweisheit folgende Faustregel ab: Aktionen, die sich auf *alle* Folien der Präsentation auswirken sollen, sind ein Fall für den Folienmaster. Sobald Sie im Folienmaster die Position oder Formate für Platzhalter ändern bzw. Objekte einfügen, austauschen oder neu positionieren, passen sich im selben Augenblick alle Folien an.

> **HINWEIS** Änderungen am Master wirken sich nur auf die aktuelle Präsentation aus.

PowerPoint verfügt neben dem Folienmaster zwar auch noch über einen Notizen- und einen Handzettelmaster, aber der Folienmaster ist mit Abstand der Wichtigste.

Der Folienmaster

Für Arbeiten am Folienmaster wechseln Sie über *ANSICHT/Folienmaster* in die Masteransicht.

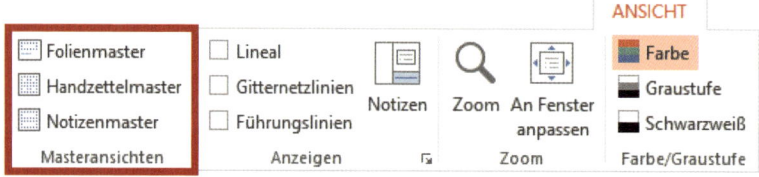

Ein Klick auf *Normal* bringt Sie von der Masteransicht wieder zurück in die Präsentation.

> **TIPP** Per ⇧+Klick auf das Symbol *Normal* gelangen Sie schneller zum Folienmaster als über die Registerkarte *ANSICHT*.

Hierarchischer Aufbau: Ober sticht Unter

Der Folienmaster ist der Regierungschef. Ihm unterstellt sind die Layoutminister: Pro Folienlayout gibt es einen Minister. Das Kabinett ist streng hierarchisch aufgebaut. Änderungen am Folienmaster wirken sich augenblicklich auf alle Layouts und damit auf alle Folien der aktuellen Präsentation aus. Änderungen an einem Layout haben dagegen nur auf diejenigen Folien Auswirkung, denen das entsprechende Layout zugewiesen ist.

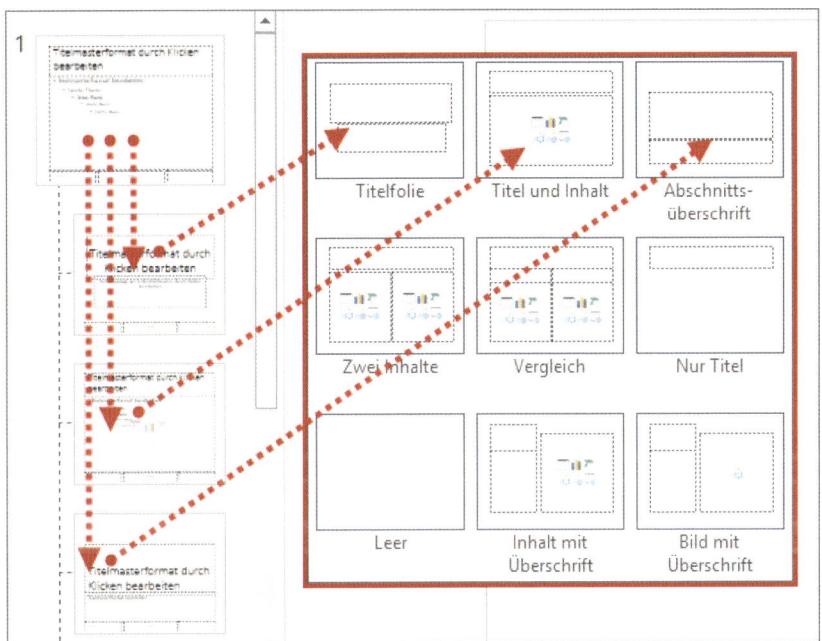

Formate anpassen

Im ersten Beispiel soll der Folientitel auf allen Folien in einer anderen Schriftgröße erscheinen. So geht's:

1. Wechseln Sie zum Folienmaster.

> **ACHTUNG** PowerPoint bringt Sie nicht zum Regierungschef, sondern zum zuständigen Minister, also dem Layout, das der Folie zugewiesen wurde, von der aus Sie in die Masteransicht wechseln. Wenn Sie tatsächlich nur diesem Layout (und allen mit ihm verbundenen Folien) eine Extrawurst braten möchten, sind Sie an der richtigen Adresse. Das sind aber eher die Ausnahmen. Meistens sollen die Änderungen *alle* Folientitel *aller* Folienlayouts betreffen. Also müssen Sie beim Chef vorsprechen und ganz oben den Folienmaster anklicken.

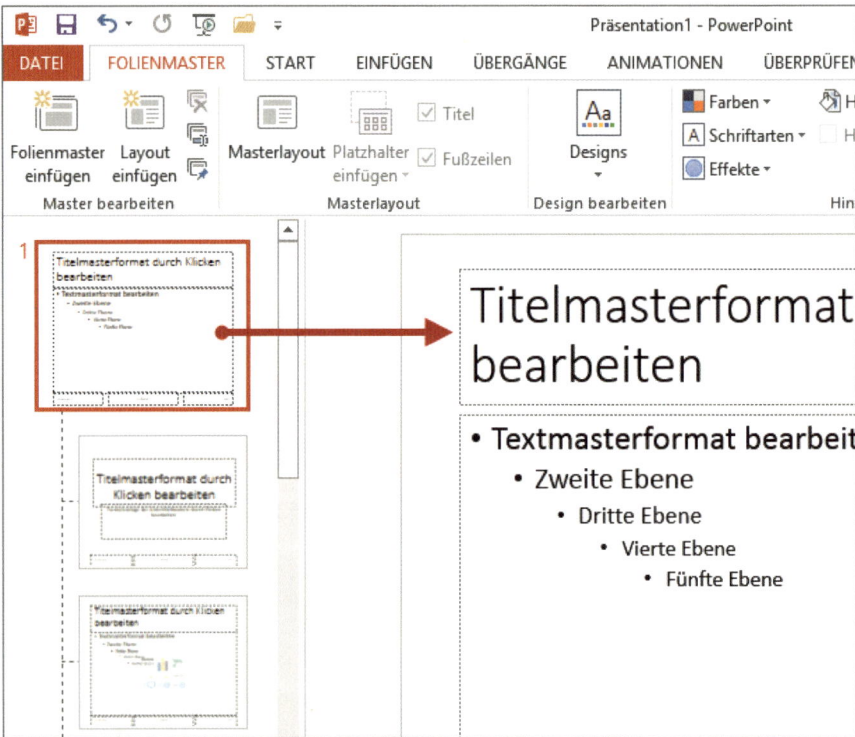

2. Ändern Sie die Formate des Titelplatzhalters wie gewünscht, wechseln Sie zurück in die Normalansicht und überprüfen Sie das Ergebnis: Alle Folientitel in dieser Präsentation weisen jetzt das neue Format auf.

> **ACHTUNG** Falls einzelne Folientitel nicht mitspielen wollen, kann das verschiedene Gründe haben. Ab Seite 264 erfahren Sie Näheres dazu.

Ein zweites Beispiel: Sie möchten ein anderes Aufzählungszeichen für die erste Gliederungsebene verwenden.

- **Textmasterformat**
  - Zweite Ebene
    - Dritte Ebene

❖ **Textmasterformat**
  - Zweite Ebene
    - Dritte Ebene

So geht's:

1. Wechseln Sie in den Folienmaster. Zum zweiten Mal der sehr wichtige Hinweis: Die Änderung soll *alle* Aufzählungsplatzhalter *aller* Folienlayouts betreffen. Also müssen Sie auch hier wieder ganz oben unbedingt den Folienmaster anklicken.

2. Klicken Sie im Platzhalter auf der Folie mit der rechten Maustaste in das Wort *Textmasterformat*, wählen Sie im Kontextmenü den Befehl *Aufzählungszeichen* und anschließend das gewünschte Symbol.
3. Wechseln Sie zurück in die Normalansicht und überprüfen Sie das Ergebnis.

Objekte einfügen

Das Logo des Unternehmens soll auf jeder Folie zu sehen sein. So geht's:

1. Wechseln Sie in die Masteransicht und klicken Sie den Folienmaster an.
2. Fügen Sie das Logo ein, positionieren Sie es und überprüfen Sie das Ergebnis in der Normalansicht.

> **ACHTUNG** Vorsicht Stolperstein! Angenommen, Sie möchten das Logo später noch einmal anpassen. Objekte, die im Folienmaster stecken, befinden sich von der Normalansicht aus gesehen »hinter Glas«. Sie können diese Objekte deshalb nicht auf der Folie durch Anklicken markieren. Nun ist das ja nach all den bisherigen Informationen zum Masterkonzept nichts Neues mehr für Sie. Milde lächelnd wechseln Sie zum Folienmaster, klicken triumphierend auf das Objekt – und stutzen, klicken ein zweites Mal, stutzen erneut. Wieso können Sie das Objekt selbst in der Masteransicht nicht markieren? Antwort: weil Sie erneut bei einem der untergeordneten Minister (Layout) gelandet sind. Erst wenn Sie beim Herrscher über alle Layouts, dem Folienmaster, vorsprechen, können Sie das Objekt markieren und anpassen.

Standards für Formen, Textfelder und Linien ändern

Nur wenige Anwender wissen, dass sie die Standardeinstellungen für Formen, Textfelder und Linien mit wenigen Mausklicks anpassen können. Analog zu Änderungen im Master ist der Geltungsbereich dieser geänderten Standards auf die aktuelle Präsentation beschränkt. Im Unterschied zu den vorher beschriebenen Änderungen im Folienmaster wirken sich neue Standards für Formen, Textfelder und Linien nur auf jene Objekte aus, die *nach* dem Setzen des neuen Standards erstellt werden. Vorhandene Objekte bleiben also davon unbeeindruckt.

Standardform festlegen

Um die voreingestellten Schriftattribute für Formen und Textfelder zu ändern, erstellen und formatieren Sie zunächst jeweils einen Prototyp.

Der einfachere Fall ist die Form. Klicken Sie mit der rechten Maustaste in die fertig formatierte Form. Achten Sie dabei darauf, wirklich die *Form* anzuklicken, nicht den Text *in* der Form! Im Kontextmenü wählen Sie den Befehl *Als Standardform festlegen*.

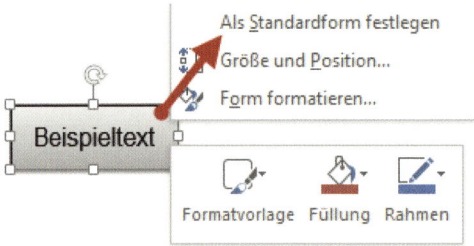

Standardtextfeld festlegen

Wie bei der Form erstellen und formatieren Sie zunächst einen Prototyp. Anschließend klicken Sie mit der rechten Maustaste auf den Rahmen des Textfelds und wählen im Kontextmenü den Befehl *Als Standardtextfeld festlegen*. Falls Sie diesen Befehl im Kontextmenü vergeblich suchen, haben Sie nicht den Rahmen, sondern den Inhalt des Textfelds mit dem Rechtsklick erwischt. In diesem Fall gehen Sie nicht über Los, sondern zurück an den Start und zielen erneut. Schützenhilfe liefert das Fadenkreuz am Mauszeiger. Sobald es erscheint, haben Sie den Rahmen im Visier.

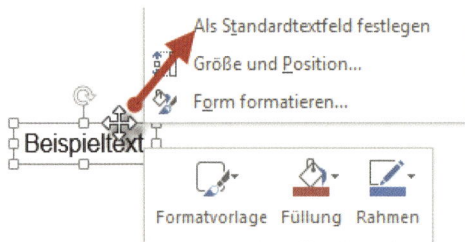

Standardlinie festlegen

Das Prinzip kennen Sie nun schon: Prototyp erstellen, Rechtsklick und im Kontextmenü den Befehl aufrufen, hier heißt er passend *Als Standardlinie festlegen*.

Fußzeile

Obwohl die drei Standard-Fußzeilenplatzhalter *Datum und Uhrzeit*, *Fußzeile* (der Text der Fußzeile) und *Foliennummer* im Folienmaster stecken, bestücken Sie diese von der Normalansicht aus mit Inhalten. Zum Einstieg wählen Sie auf der Registerkarte *EINFÜGEN* den Befehl *Kopf- und Fußzeile*, um das gleichnamige Dialogfeld zu öffnen.

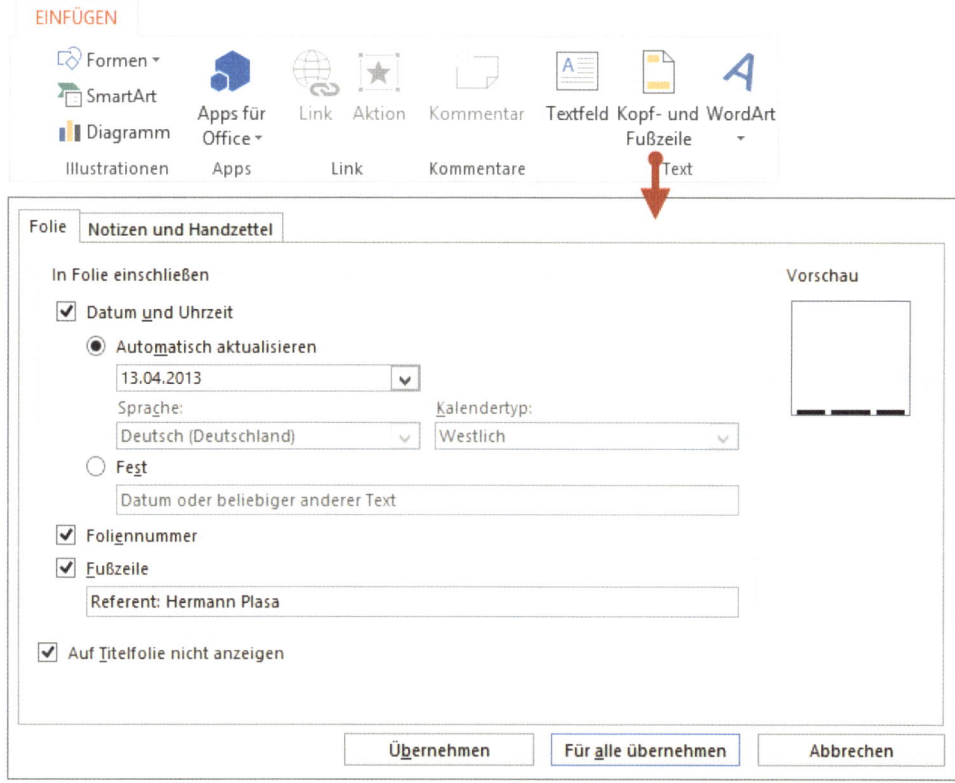

- Der Platzhalter *Datum und Uhrzeit* ist ein »Entweder-oder-Platzhalter«. *Entweder* aktualisiert PowerPoint das Datum laufend und automatisch *oder* zeigt jenes Datum (bzw. den Text) an, das Sie in das Feld *Fest* eintippen.

- Für die *Foliennummer* gibt es nur »Ein« oder »Aus«

- In den Platzhalter *Fußzeile* tippen Sie beliebigen Text ein, zum Beispiel den Namen des Referenten und/oder den Vortragstitel

- Die Option *Auf Titelfolie nicht anzeigen* sorgt dafür, dass die Fußzeile auf *allen* Folien mit dem Layout *Titelfolie* ausgeblendet wird

- Abschließend bestimmen Sie den Geltungsbereich: Sollen die eben festgelegten Inhalte für *alle* oder nur für *diese* Folie gelten? Je nach Wunsch klicken Sie auf die Schaltfläche *Übernehmen* oder *Für alle übernehmen*.

Unterschiedliche Fußzeilen festlegen

Zwei Wege führen zum selben Ziel. Entweder Sie gehen den eben beschriebenen Weg über das Dialogfeld *Kopf- und Fußzeile* und wählen abschließend *Übernehmen* statt *Für alle übernehmen*. Oder Sie nehmen die Abkürzung und löschen bzw. bearbeiten die Platzhalter direkt auf der Folie.

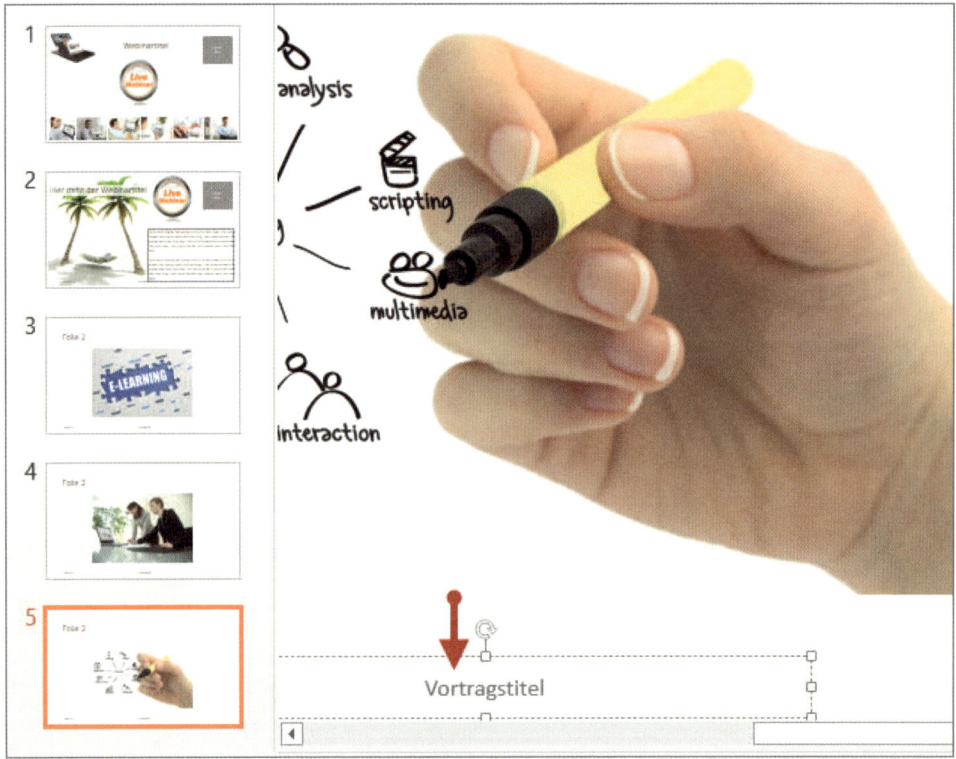

TIPP Falls Ihnen im Eifer des Editierens einmal ein Platzhalter verrutscht, drücken Sie den Rettungsknopf: Wählen Sie dazu auf der Registerkarte *START*, Gruppe *Folien*, den Befehl *Layout* und weisen Sie der Folie das bereits zugewiesene (und im Dialogfeld farblich hervorgehobene) Folienlayout erneut zu. Schon sitzen die Platzhalter wieder an der richtigen Stelle.

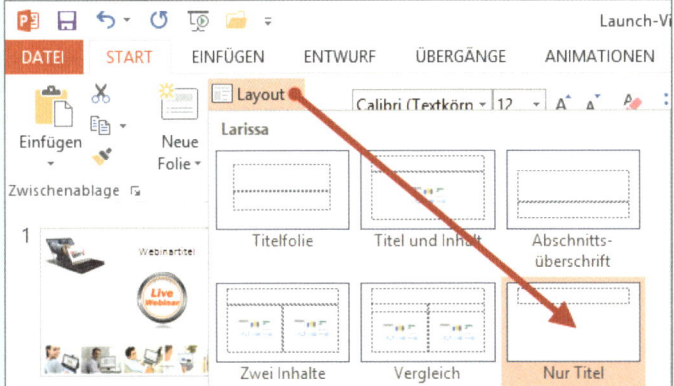

Falls Sie nicht nur die Position, sondern auch die Formatierungen der Platzhalter wieder auf den Standard zurücksetzen möchten, wählen Sie *START/Zurücksetzen*.

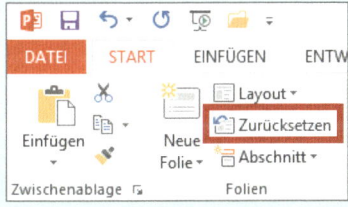

Benutzerdefinierte Folienlayouts erstellen

Bei Bedarf erweitern Sie die Grundausstattung an Folienlayouts um Eigenkreationen.

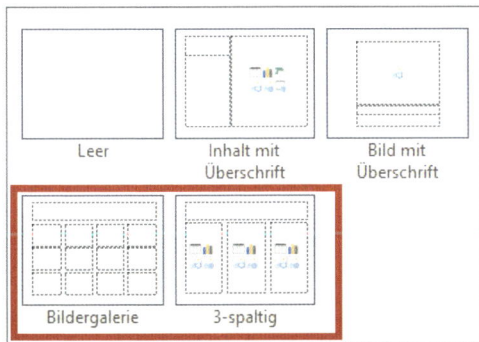

So geht's:

1. Wechseln Sie in den Folienmaster und klicken Sie mit der rechten Maustaste das Folienlayout an, *unterhalb* dessen Sie ein benutzerdefiniertes Folienlayout einfügen möchten. Die Position des Layouts in der Masteransicht bestimmt später auch die Position in der Auswahlliste der Folienlayouts (siehe Abbildung oben). Im Zweifelsfall erstellen Sie das neue Layout am Ende der Liste.

2. Wählen Sie im Kontextmenü den Befehl *Layout einfügen* und fügen Sie anschließend die gewünschten Platzhalter in das neue Folienlayout ein.

3. Geben Sie dem neuen Layout einen Namen. Klicken Sie es dazu mit der rechten Maustaste an und wählen Sie *Layout umbenennen*.

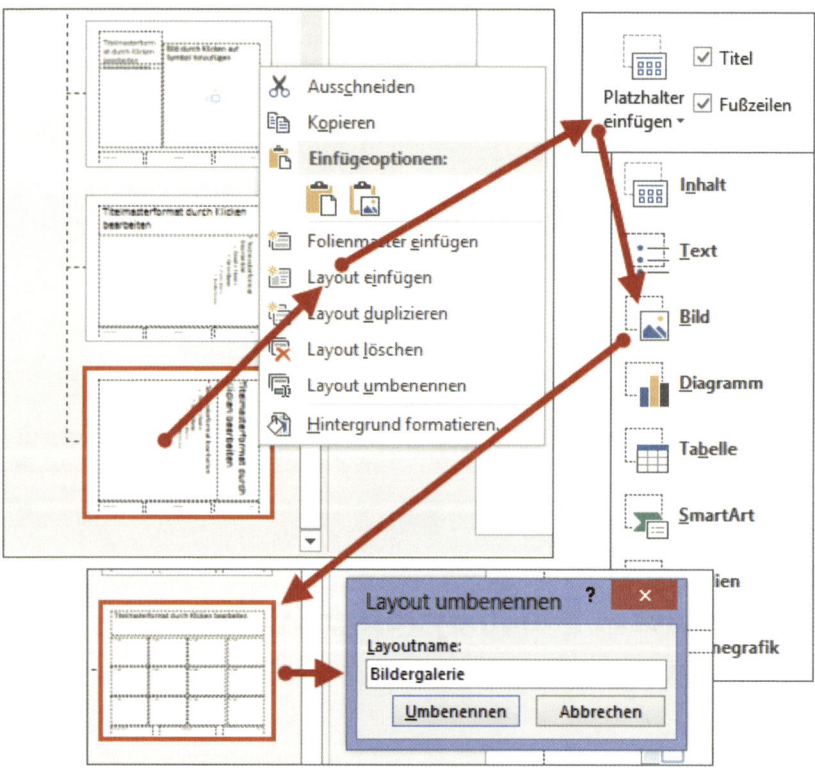

Mehrere Folienmaster in einer Präsentation?

Im Normalfall gilt für Folienmaster das »Highlander-Prinzip«: *Es kann nur einen geben!* Ohne guten Grund sollten Sie das auch nicht ändern, denn viele Master verderben den Überblick. Denken Sie immer daran: Jeder Folienmaster zieht mit seinem gesamten Kabinett ein. Dennoch gibt es Fälle, in denen mehrere Folienmaster sinnvoll sind:

1. Verschiedene, unterschiedlich gestaltete Präsentationen sollen zwar in einer Gesamtpräsentation zusammengefasst werden, dabei aber ihr unterschiedliches Aussehen beibehalten.
2. Eine neu zu erstellende Präsentation enthält mehrere Kapitel. Für jedes dieser Kapitel gibt es ein eigenes Bild, das auf allen Folien des jeweiligen Kapitels zu sehen sein soll: Kapitel 1 = Bild 1, Kapitel 2 = Bild 2 usw.

Beispiel 1

Nach dem Einfügen von Folien aus anderen Präsentationen unterwerfen sich die Neuankömmlinge dem Folienmaster derjenigen Präsentation, in die sie eingefügt wurden. Es sei denn, Sie wählen unmittelbar nach dem Einfügen den Befehl *Einfügeoptionen/Ursprüngliche Formatierung beibehalten* aus dem Kontextmenü der Folie.

In diesem Fall zieht die Folie samt Folienmaster und all seinen Layouts in die neue Präsentation ein. Kaum kommt eine dritte Folie aus einer dritten Präsentation dazu, tummeln sich in der Masteransicht schon drei Folienmaster mit ihren jeweiligen Layouts:

Beispiel 2

Jetzt zum Beispiel Nummer 2 »Verschiedene Kapitel mit verschiedenen Kapitelbildern«: Um zusätzliche Folienmaster zu erstellen, wechseln Sie in die Ansicht *Folienmaster* und wählen *Folienmaster einfügen*.

Der Folienmaster

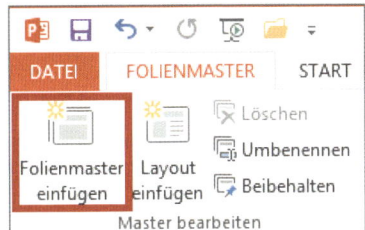

PowerPoint erstellt unterhalb des letzten vorhandenen Layouts einen neuen Folienmaster samt seinen Layouts. Es empfiehlt sich, den Folienmastern unterschiedliche Namen zu geben. Klicken Sie dazu den jeweiligen Folienmaster mit der rechten Maustaste an, wählen Sie im Kontextmenü den Befehl *Master umbenennen* und vergeben Sie einen passenden Namen. Lassen Sie sich nicht davon irritieren, dass das Dialogfeld mit *Layout umbenennen* beschriftet ist, es wird tatsächlich der Master umbenannt.

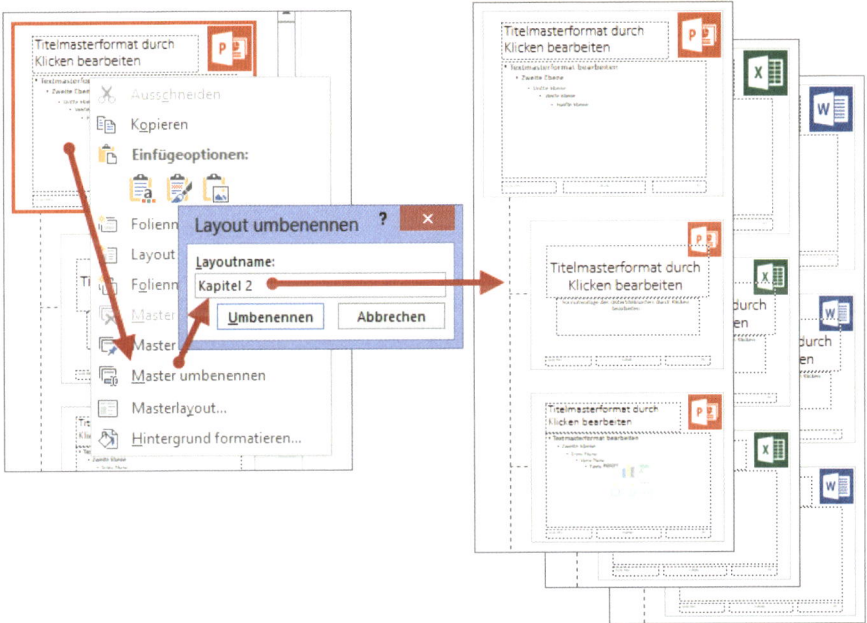

In der Normalansicht erweitert sich mit jedem Folienmaster die Auswahlmöglichkeit an Folienlayouts.

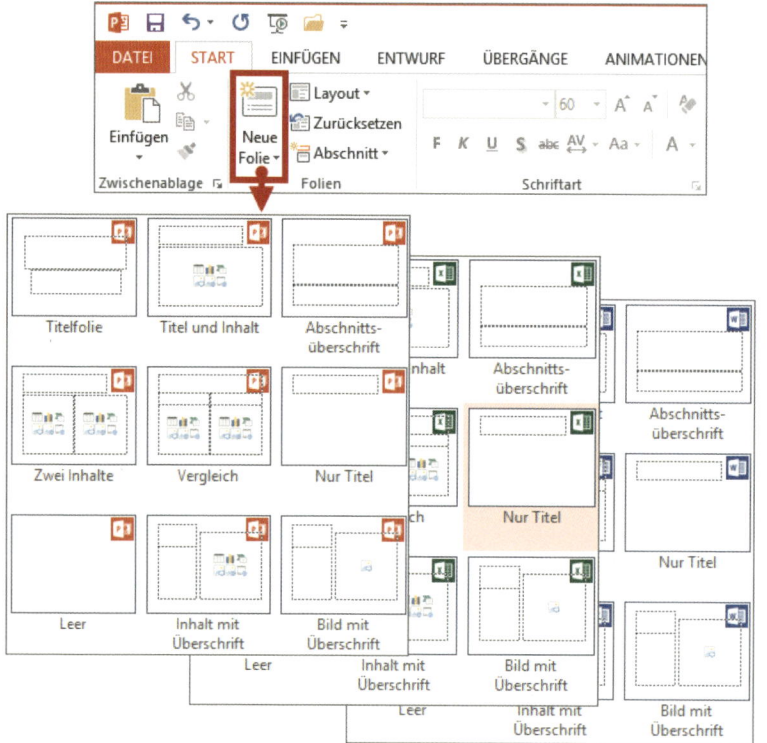

Reparatur »zerschossener« Folien

Seminarteilnehmer fragen mich oft: »Beim Einfügen von Folien aus anderen Präsentationen zerschießt es immer ein paar davon. Was mache ich falsch?« Die Antwort ist gleichermaßen einfach wie unbefriedigend: »Nichts. Sie machen überhaupt nichts falsch«. Aber auch PowerPoint macht alles richtig.

Obwohl sich PowerPoint also korrekt verhält, ist die Optik bei manchen der eingefügten Folien verbogen: Titel-, Text- oder Objektplatzhalter sind nicht korrekt formatiert oder befinden sich an der falschen Position. Und das soll korrektes Verhalten seitens PowerPoint sein? Absolut!

Direkte und indirekte Formate

Wenn Sie nach dem Einfügen von Folien nicht die zuvor erwähnte Option *Ursprüngliche Formatierung beibehalten* wählen, weist PowerPoint den Neuankömmlingen konsequent die Masterformate der neuen Heimat zu. Aber »Bundesrecht bricht Landesrecht«. Was soll das jetzt wieder bedeuten? PowerPoint unterscheidet zwischen indirekten und direkten Formaten, wobei direkte Formate höher priorisiert werden. Wenn der Anwender beispielsweise einen Folientitel in einer anderen Farbe oder Schriftgröße formatiert, überschreibt er mit den direkten Formaten die indirekten Masterformate – und schon haben Sie später den Salat, wenn Sie eine solche Folie in Ihre Präsentation einfügen. Denn Masterformate werden beim Einfügen von fremden Folien nur auf diejenigen Elemente angewendet, die *keine* direkten Formatierungen enthalten. Die Formate des Anwenders haben also Vorrang vor den Masterformaten. Insofern verhält sich PowerPoint vollkommen korrekt, wenn es die Finger davon lässt.

Ein weiterer beliebter Stolperstein sind Folien *ohne* Titel-, Text- und Objektplatzhalter. Aus unerfindlichen Gründen hat das Folienlayout *Leer* eine magische Anziehungskraft auf viele Anwender. Textfelder ersetzen dabei den Titelplatzhalter, und Schriftattribute sowie Position des Folientitels werden nach Augenmaß nachgebastelt. Auch Aufzählungen entstehen unter Blut, Schweiß und Tränen mithilfe von Textfeldern anstatt den dafür vorgesehenen Platzhaltern.

Die Probleme beginnen spätestens beim Einfügen solcher Folien in andere Präsentationen. PowerPoint weist nur denjenigen Platzhaltern der eingefügten Folie die vorgesehenen Masterformate zu, für die es im Folienmaster auch Vorgaben gibt. Das Layout *Leer* enthält aber keine Platzhalter.

Gegen das Problem »Textfeld statt Platzhalter« ist kein Kraut gewachsen. Hier müssen Sie mühsam von Hand nachbessern. Was dagegen die direkten Formatierungen des Textinhalts von *Platzhaltern* betrifft, führt PowerPoint auf Wunsch per Knopfdruck einen Vollwaschgang durch. Wählen Sie auf der Registerkarte *START* den Befehl *Zurücksetzen*, und PowerPoint entfernt im selben Moment alle Schmutzreste direkter Formatierungen und rückt verschobene Platzhalter wieder an ihre vorgesehene Position.

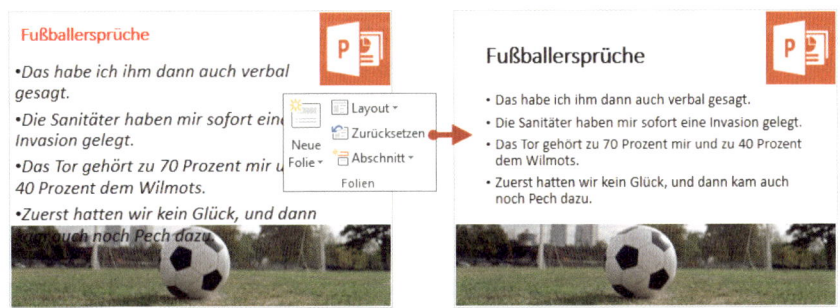

ONLINE Testen Sie den Vollwaschgang an den vier Folien der Beispieldatei *\Buch\Kap11\Waschgang.pptx*.

Goldene Regeln für das Erstellen neuer Folien

Die folgenden drei Grundregeln helfen dabei, dass neue Präsentationen schneller fertiggestellt sind, keine optischen Unreinheiten aufweisen und einfacher überarbeitet werden können.

Für alle gilt: PowerPoint-Kenntnisse sind notwendig, aber nicht ausreichend. Wer ein Textverarbeitungsprogramm bedienen kann, ist noch kein Schriftsteller, und die unfallfreie Handhabung von Pinsel und Farbe macht einen noch lange nicht zum Künstler. Denken Sie zurück an die Todsünden und Grundregeln der Präsentation, die Schlüsselrolle, die der gewissenhaften Vorbereitung zukommt, sowie die zielgruppenorientierte Visualisierung von Informationen. Je mehr Sie vorab wissen und können, desto höher ist die Qualität Ihrer Folien, und umso weniger Arbeit müssen Sie am Ende in deren Überarbeitung stecken. Wenn Produktion und Präsentation auf unterschiedliche Personen verteilt sind, sollten Folienproduzenten und Präsentierende *eine* Sprache sprechen.

Regel 1: Platzhalter nutzen

Wer das Folienlayout *Leer* einsetzt, muss folgerichtig nicht nur Titel, sondern auch Aufzählungen mithilfe von Textfeldern erstellen, eine echte Herausforderung für alle Beteiligten: Der Produzent muss sich mit Tabulatoren und Einzügen plagen. Nachbearbeitungen derartiger Aufzählungen sind mühsam, weil Textfelder nun mal immun gegenüber den Vorgaben des Folienmasters sind. Grundregel: Verwenden Sie so viele Platzhalter wie möglich.

Regel 2: Platzhalter nicht verschieben

Titel- und Textplatzhalter gehören auf jeder Folie exakt an dieselbe Position. Diese bilden neben der Fußzeile und grafischen Elementen wie dem Unternehmenslogo das Rückgrat eines gleichmäßigen Erscheinungsbilds.

Regel 3: Direkte Formate zum Schluss

Direkte Formate hebeln die Masterformate aus. Abweichungen von den Vorgaben des Masters, also die Ausnahmen von der Regel, sollten den Abschluss Ihrer Arbeiten bilden. Schränken Sie die Macht des Folienmasters erst dann ein, wenn Sie ihn (vermutlich) nicht mehr benötigen.

Anhang

Begleitdateien zum Buch	268
E-Learning »PowerPoint 2013 – Die besten Tipps & Tricks«	269

Begleitdateien zum Buch

Die ZIP-Datei mit den Begleitdateien können Sie unter

www.microsoft-press.de/support/9783866458376

oder unter

msp.oreilly.de/support/2406/797 herunterladen.

Die im Buch genannten Beispieldateien finden Sie im Ordner *\Buch* der ZIP-Datei. Hier eine Übersicht:

Speicherort	Dateiname
\Buch\Kap02	Nutzenkatalog.docx
\Buch\Kap03	Fortschrittsbalken.ppsx KeineTextfolien.pptx Tracker.ppsx Tracker-USA.ppsx Trennfolien.ppsx Trennfolien-USA.ppsx
\Buch\Kap04	Balkendiagramm.pptx Betonung.pptx Korrelationsdiagramm.pptx Liniendiagramm.pptx Säulendiagramm.pptx Verteilungsdiagramm.pptx
\Buch\Kap06	Animationen.ppsx Daumenkino.ppsx Hervorgehoben.ppsx Nach-Animation.ppsx Spot.ppsx
\Buch\Kap08	Bewertungsschema.pptx Bullaugeneffekt.pptx Fotoalbum.pptx

Speicherort	Dateiname
\Buch\Kap09	Animationspfad.pptx
	Billard.pptx
	Domino.pptx
	EffekteKombinieren.ppsx
	Fragebogen.ppsx
	Gleichzeitig.pptx
	Grabsteine.ppsx
	Inhaltsverzeichnis.ppsx
	Navigation.ppsx
	Produkt 1.pptx
	Produkt 2.pptx
	Produkt 3.pptx
	Produkt 4.pptx
	Start.pptx
	Trigger.pptx
	Zielgruppenorientiert-Einzeln.ppsx
	Zielgruppenorientiert-Hyperlink.ppsx
\Buch\Kap11	Waschgang.pptx

HINWEIS Einige der Begleitdateien enthalten Hyperlinks. Beim Klick darauf erhalten Sie möglicherweise eine Warnmeldung mit dem Hinweis »Hyperlinks können Ihren Computer und Daten beschädigen. Klicken Sie nur auf Hyperlinks von vertrauenswürdigen Quellen, um Ihren Computer zu schützen. Möchten Sie den Vorgang fortsetzen?«

Dieses Verhalten tritt unabhängig von Ihren Einstellungen für die Sicherheitsstufe auf. Die an sich gut gemeinten Warnungen sind bei harmlosen Hyperlinks eine Plage, mit der sich Anwender seit Version 2003 herumschlagen müssen. Details zu Problemen und Lösungsansätzen finden Sie hier: *http://support.microsoft.com/kb/925757/de*

E-Learning »PowerPoint 2013 – Die besten Tipps & Tricks«

Als Zugabe zu diesem Buch stellen wir Ihnen einen digitalen Coach zur Seite, der Ihnen auf Knopfdruck eine Auswahl der besten Tipps und Tricks aus Kapitel 8 als kurze Lernvideos zeigt (Lautsprecher einschalten nicht vergessen!). Die Lernvideos können Sie sich anschauen, indem Sie auf der Seite *www.microsoft-press.de/support/9783866458376* den Link *Zu den Lernvideos* anklicken.

Anhang

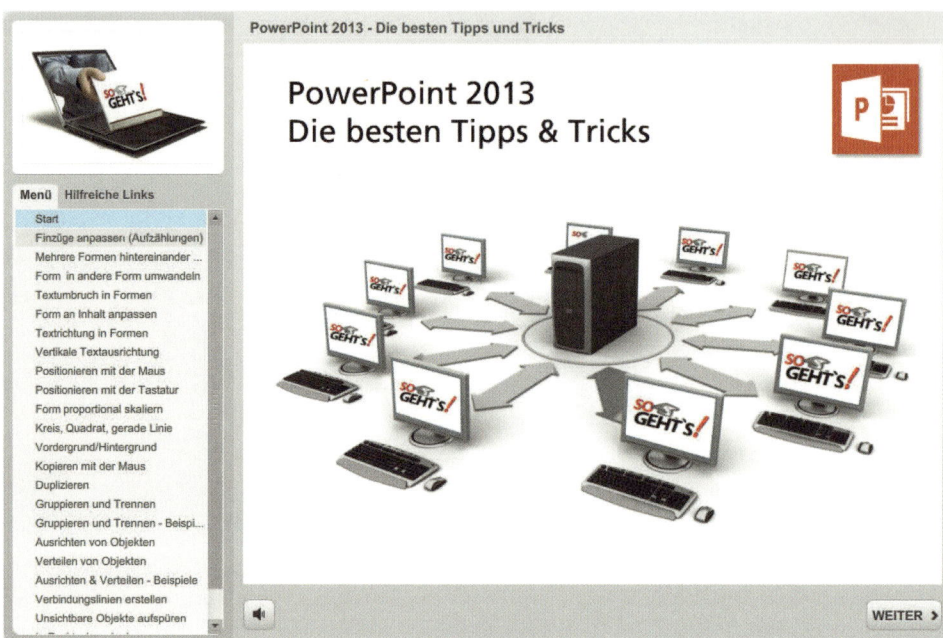

Stichwortverzeichnis

A

Abschnitte 168
Animation
   Animationsbereich 213
   Animationspfad 211
   automatisch auslösen 216
   Daumenkino 108
   Diagramm animieren 214
   Didaktischer Einsatz 106
   Effekte kombinieren 212
   Effekte vorübergehend abschalten 221
   Effekt kopieren 221
   Effekt löschen 220
   Effektreihenfolge ändern 219
   Effektvarianten 219
   Eingangseffekt 210
   Empfehlenswerte Effekte 105
   Folienübergang 208
   Geschwindigkeit ändern 218
   Keine Spielereien! 30
   SmartArt animieren 213
   Spot-Technik 109
   Trigger 217
   Vorschau 215
Audio
   ab Zeitpunkt abspielen 241
   als Verknüpfung einfügen 240
   antriggern 241
   ein-/ausblenden (Fade in/Fade out) 242
   einfügen 238
   kürzen 242
   Teil der Klickreihenfolge 240
   über mehrere Folien abspielen 242
Audiosymbol
   ausblenden 243
   in Bild verwandeln 243
Ausblenden von Objekten 158
Ausrichten von Objekten 147

B

Beamer 115
Benutzerdefinierte Präsentation 232
Bildbearbeitung 184
Bildeffekte 185
Bilder
   als Folienhintergrund 174
   als Füllung für Formen 175
   aus dem Internet einfügen 173
   Bildform ändern 176
   Bullaugeneffekt 187
   Farbpipette 190
   komprimieren 179
   Onlinegrafiken einfügen 170
   vergrößern und verkleinern 186
   von Datenträger einfügen 172
   zuschneiden 186

Bildform ändern 176
Bildformatvorlagen 185
Bildschirmpräsentation
   Analoge Zeigehilfe 108
   Die Referentenansicht 111
   Digitale Zeigehilfe (Spot-Technik) 109
   Kontakt zum Publikum 104
   Steuerung über die Tastatur 114
Bullaugeneffekt 187

D

Diagramme
   Balkendiagramm 83
   Datenpunkt anpassen 201
   Datenquelle öffnen und bearbeiten 198
   Datenreihe anpassen 201
   Der passende Diagrammtyp 80
   Diagrammtyp ändern 198
   Elemente bearbeiten 199
   erstellen 196
   Formatvorlagen 199
   Hauptintervall ändern 203
   Kreisdiagramm 81
   Liniendiagramm 85
   Maximalwert ändern 203
   Punkt- bzw. Korrelationsdiagramm 88
   Reihenfolge der Kategorien umdrehen 206
   Säulendiagramm 84
   Verbindungslinien 204
   Verteilungsdiagramm 87
   Zahlenformat 204
   Zahlen und ihre Botschaft 78
   Zahlenvergleich 80
Drehen von Objekten 156
Duplizieren von Objekten 145

E

Einfügen von Folien 154
Export von Folien nach Word 159

F

Farbpipette 190
Farbsättigung 184
Farbton 184
Folien
   Abschnitte 168
   als Grafik speichern 181
   einfügen 154
   Format 16/9 133
   Hintergrund 174
   nach Word exportieren 159
Folienmaster 252
   benutzerdefinierte Folienlayouts 259
   Formate anpassen 253

Stichwortverzeichnis

Fußzeile 257
   mehrere Master in einer Präsentation 261
   Objekte einfügen 255
   Reparatur »zerschossener« Folien 264
Folientitel 29
Formatieren 138
Formen
   an Inhalt anpassen 140
   Kontur anpassen 155
   skalieren 158
   Textumbruch 139
   umwandeln 139
   vergrößern/verkleinern 143
   zeichnen 138
Fortschrittsbalken 76
Fotoalbum
   ändern 178
   erstellen 177
Freistellen 184
Führungslinien 161
Fußzeile 257
   Unterschiedliche Fußzeilen 258

G

Graustufendruck 153
Gruppieren von Objekten 146, 164

H

Handout 32, 48
Hintergrund 144, 165
Hintergrundbild 174
Hintergrundformate 174
Hyperlinks 225
   in andere Präsentationen 228
   ins Internet 225
   Interaktive Schaltflächen 230
   QuickInfo 226
   Risiken und Nebenwirkungen 235
   zu Excel 227

I

Informieren 35

K

Kioskmodus 224
Kippen von Objekten 156
Kommunikation 38
Kopieren von Objekten 145
Kreise 143

L

Laserpointer 109
Linien 143
   Verbindungslinien 150

M

Markieren von Objekten 135
Master
   Folienmaster 252
Multimedia 238
Musterfolien 167

N

Nutzen 40
Nutzenkatalog 44

O

Objekte
   ausblenden 158
   ausrichten 147
   drehen 156
   duplizieren 145
   gruppieren 146
   kippen 156
   kopieren 145
   markieren 135
   trennen 146
   unsichtbare ~ aufspüren 153
   verschieben 145
Objektmodus 138

P

Positionieren
   per Maus 142
   per Tastatur 141
Präsentation
   automatischer Ablauf 222
   benutzerdefinierte 232
   Endlosschleife 223
Präsentationsmodus 215
Präsentationsziel 35
Präsentationsziel formulieren 36

Q

Quadrate 143

R

Rahmenbedingungen
    Akustik 125
    Belüftung 125
    Licht / Verdunkelung 125
    Sitzordnung 124
Referentenansicht 111
Regieanweisung 51
Regieanweisungen 50

S

Schrift einbetten 149
Schrift ersetzen 150
SmartArt-Grafik 182
Sprechernotizen 50
Standardform 255
Standardlinie 256
Standardtextfeld 256
Strategietipps
    Gruppierung als Wundermittel 164
    In Rechtecken denken 163
    Musterfolien / Kataloge 167
    Vom Vordergrund zum Hintergrund 165
Sünden der PC-Präsentation 21
    Animation als Spielerei 30
    Beschreibende statt sprechende Folientitel 29
    Folien als Handout verwenden 32
    Illustration statt Visualisierung 29
    Mangelnde Führung 31
    Sünden der PC-Präsentation 22
    Unlesbare Information 28
    Zuviel Information als Text 27
    Zuviel Information insgesamt 24
    Zuviel Information pro Folie 25

T

Tabellen
    Farben und Rahmenlinien 194
    skalieren 192
    Zeilen/Spalten einfügen/löschen 193
    Zellinhalte ausrichten 191
Tabellenformatvorlagen 191
Tabellenoptionen 193
Tastenkombinationen 161
Textfelder 136
Tipps & Tricks 132
Tracker 75
Trennen von Objekten 146
Trennfolien 74
Trigger 217

U

Überzeugen 35
Unsichtbare Objekte aufspüren 153

V

Verbindungslinien 150
Verschieben von Objekten 145
Verteilen (gleiche Zwischenräume) 148
Video
    als Verknüpfung einfügen 245
    einfügen 244
    formatieren 249
    kürzen 247
    nur im Präsentationsmodus zeigen 247
    Sprungmarken 248
    Teil der Klickreihenfolge 246
    Trigger 246
    Vollbildmodus 245
    von Webseite einfügen 249
Visualisieren 29, 55
    Agenda 65
    Hierarchie 72
    Listen 67
    mithilfe von Tabellen 73
    Prozess 69
    Zyklus 71
Vorbereitung einer Präsentation 33
Vordergrund 144, 165
Vortragstechnik
    Anschaulich erzählen 92
    Der Didaktische Dreisatz 93
    Die Lucy-Strategie 96
    Glaubwürdigkeit (Authentizität) 92
    Produktinformationen 99
    Sendepause nach Folienwechsel 93
    Verständlichkeit 99

W

Word
    Folien nach ~ exportieren 159

Z

Zeichnungslinien 161
Zeigestab 108

Wissen aus erster Hand

Läuft Ihnen auch die Zeit davon? Zu viele E-Mails, drängende Abgabetermine, Meetingstress? Das muss nicht sein. Denn das Werkzeug zur Bewältigung Ihrer Zeitprobleme haben Sie bereits: Microsoft Outlook.
Das hochkarätige Autorenteam unter Leitung von Lothar Seiwert zeigt Ihnen in diesem Buch, wie Sie systematisch und mit Hilfe einfacher Techniken wieder aus der Stressfalle herausfinden und mehr Zeit für die wirklich wichtigen Dinge des Lebens gewinnen. Lernen Sie anhand von praktischen Beispielen, wie Sie Ihre Tage und Wochen optimal planen. Die 9., aktualisierte Auflage berücksichtigt die Outlook-Versionen 2013, 2010, 2007 und 2003.

Autor	Seiwert/ Wöltje/Obermayr
Umfang	240 Seiten
Reihe	Einzeltitel
Preis	19,90 Euro [D]
ISBN	978-3-86645-835-2

http://www.microsoft-press.de

Wissen aus erster Hand

Bild für Bild und komplett in Farbe erklärt Ihnen dieses Buch, wie Sie typische Aufgaben mit PowerPoint 2013 erledigen. Dabei wird jede Aufgabe – wie das Erstellen von Folien, das einfache Einbinden von Bildern, Sound und Videos oder der neue Presenter-Modus – auf maximal einer Doppelseite dargestellt. Mit nummerierten Schritten und in verständlicher Sprache. So macht Lernen Spaß!

Autor	Eva Kolberg
Umfang	256 Seiten
Reihe	Auf einen Blick
Preis	9,90 Euro [D]
ISBN	978-3-86645-880-2

http://www.microsoft-press.de

Microsoft Press-Titel erhalten Sie im Buchhandel.

Wissen aus erster Hand

Umfassendes Know-how für den täglichen Umgang mit Windows 8 – kompetent und komplett in Farbe. Lesen Sie in diesem Handbuch, wie Sie Windows 8 schneller, einfacher und sicherer bedienen können – und mehr Spaß dabei haben. Anhand praktischer Beispiele und leicht nachvollziehbarer Schritt-für-Schritt-Anleitungen lernen Sie die neue Windows 8-Oberfläche, Apps, Cloud-Dienste u.v.m. von Grund auf kennen. Alle Anleitungen finden Sie schnell und einfach über den Praxisindex. Profitieren Sie von der langjährigen Windows-Erfahrung des Autorenteams. Umfangreiches Insider-Wissen in seiner besten Form: Microsoft Windows 8 für Anwender – Das Handbuch.

Autor	Roland Kloss-Pierro et. al.
Umfang	624 Seiten, 1 CD
Reihe	Das Handbuch
Preis	29,90 Euro [D]
ISBN	978-3-86645-153-7

http://www.microsoft-press.de

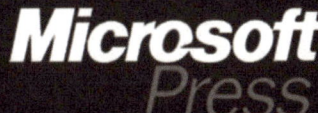

Microsoft Press-Titel erhalten Sie im Buchhandel.

Wissen aus erster Hand

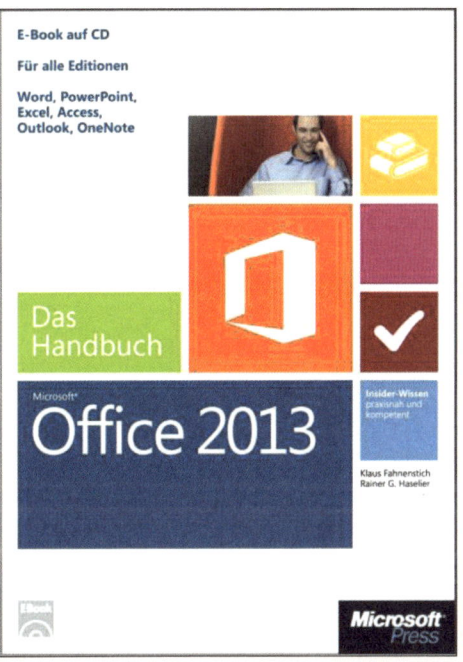

Sie möchten sich schnell in Office 2013 zurechtfinden und die neuen Möglichkeiten sofort in die Praxis umsetzen? Ob auf dem Desktop, dem Tablet oder in der Cloud – das vorliegende Handbuch bietet Ihnen das notwendige Know-how für den Einsatz von Word 2013, Excel 2013, PowerPoint 2013, Access 2013, Outlook 2013 und OneNote 2013. Nach einer Einführung in die neuen Funktionen und die neue Benutzeroberfläche erlernen Sie in den folgenden Kapiteln Schritt für Schritt die wichtigsten Arbeitstechniken. Übersichten erleichtern Ihnen den Überblick und Profitipps helfen Ihnen Zeit zu sparen – so erledigen Sie Ihre Aufgaben effizient.

Autor	Fahnenstich/Haselier
Umfang	1248 Seiten, 1 CD
Reihe	Das Handbuch
Preis	39,90 Euro [D]
ISBN	978-3-86645-154-4

http://www.microsoft-press.de

Wissen aus erster Hand

Bild für Bild bietet Ihnen dieses vollständig farbige Buch Tipps und Tricks, wie Sie Windows 8 noch schneller und sicherer bedienen und so anpassen, dass es Ihr ganz persönliches Windows wird. In der Windows-Werkstatt erhalten Sie schnelle Hilfe bei Problemen. Dabei wird jedes Thema übersichtlich dargestellt – mit nummerierten Schritten und in verständlicher Sprache. So macht Lernen Spaß!

Autor	Dirk Louis, Peter Müller
Umfang	320 Seiten
Reihe	Auf einen Blick
Preis	9,90 Euro [D]
ISBN	978-3-86645-882-6

http://www.microsoft-press.de

Wissen aus erster Hand

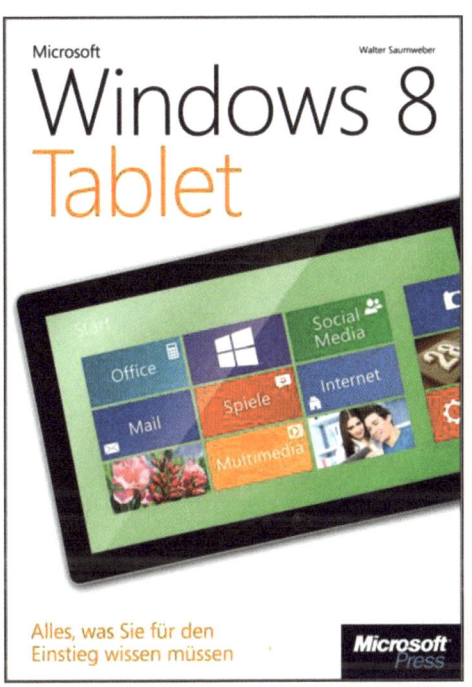

Steigen Sie ein in die Windows 8 Tablet-Welt! Ob Sie im Internet surfen, Fotos und Filme ansehen oder mit Ihren Freunden kommunizieren möchten – mit diesem farbigen Praxisbuch finden Sie sich schnell zurecht. Schritt für Schritt und anhand vieler Bilder lernen Sie Ihr Windows 8-Tablet kennen und nach Ihren Wünschen anzupassen. Von der Bedienung der Touch-Oberfläche über die komfortable Suchfunktion bis zum produktiven Einsatz der Office-Programme – hier erfahren Sie alles, was Sie für die optimale Nutzung Ihres Windows 8-Tablets wissen müssen.

Autor	Walter Saumweber
Umfang	320 Seiten
Reihe	Einzeltitel
Preis	19,90 Euro [D]
ISBN	978-3-86645-833-8

http://www.microsoft-press.de